Covid-19

Une autre vision de l'épidémie

Ils ne pourront pas dire qu'ils ne savaient pas

Laurent Toubiana

Covid-19

Une autre vision de l'épidémie

Ils ne pourront pas dire qu'ils ne savaient pas

L'ARTILLEUR

ISBN 978-2-81001-111-7

Éditions du Toucan – éditeur indépendant
16, rue de Vézelay, 75008 Paris.

www.editionsdutoucan.fr

À Laurence,
Maxence,
Danaé,
Mildred,
Venceslas.

Sommaire

Présentation

En septembre 2021, au cours de la campagne de vaccination, le ministère des Solidarités et de la Santé a lancé des spots publicitaires à destination des Français avec le mot d'ordre étonnant : « on peut débattre de tout, sauf des chiffres ». Voilà qui a résumé sans doute assez clairement l'un des principaux problèmes rencontrés depuis deux ans dans la gestion de l'épidémie, à savoir la question des chiffres, bien entendu, mais aussi la simple possibilité d'en débattre.

Dès le début de la pandémie de Covid-19, une lourde chape de plomb s'est abattue sur toute forme d'expression publique allant à l'encontre du discours des autorités sanitaires et politiques, même lorsque celles-ci s'empêtraient dans des approximations, des contradictions, ou encore des prévisions plus ou moins erronées, allant toujours dans le sens d'un alarmisme qui a été le fil conducteur de cette période. Prédictions apocalyptiques et modélisations alarmistes allaient ainsi servir de fondement à la mise en œuvre de mesures portant atteinte à nos libertés dans des proportions encore jamais connues en temps de paix, sans que leur pertinence ou leur utilité réelle ne soient jamais remises en question. En démontrant ainsi non seulement les dysfonctionnements de notre démocratie où tout s'est décidé au sein de « conseils de défense sanitaire » d'une inquiétante opacité, mais également la réceptivité de notre société à un narratif de la peur savamment distillé au fur et à mesure de l'évolution de la situation avec la complicité de tous les principaux médias.

Car en effet, dans cette sphère médiatique pourtant supposée être un espace propice à la recherche de la vérité des faits et la confrontation des points de vue, l'unanimisme affiché sur la question du Covid-19 s'est rapproché d'un exercice digne des pires propagandes, le commentaire de la situation sanitaire ayant été la chasse gardée de quelques scientifiques plus ou moins concernés par des conflits d'intérêts avec les grands laboratoires pharmaceutiques ainsi que d'éditorialistes qui se sont emparés de la question pour distiller en permanence le poison de la terreur et de la division. Les quelques personnalités ayant osé s'élever contre ces méthodes ont systématiquement été renvoyées dans leurs cordes, accusées au mieux d'être gentiment « rassuristes », au pire d'être carrément irresponsables face aux malheurs causés par la pandémie. Tous les opposants à l'autoritarisme qui se sont inquiétés que l'unanimité sur un sujet aussi grave confine parfois à la désinformation ont été contraints au silence, jusqu'à ce que la directrice de BFM TV, participant à une table ronde fin janvier 2022 sur le thème de la science et des médias, reconnaisse que *« Sur le sujet du Covid-19, Il ne faut pas trop aller à rebours de la parole officielle pour ne pas fragiliser un consensus social »*. Difficile de donner autant raison à tous ceux qui se sont offusqués que la parole médiatique et la parole politiques se soient à ce point confondues.

Toutefois, malgré les pressions, certains n'ont pas cédé à la tentation de suivre aveuglément la parole officielle sans s'interroger davantage. Dans cette crise, des personnalités ont su se distinguer, des associations se sont constituées, et des médias ont su faire preuve d'indépendance. Sur le site d'informations Bas les Masques (www.baslesmasques.com), qui a le plaisir de participer à la production de ce livre avec *L'Artilleur*, nous avons ainsi œuvré depuis novembre 2020 à apporter un éclairage différent de ce que nous pouvions entendre ailleurs, en respectant une ligne « ni conformiste, ni complotiste », seule à même d'éviter l'écueil du récit idéologique qui mène immanquablement à des récupérations politiques. Guidés depuis notre création par la volonté de faire appel à des experts dans leurs domaines respectifs, nous avons fait le choix de solliciter immédiatement Laurent Toubiana, épidémiologiste de renom, pour intervenir à maintes reprises sur notre média et nous expliquer les tenants et aboutissants de cette épidémie avec toute la pédagogie qui le caractérise. Nous lui avons ainsi donné la parole à de très nombreuses reprises, pour bénéficier de son analyse et permettre à notre public d'entendre une voix différente de celles qui occupaient jour et nuit les plateaux télévisés et les colonnes des grands médias.

Aujourd'hui, il est temps de remettre certaines pendules à l'heure. En nous livrant « une autre vision de l'épidémie », loin du discours manipulateur et anxiogène qui nous a été servi durant ces deux années, Laurent Toubiana œuvre non seulement pour la vérité, mais également pour l'Histoire. L'histoire d'une épidémie qui nous a été présentée comme « le mal du siècle » au regard d'indicateurs disproportionnés. L'histoire d'une séquence où tout était visible dès son commencement, mais que nos dirigeants n'ont pas voulu voir, trop occupés à prétendre guerroyer contre ce virus tout en se saisissant de cette opportunité pour mettre en place des mécanismes d'ingénierie sociale et porter atteinte à nos droits fondamentaux en allant jusqu'à détruire certains de nos principes et transformer notre conception de la vie en société. Dans cette période d'incertitude généralisée, il est bon de pouvoir bénéficier de recul et d'expertise pour bien comprendre les évènements que nous avons vécus et peut-être mieux appréhender les prochains. C'est tout le sens que nous voulons donner à cet ouvrage.

Xavier Legay, *Bas les masques.*

Prologue

Le temps s'enfuit comme l'ombre.
Tempus fugit velut umbra.

Mais entre-temps le temps fuit, il fuit sans retour,
tandis que nous errons, prisonniers de notre amour du détail.
Sed fugit interea, fugit irreparabile tempus,
singula dum capti circumvectamur amore

Virgile, *Géorgiques* (livre III, vers 284-285)

Lorsque vous lirez ces lignes, tout aura disparu.

Notre décapotable lézardait mollement sur les routes escarpées de la Californie. Le soleil d'hiver éclairait de manière irréelle les premiers mimosas. Cela tient du subtil, de l'impalpable, la lumière. Ici, la lumière est particulière. Nous étions quatre, les yeux rivés sur le panorama vertigineux de la baie.

Je ne l'avais pas vu depuis longtemps, des années. C'était quelques semaines plus tôt, en sortant du labo, il était là, il était ailleurs. Je lui ai dit « Salut !... », et nous avons repris la conversation interrompue vingt ans plus tôt. Pierre a le même âge que moi. Nous étions jeunes adultes quand nous nous sommes connus. Lui était en thèse de philo. Très différents, nous avions vécu la même époque ; la même petite bulle de temps. Un fil invisible nous liait. À distance, nous avions découvert en même temps les choses importantes et sucrées de la vie. Écouté les mêmes musiques. Lu les mêmes livres. Vu les mêmes films. Usé nos bécanes sur les mêmes sentiers, cramant la même gazoline pour moteur deux temps. Braillé comme des idiots dans les mêmes concerts. Nous avions dragué les mêmes nanas qui portaient chemise-grand-père et Kickers. Elles sentaient le patchouli ou le santal avec leur longue écharpe en soie indienne. Je l'ai invité avec sa femme à passer les fêtes de fin d'année sur la Côte d'Azur qu'ils ne connaissaient pas.

Ma nouvelle montre se mit à sonner. Ce gadget était un concentré de technologie.

« Laurent Toubiana ?

– Oui ?

– Bonjour Monsieur, je suis journaliste pour France Info. Pourriez-vous intervenir, pas plus de trois minutes, sur l'évolution actuelle des épidémies de grippe et de gastro-entérite qui sévissent en ce moment en France ?

– Merci beaucoup, mais comment avez-vous eu mes coordonnées personnelles ? Vous savez, je ne désire plus intervenir sur ces épidémies depuis quelques années. Il serait mieux de vous adresser directement à Santé Publique France ou au Réseau Sentinelles.

– Merci beaucoup pour le renseignement, je ne vous dérangerai plus. Pour vos coordonnées, elles sont sur le site de l'Irsan où les cartes de ces épidémies sont toujours disponibles… Je pensais… »

Pierre ne fit même pas mine d'être intéressé par la conversation. Il me dit que ma montre était sympa, mais que personnellement, ça le dérangerait beaucoup d'être pourchassé partout. Puis, il est parti dans un long monologue sur les dangers de la numérisation systématique des individus, y compris sur leurs données personnelles les plus confidentielles, celles concernant par exemple les variables physiologiques qui touchaient directement à leur santé. Tu donnes gracieusement aux fournisseurs des applications de « bien-être », ce qui te concerne intimement, sans même savoir ce qu'ils vont en faire… Et de conclure : « T'en as pas marre de te faire tracer en permanence ? Moi, je n'ai même pas de téléphone portable… Je suis heureux quand même ! ».

J'ai haussé les épaules… N'importe quoi ! Tu crois qu'ils s'intéressent à nos petites personnes ? Je n'ai rien à cacher, j'ai une vie assez banale comme des milliers de gens. Je sais qu'ils veulent me fourguer des tas de trucs à consommer mais… il reste quand même la capacité de… « Résistance ».

C'était le 31 décembre 2019. Le lendemain, il s'est baigné… dans une mer glacée !

Nous sommes rentrés. Nous ne nous sommes plus revus…

Certes, nous avons fait quelques apéritifs zoom, mais mon ami philosophe n'a pas vraiment compris le délire qui m'avait poussé à prendre une position totalement inadéquate au sujet du drame absolu que constituait selon lui la pandémie qui était en train de ravager l'humanité.

Il a très discrètement préféré attendre, peut-être encore vingt ans, pour me revoir.

Avant-propos

Ceux qui rêvent de jour ont conscience de bien des choses qui échappent à ceux qui rêvent seulement de nuit.

Edgar Allan Poe, *Histoires extraordinaires* (1845)

Un propos radical et inaudible

Si je devais tenter de donner une explication à mon irruption dans le domaine public au cours de cette crise autour de l'épidémie du Covid, je dirais volontiers que c'est encore un mauvais tour de ma crédulité. Quand j'y pense, j'ai bien envie de dire après d'autres : « Mais bon sang, qu'est-ce qui m'a pris ? Que suis-je allé faire dans cette galère ? ». Depuis toujours, j'entends cette injonction épicurienne qui sonne comme un commandement : « Pour vivre heureux, vivons cachés. ». Probablement, les gens heureux l'appliquent-ils. Mais sont-ils vraiment heureux ?

Pour faire simple, dès le début de cette crise, tout m'a étonné. Pas l'épidémie elle-même, car c'est, comme nous le verrons plus tard, l'un de mes objets de recherche depuis trente ans. Non, ce qui m'a étonné a été de voir que les autorités sanitaires faisaient exactement le contraire de ce que la connaissance des épidémies aurait dû leur commander. Mais, au-delà de l'étonnement, il est probable qu'au fond de moi j'ai pu me dire de manière quasi inconsciente : « Il faut absolument que tu dises ce que tu sais.

Tu n'as pas le droit de te taire, même si tu te trompes, ce n'est pas grave, un autre éclairage est important, ne serait-ce que pour conforter les décisions prises. Il faut que tu puisses partager ton expérience, c'est ton métier : il faut dire ce que tu vois. »

De nombreuses propositions pour l'écriture d'un livre m'ont été faites depuis avril 2020, au tout début de cette épidémie. J'ai hésité, finassé, procrastiné, botté en touche, bref, j'ai refusé. Qu'apporterais-je par rapport à tout ce qui avait déjà été dit ? Tout a été écrit au sujet de cet événement. Cet événement, tout banal soit-il en termes épidémiques, a été invraisemblablement fécond en questionnements et aussi en réponses baroques. Il n'est pas imaginable de les embrasser toutes. Ce n'est sûrement pas l'objectif de ce livre et le lecteur serait frustré s'il s'attend à retrouver ce qu'il a lu ailleurs. Au contraire, ce livre est en quelque sorte le témoignage très personnel et donc très partiel voire partial d'un épidémiologiste qui ayant vécu de nombreuses autres épidémies, tente de comprendre à l'aune de ses souvenirs, en quoi le traitement de celle-ci est particulier. La référence très exagérée à la guerre et, de mon point de vue, fort mal à propos, a été mise en exergue très tôt par le représentant de l'autorité suprême en France. Cette introduction aussi incongrue qu'insolite, était un mauvais signe. Pour autant, je filerai la métaphore en cherchant à qualifier l'objet de cet ouvrage, il s'agit de mon témoignage ou plutôt de mémoires et sans évidemment oser me comparer à d'illustres prédécesseurs, de mémoires de guerre, donc.

Par expérience, je l'ai constaté, et c'est en soit une première véritable interrogation que je développerai, presque toutes les certitudes avancées au cours de cette crise ont été vouées à une obsolescence rapide. Ainsi, ce texte est écrit environ deux ans après que les premiers cas de Covid ont été pris officiellement en charge en France. C'est donc sur la base des informations dont je dispose actuellement que j'établis cette analyse après deux années de crise soumises à des rebondissements continus et permanents. L'étude de l'épidémie au sens strict ne semble pas poser de difficulté quant à sa prévisibilité. En revanche, nul ne peut prévoir aujourd'hui, les événements et les conséquences qui découleront dans le futur, de sa gestion calamiteuse. Depuis le début, ce n'est pas l'épidémie elle-même mais sa gestion qui a engendré la « crise Covid ».

À partir d'octobre 2021, l'émergence d'un nouvel épisode de cette série interminable de « vagues épidémiques » accompagnée de son lot habituel d'anxiété m'a poussé à faire de nouvelles intrusions dans la sphère médiatique par l'intermédiaire de plusieurs analyses de l'Irsan[1]. J'avais, comme à chaque fois, de plus en plus de difficultés à supporter le flot ininterrompu de commentaires autoalimentés et le plus souvent farfelus « d'experts » en tout genre. Mes interventions s'apparentaient à un combat difficile avec plus de coups à recevoir qu'à donner. Un combat pour lequel je ne suis pas préparé, n'ayant aucune appétence pour ce genre d'exercice. J'ai pourtant fini par accepter une nouvelle proposition de relater la crise du Covid, **car mon propos est « radical »**.

J'assume !

Ce livre, je vais l'écrire à la première personne. Je livrerai ma pensée telle qu'elle a été formulée dès le début de l'épidémie, sans correction. Ce que j'ai dit au tout début de l'épidémie, je l'assume complètement et j'en suis même fier, car il s'avère que, peu à peu, tout ce que j'ai dit devient une évidence pour tout un chacun et le deviendra de plus en plus avec le temps. Ainsi, je préfère livrer une certaine vision de cette épidémie telle qu'elle m'est apparue

1. Institut de recherche pour la valorisation de santé que je dirige depuis sa date de création en 2014.

initialement plutôt que de la rectifier au gré des interventions des uns ou des autres.

J'ai souvent entendu l'affirmation « Nous avons beaucoup appris pendant cette crise ». J'y reviendrai longuement, car c'est probablement l'une des problématiques majeures soulevées dans ce livre. Non, pour ma part, il ne me semble pas avoir « beaucoup appris » pendant cette épidémie, au sujet de cette épidémie et de sa gestion. En revanche, j'y ai vu une certaine forme d'extravagance outrancière qui m'a interloqué. Tout ce que j'ai vu, observé et vécu à l'occasion de l'épidémie de Covid, je l'avais déjà vu, observé et vécu auparavant, lors d'autres crises du même type mais de moindre ampleur. J'ai eu de nombreuses hésitations avant d'intervenir en prenant la parole car mes expériences précédentes avaient eu des effets cuisants sur ma personne, sur mon activité. Je pressentais qu'il me faudrait de l'énergie pour *jeter des pierres dans le jardin* d'entités bien plus fortes que moi. Pourtant, comme le *Petit Poucet*, j'ai tout de même jalonné notre parcours commun de petites pierres en témoignage de notre cheminement erratique. En fait, rien de très nouveau ne s'est produit du point de vue épidémique. C'est pourquoi, par honnêteté, j'assume de dire les choses telles que je les ai pensées, sans rien corriger. Lorsque j'ai commis des erreurs d'interprétation (je pense toutefois m'être rarement trompé sur le diagnostic de cette épidémie), je tâcherai d'être honnête de la même façon et je tenterai d'expliquer pourquoi j'avais été conduit à prendre position de telle ou telle manière.

« le » ou « la » ? *Élucubrations sémantiques* ou l'art de la confusion dans tous ces états

Débarrassons-nous dès l'introduction d'une charge inutile : le ou la Covid ? Dans la préface de son livre intitulé *La vengeance du pangolin*, Michel Onfray nous indique que « *pendant des mois, le virus COVID a été masculin : on disait* **le** *Covid. Puis des Canadiens, [...] ont changé le sexe du mot. [...] Les Académiciens français, [...] ont avalisé la leçon canadienne et opéré eux aussi le changement de sexe. [...] Qu'on me pardonne ces élucubrations sémantiques, je reste à l'usage du départ et au genre masculin.* ». Nous pourrions gloser à l'infini sur cette question surprenante du changement de sexe de l'épidémie et digresser en long et en large sur les significations profondes d'une forme de manipulation. Pour ma part, j'y vois non pas une « manipulation génétique » évidemment, non pas une manipulation sémantique, mais une simple volonté d'imposer une confusion supplémentaire, une bizarrerie qui influence les populations au point de ne plus savoir exactement comment nommer les choses. La phrase attribuée à Albert Camus, selon laquelle « mal nommer les choses ajoute au malheur du monde » a été tellement mise à toutes les sauces depuis le début de la crise qu'il en devient presque indécent de la rappeler ici. Au-delà de « mal nommer les choses », nous passons aujourd'hui à une distorsion mentale supérieure : nous ne pouvons même plus **nommer proprement les choses**. L'impossibilité de donner un genre aux choses, qu'est-ce que cela dit de notre monde ? Ce brutal changement imposé par le haut nous a montré dès le début que **tout arrangement avec ce qui semblait être établi devenait possible**. Le genre initial, que la majorité de la population avait pourtant admis spontanément, était devenu subitement incorrect. Ainsi, il a fallu tordre nos neurones pour « genrer » une simple dénomination. Aujourd'hui encore, deux ans après l'irruption du phénomène, nous persistons tous devant une forme d'indécision selon la sensibilité de nos interlocuteurs, ceux qui disent « le » et ceux qui disent « la » Covid. La simple utilisation d'un article peut maintenant nous catégoriser, éventuellement même inférer sur notre positionnement par rapport à une certaine forme de pensée manichéenne : sera-t-il du « bon côté » de la pensée ? Loin de moi cette approche simpliste d'étiquetage de mes contemporains. Je tenterai ici de permettre une compréhension claire de cette épidémie en commençant, comme Michel Onfray, par garder le genre masculin pour en parler. D'ailleurs, lorsque j'évoquerai cette épidémie j'écrirai « Covid » et non « Covid-19 » ou toute autre dénomination utilisée de-ci de-là au gré de la fantaisie des divers observateurs de cet événement.

Comment une épidémie ordinaire a-t-elle pu déclencher une situation extraordinaire ?

C'est la question à laquelle je tenterai de répondre. La « crise Covid » a été très « généreuse » en thèmes et rebondissements, objets de réflexion débridés soumis à un flux intensif et continu d'informations non structurées, alimentant paradoxalement **la confusion et la perte totale de repères.**

J'y ai vu un procédé paradoxal pour le commun des mortels et en même temps, un classique digne de princes florentins : *« rendre simpliste ce qui est complexe et complexifier à outrance ce qui est simple ».*

Deux exemples permettent d'illustrer la démarche. D'un côté, il s'agit de résumer la compréhension difficile de la dynamique des épidémies en un modèle mécanistique simple prédisant un nombre de morts énorme et l'arrivée de nombreuses « vagues épidémiques » successives (selon le principe « stop and go » : confinement/déconfinement). D'un autre côté, au lieu de décrire la dynamique avec les « instruments » habituels, compréhensibles presqu'intuitivement par tout un chacun, au lieu d'utiliser des ordres de grandeur facilement comparables avec des phénomènes connus et équivalents, on a multiplié les indicateurs ; et surtout, on a rendu possibles les interventions de multiples « experts bigarrés » issus de disciplines connexes, disposant toutes de leurs propres jargons non « interopérables ». Ce bouillon politico-médiatique a pour résultat escompté que l'immense majorité (la quasi-totalité) des personnes concernées, finit par ne plus rien comprendre, d'où la confusion et la perte totale de repères.

Je ferai le point sur un certain nombre de thèmes, pas tous évidemment, qui ont émergé à partir du début de l'année 2020, avec le regard particulier d'un épidémiologiste ayant « traité », au cours de sa carrière, de nombreuses épidémies.

C'est une gageure car les populations et par conséquent les individus qui les composent ont été soumis (et le sont toujours) à un véritable choc traumatique à grand renfort de clichés émotionnels. Il apparaît presque impossible de tenter une simple rationalisation du récit officiel tant la blessure est profonde.

Témoigner et prendre date

Comme un Sisyphe, absurde et vaniteux[1], c'est pourtant la tâche que j'ai voulu accomplir dès le début. J'ai rapidement compris que j'étais inaudible tant la préparation des esprits avait été induite depuis de longues années comme le montrera le chapitre consacré à l'enquête parlementaire de 2010 sur une autre épidémie. Je donnerai dans ce livre des clés de compréhension de cette épidémie à l'instant où j'écris ces lignes, comme je les ai données depuis le début, à chaque fois qu'il m'a semblé nécessaire d'intervenir

1. Sisyphe est connu pour son châtiment qui consiste à pousser une pierre au sommet d'une montagne, d'où elle finit toujours par retomber. Ce châtiment sanctionne son « hubris », symbolisant la vanité des ambitions humaines. Il peut servir de métaphore à la vie elle-même : un homme astucieux ne doit pas s'adonner à un travail vain au risque de se perdre, condamné de manière absurde à s'abrutir. Ce mythe a fait l'objet de nombreuses réflexions dont celle d'Albert Camus où il qualifie Sisyphe d'ultime héros absurde dont le destin vaut la peine d'être vécu : « il n'est guère de passion sans lutte ». Pour Jean d'Ormesson, c'est une métaphore du devoir de l'acquisition de la justice parfaite.

publiquement pour donner une vision alternative de la réalité des événements. Cette vision, je l'ai diffusée le plus largement possible afin de prendre date, de témoigner en tentant de ne surtout pas perdre les personnes qui m'écoutaient. Il fallait pouvoir expliquer la situation rapidement et de manière simple, avec un bagage minimal de connaissances communes et du bon sens. Dans ce livre, il ne s'agira pas « d'enfiler les perles » tel un commentateur donnant un énième point de vue alimentant la confusion générale. Il conviendra d'éviter la « mise en abîme » altérée de cet événement ordinaire. Je ne participerai pas à l'amplification de la perturbation générale : au contraire, je tenterai de donner, avec discernement et didactisme les moyens de comprendre cette crise pour tenter enfin un retour à la raison.

Nous avons tous beaucoup appris pendant cette crise… Ah bon ?

Le livre a pour sous-titre « Ils ne pourront pas dire qu'ils ne savaient pas ». Cela mérite une explication. Ce sous-titre est arrivé comme une évidence alors que j'ai entendu et réentendu comme une antienne dans la bouche de nos gouvernants le refrain suivant : « **Nous avons fait des erreurs, certes… mais nous avons beaucoup appris** ». Cette expression m'a énormément surpris au cours de cette longue période. Une expression répétée comme leitmotiv par des personnes qui au cours de cette crise ont pris de nombreuses décisions importantes. Cette expression se décline en plusieurs versions : « Au cours de cette crise… nous avons beaucoup appris… nous avons beaucoup appris sur les virus, nous avons beaucoup appris sur - *le virus* -, nous avons beaucoup appris sur les maladies, nous avons beaucoup appris sur l'épidémie, nous avons beaucoup appris pour soigner les gens, bref nous avons beaucoup appris sur à peu près tout… » ; mais après coup ! Certes, l'erreur est humaine. Mais l'erreur trop fréquente, voire systématique, c'est au-delà de l'humain et d'aucuns seraient amenés à penser qu'elle serait en réalité d'une autre nature, mais ma nature ne me conduit pas à une pensée « contre-nature ».

Cette expression « *Nous avons beaucoup appris!...* » m'a personnellement interloqué, par l'aveu d'incompétence qu'elle sous-entend de manière évidente : si on a beaucoup appris, c'est donc évidemment qu'avant on en savait très peu. Alors comment expliquer que si on ne savait pas grand-chose, il ait été possible de mettre en place des mesures induisant de telles conséquences, sur un nombre de personnes absolument faramineux. Je rappelle au passage que 90 % de la population adulte a été « vaccinée » en quelques semaines pour une maladie équivalente dans le pire des cas à une « grippe carabinée », en général à un simple rhume et pour la majorité des cas à rien du tout (les fameux asymptomatiques). Le bilan de cette procédure à grande échelle a montré rétrospectivement l'efficience plus que relative, que tout un chacun peut constater. Je rappelle aussi que près de 220 millions de tests ont été pratiqués jusqu'à présent pour une population de 67 millions d'habitants (enfants compris).

Comme je l'ai évoqué plus haut, selon moi, cet ouvrage a délibérément un statut à part. Ce n'est pas un ouvrage scientifique mais il relate des résultats scientifiques. Ce n'est pas un roman, il est bien ancré dans l'actualité avec des personnages réels. Il n'est pas spécialement autobiographique mais il est très personnel. Il évoque une autre vision d'une épidémie planétaire or en l'occurrence, il s'agit de ma vision. Cette épidémie a été un évènement à l'échelle de l'humanité or il s'agit de la vision d'un individu. L'entreprise pourrait être prétentieuse. Je l'aborde comme un lien avec l'autre, pas comme une différence. D'ailleurs, cela a été le sens de ma démarche depuis le début, c'est la raison pour laquelle je mets du mien dans cette rédaction. Il s'agit du témoignage d'un individu réel dans un monde réel alors j'intégrerai des éléments de mon réel pour lui donner de la chair. Ainsi, pendant que j'écrivais, j'étais accompagné par la lecture du roman « Anéantir » de Michel Houellebecq. Je me suis permis de mettre en exergue de certain de mes chapitres quelques une des réflexions de ce roman, qui faisait étrangement écho à ce que j'écrivais.

Introduction

L'épidémie de Covid est mineure

Au tout début de l'épidémie de Covid, au printemps 2020, le 11 mars 2020, j'ai diffusé une analyse « *COVID : une épidémie déconcertante* ». Cette analyse d'une nouvelle épidémie arrivant en France et de ce qui allait advenir dans les semaines qui allaient suivre, a été envoyée à tous les journalistes et toutes les rédactions avec lesquelles j'étais en contact depuis les années 1990 dans le cadre du suivi épidémiologique de maladies transmissibles.

Il s'agissait d'un texte très court que j'avais commencé à écrire à partir de la mi-février 2020 alors qu'aucun cas de cette maladie n'avait encore été détecté officiellement en France mais qui s'annonçait déjà dans d'autres pays. Dans ce texte, « *l'histoire naturelle* » de l'épidémie de Covid (c'est-à-dire sa dynamique spontanée sans tenir compte d'éventuelles interventions) était décrite, prévoyant à la semaine près la date du pic épidémique et sa fin. Cette description de la dynamique ne prenait pas en considération de quelconques *mesures* qui auraient été prises pour endiguer l'épidémie. À cette époque, le « Conseil Scientifique » m'était inconnu. Pour moi, il était impensable qu'en France, il fût possible de mettre en place un confinement. Cette analyse se fondait sur les éléments disponibles à l'époque. Ces éléments étaient accessibles à tous, y compris au grand public. Dans ce présent ouvrage, j'évoquerai souvent des passages de cette première analyse, réalisée très tôt, car les événements se sont produits comme je l'avais décrit. Ceci signifie que dès le début, il était possible d'entendre d'autres voies. À cette époque, je ne souhaitais pas spécialement être entendu par des décideurs car a priori, je pensais qu'ils auraient une analyse proche de la mienne. Je souhaitais simplement donner quelques éléments d'explication au grand public, sur une épidémie que je prévoyais mineure. Aujourd'hui, cette analyse constitue une sorte de témoignage de ce qui était pensable avant même l'arrivée de cette épidémie. De fait, ce livre va le montrer, cette épidémie a été effectivement mineure. En revanche, sa gestion a été catastrophique et c'est cette gestion qui a généré une crise hors de proportion à tous les niveaux.

Je montrerais dans un chapitre consacré à ce que de nombreux scientifiques ont appelé « le gouvernement par la peur », que la radicalité de cette affirmation n'est en aucun cas, intentionnelle. Elle apparaît en miroir dans un contexte de modification violente de la perception générale d'une situation. En tant que scientifique ayant une longue expérience dans le domaine de la dynamique de la diffusion des maladies transmissibles, j'estime avoir une vision légitime de cette épidémie mais qui s'est avérée peu orthodoxe voire, disons-le, complètement « décalée » par rapport au discours officiel et à celui de la majorité des médias. À mon corps défendant, je me suis aperçu presque dès le début que j'étais totalement « déviant » par rapport à presque toutes les positions de mes collègues scientifiques ou professionnels de santé. Je parle évidemment de ceux qui se sont beaucoup exprimés, que l'on a beaucoup entendus, car ils avaient « table ouverte » sur les plateaux des grandes chaînes d'information. Je dis exactement le contraire des avis d'une immense majorité d'experts de toute nature qui se sont relayés et exprimés sur le sujet à un moment ou un autre. Cette « déviance » n'est pas la marque d'un esprit torturé ou systématiquement opposé à toute forme de consensus. Ce positionnement l'a été avant même que la plupart des français prennent réellement conscience de l'arrivée d'une nouvelle épidémie en France : **l'épidémie de Covid n'était pas une épidémie grave**.

Le coût démentiel de l'incompétence

Dans son rapport, rendu public le 9 septembre 2021, sur « les dépenses publiques pendant la crise et le bilan opérationnel de leur utilisation[1] », la Cour des comptes a relevé une forte hausse des dépenses publiques. Les dispositifs d'urgence mis en œuvre face à la crise du Covid (dépenses de santé, soutien aux entreprises et aux ménages) se sont traduits par un endettement public accru. En contrepartie du « quoi qu'il en coûte », selon la formule utilisée par le président de la République le 12 mars 2020[2], la dette publique a augmenté de près de 20 points de PIB par rapport à 2019, soit 460 milliards d'euros[3]. Quand on dépense avec nos contributions ou notre endettement autant d'argent, il est quand même assez consternant de s'entendre dire : « *Nous avons beaucoup appris* » (car apparemment, nous ne savions pas grand-chose). Les français, eux, ont appris dans le même temps que notre système de santé, soi-disant le meilleur du monde, pour lequel nous dépensons beaucoup, était en réalité dans un état de délabrement chronique avancé. L'hôpital principalement sollicité dans cette crise dans la mesure où les médecins généralistes ont été sommés de ne pas intervenir, ne pourrait donc pas garantir la prise en charge de l'épidémie. D'ailleurs, tous les ans depuis au moins dix ans, nous assistions au même scenario des alertes fébriles des services d'urgences hospitalières à l'occasion des grippes saisonnières. Notre trouble est d'autant plus grand quand nous apprenons

1. https://www.vie-publique.fr/rapport/281413-rapport-sur-depenses-publiques-pendant-la-crise-et-le-bilan-operationnel
2. https://www.elysee.fr/emmanuel-macron/2020/03/12/adresse-aux-francais
3. https://www.vie-publique.fr/en-bref/281423-Covid-le-cout-de-la-crise-sanitaire-pour-letat

que Monsieur Jean Castex, après avoir été le « Monsieur déconfinement » (lequel avait été jugé calamiteux par ses pairs), est nommé Premier ministre à partir du 3 juillet 2020, pour assurer entre autres, la lutte contre l'épidémie. C'est apparemment la même personne, qui de 2005 à 2006, a été le directeur de l'hospitalisation et de l'organisation des soins au ministère des Solidarités et de la Cohésion sociale, où il a participé à l'introduction de la notion d'objectifs et de rentabilité dans l'hôpital et à une rationalisation des coûts dans le cadre du plan hôpital 2007[1]. Nous sommes donc collectivement renseignés sur l'une des origines de la détérioration du système de soin.

Derrière cette phrase « *Nous avons beaucoup appris* », au-delà de l'aveu d'incompétence, il y a une volonté très nette de qualification en irresponsabilité : « Nous ne savions pas » mais il fallait bien faire quelque chose. Nous ne voulions pas être accusés de ne rien faire, car nous avions très peur de ce que l'on appelle le « syndrome du sang contaminé[2] ». Nous préférions faire quelque chose même si c'était dangereux et contre-indiqué plutôt qu'être accusés d'inaction.

---

1. « Le déconfineur », Lucas Duvernet-Coppola et Antoine Mestres, *Society Magazine*, n° 129, 16 avril 2020.

2. L'affaire du sang contaminé est un scandale sanitaire, politique et financier dans les années 1980 et 1990 à la suite d'infections par transfusion sanguine. L'ampleur du scandale et des révélations qui sont faites conduisent au procès des anciens responsables politiques mis en cause pour empoisonnement et atteinte involontaire à l'intégrité des personnes durant la gestion de la crise, ce qui fait du scandale une affaire d'État. L'ancien Premier ministre socialiste Laurent Fabius et les anciens ministres socialistes Georgina Dufoix et Edmond Hervé comparaissent devant la Cour de justice de la République pour « homicide involontaire ». C'est la première fois qu'au cours de l'histoire de la Ve République sont jugés pour leurs actes d'anciens ministres, susceptibles d'avoir commis des délits dans l'exercice de leurs fonctions ministérielles. Laurent Fabius et Georgina Dufoix sont innocentés par la Cour de justice de la République.

« in dubio pro malo[1] »

Donc nous avons *beaucoup* agi, ou plutôt gesticulé à grands frais, nous avons fait du bruit, nous avons fait peur, nous avons enfermé tout le monde, mais nous avons agi « sans savoir » puisque nous avons, après coup, « *beaucoup* appris » !»

C'est une interprétation très spéciale du principe de précaution « in dubio pro malo » car il s'applique principalement aux autorités qui le mettent en place et qui donc ***se* protègent** mais malheureusement pas aux populations qui **le subissent.**

Ils ne pourront pas plaider l'ignorance

Au-delà de l'incompétence, ce « Nous avons beaucoup appris » est très grave car c'est déjà une forme de plaidoirie pour un classement en irresponsabilité : « Ce n'est pas de notre faute car personne ne savait ».

Puisqu'ils ne savaient pas, cela veut-il dire que personne ne savait ? Dans la mesure où ils sont d'essence jupitérienne[2], ils savaient donc tout ce qu'il était possible de savoir ? D'autres savoirs ne pouvaient être crédibles … Il n'est donc pas possible de leur tenir rigueur des mesures qu'ils ont mises en place pour (se) protéger et donc ils ne peuvent pas en avoir la responsabilité. CQFD[3]. Eh bien

---

1. « In dubio pro malo » : dans le doute, prévois le pire. Cette formule est un impératif qui sous-tend l'ouvrage de Hans Jonas « Le Principe responsabilité ».

2. Après « l'hyperprésident » de Nicolas Sarkozy et la présidence « normale » de François Hollande, Emmanuel Macron souhaitait incarner un président « jupitérien ». Il l'avait assuré dès le mois d'octobre 2016. La France a besoin d'un chef de l'État « jupitérien », déclarait-il dans un entretien à *Challenges* alors qu'il n'était encore que le candidat d'En Marche ! le mouvement qu'il avait lui-même fondé quelques mois plus tôt.

3. Ce Qu'il Fallait Démontrer.

non. Ils ne peuvent pas dire qu'ils ne savaient pas puisque nous avons été des milliers de scientifiques et professionnels de santé à dire et répéter que justement, nous savions ce qu'il fallait faire. Non seulement nous n'avons pas été écoutés, mais en plus nous avons été discrédités, disqualifiés, sortis du discours, traités de tous les noms (« rassuristes », « complotistes »), traînés dans la boue, jetés en pâture à la vindicte populaire. Non, ils ne pourront pas dire qu'ils ne savaient pas. Et ils ne pourront pas plaider l'ignorance car tout a été dit, tout a été écrit, et écrit de manière officielle tout au long de cette crise et… avant même cette crise. Oui : avant cette crise ! Tiens donc ? Attention, je ne suis pas en train d'annoncer que tout était prémédité. Ce n'est sûrement pas ce que je dis. Il serait trop facile de discréditer cet ouvrage au motif usé jusqu'à la trame, « de complotisme ». Je reviendrai d'ailleurs plus loin sur l'usage fallacieux de ce vocable infamant. Au sujet du complotisme, je rejoins Michel Rocard dans une citation qui lui est attribuée : « *Toujours privilégier l'hypothèse de la connerie à celle du complot. La connerie est courante, le complot exige un rare esprit* ». Tout avait été écrit certes, mais n'avait pas été écrit à des fins de complot, au contraire. Tout avait été écrit mais malheureusement pas lu par les principaux protagonistes, ceux qui auraient dû le lire (cf. ci-dessous, « Rapport n° 685 du Sénat : Chronique d'une pandémie annoncée » qui date de 2010).

« *Nous ne savions pas* », cela fait sans nul doute écho à cette expression tant de fois entendue dans l'histoire de l'humanité, à chaque fois qu'il a été possible de faire quelque chose pour éviter un drame et qu'il a été délibérément choisi de faire autre chose : « *Nous ne savions pas !* ».

Le parallèle avec d'autres événements de même nature est tellement évident que je ne peux me garder de les citer au-delà de la crainte d'être accusé d'utiliser l'histoire de manière démagogique à des fins politiques. Je ne suis pas un politique. Je ne fais pas de politique ; ou alors, tout est politique. Y compris cette crise qui n'a finalement été traitée qu'essentiellement d'un point de vue politique.

Je ne peux m'empêcher de penser à François Mitterrand[1] alors qu'il était encore président de la République qui répondait au journaliste Jean-Pierre Elkabbach dans une interview de 1994[2], suite au livre de Pierre Péan « Une jeunesse Française ». Jean Pierre Elkabbach lui fait remarquer qu'il ne pouvait ignorer les mesures iniques prises par le gouvernement de Vichy qu'il avait choisi de rejoindre plutôt que d'aller à Londres. Mitterrand répond sans sourciller : « [...] J'étais à cent lieues de connaître ces choses-là. [...] C'est-à-dire que je ne savais pas grand chose [...] beaucoup ont appris tout cela, [...] J'ai appris cela en 1944.» Dans cet interview, Mitterrand ne dément pas qu'en 1942, il collabore dans un service de documentation vichyste, où il rédige des fiches sur

1. « Ah ! ils nous en ont fait avaler des couleuvres »... En 1980, Jean Ferrat chantait « Le bilan » qui commençait par ces paroles. Jean Ferrat évoquait l'engagement communiste des jeunes gens de sa génération qui ont vu leurs idéaux trahis par les apparatchiks communistes et leurs successeurs. J'y ai beaucoup pensé lorsque j'ai pris conscience des trahisons portées à mes propres idéaux et ceux de la jeunesse de ma génération.

2. https://www.vie-publique.fr/discours/129157-interview-de-m-francois-mitterrand-president-de-la-republique-franc :

QUESTION. – Et pourquoi, alors qu'il y a le gouvernement de capitulation, qu'il y a eu les lois anti-juives, vous allez à Vichy, pourquoi vous n'allez pas à Londres ou à Alger ? Je vous pose la question ?

MITTERRAND. – Vous me dites les lois anti-juives, il s'agissait (ce qui ne corrige rien, et ne pardonne rien), d'une législation contre les juifs étrangers, dont j'ignorais tout. [...] J'étais à cent lieues de connaître ces choses-là. [...]

QUESTION. – Mais quand alors avez-vous appris l'existence de ce statut ? L'existence des camps de concentration [...]

MITTERRAND. – Pour les camps de concentration, j'étais comme tous les Français informés, c'est-à-dire que je ne savais pas grand-chose.

QUESTION. – En 1942 ?

MITTERRAND. – Non, mais beaucoup ont appris tout cela, [...] J'ai appris cela en 1944.

les communistes, les francs-maçons, les gaullistes, bref il rédige des fiches sur les résistants au régime de Vichy. Il était donc au cœur de la « machine politique » de l'époque et nous affirme pour sa défense qu'il ignorait tout des décisions prises par les autorités de Vichy. Ainsi, il a pu dire « qu'il ne savait pas ».

Depuis le début de cette épidémie, des milliers de scientifiques et de professionnels de santé sont intervenus pour dirent ce qu'ils voyaient et dénoncer une politique sanitaire à rebours de tout ce qui avait été prévu dans un tel cas. Si un jour une enquête est menée sur la gestion de cette crise, ils ne pourront définitivement pas dire qu'ils « ne savaient pas ».

Le mythe et le réel

Le narratif officiel, autrement dit la « Doxa[1] » que je dénonce, pourrait se résumer ainsi :

« À la fin de l'année 2019, dans un pays lointain, en Chine et plus particulièrement dans une ville chinoise, Wuhan dans la province de Hubei, un grand nombre de personnes sont atteintes presque simultanément d'une maladie respiratoire. Un nouveau coronavirus a été détecté et identifié, le Sars-Cov-2. Les autorités chinoises ont circonscrit rapidement l'épidémie, à la manière chinoise, c'est-à-dire qu'elles ont purement et simplement confiné une ville de plusieurs millions d'habitants.

La suite de la narration, c'est que finalement, la Chine ment. Elle nous cache tout. En réalité, il y a eu beaucoup plus de morts que les Chinois ne l'ont déclaré. Cette épidémie se propage très vite mais les Chinois réussissent à la stopper ; en revanche elle fait

1. « La Doxa du Covid », *Peur, santé, corruption et démocratie*, tome 1, de Laurent Mucchielli, 2022, Eoliennes Eds.

beaucoup de malades, de morts mais ça, les Chinois ne nous le disent pas. Comment les croire sur une partie seulement de l'information ? L'inquiétude monte mais pas suffisamment pour inquiéter vraiment les populations occidentales. Le 11 mars 2020, l'Organisation Mondiale de la Santé (OMS) déclare l'état de pandémie d'une nouvelle maladie atteignant les voies respiratoires nommée Covid.

Lorsque l'épidémie arrive en France autour du 15 février 2020, sa diffusion est très rapide. Les autorités de santé sont étrangement surprises par le nombre de personnes hospitalisées et décédées en une courte période. En quelques jours, la population française est confrontée à une grande désillusion, prenant conscience des carences de son système de santé, **manifestée en l'occurrence par** la saturation rapide des services hospitaliers. Dans la confusion, le désarroi, le manque de moyens (pas de test, pas de masque, etc.), les autorités décident en urgence le confinement généralisé de la population le 17 mars 2020. Ainsi, du jour au lendemain, pour la première fois de son histoire, sans réel fondement scientifique mais dans un réflexe mimétique, la population française est soumise à des mesures intenses de privation de liberté. De telles contraintes ont été acceptées sur la base de la peur d'une catastrophe sanitaire sans précédent. Tout le narratif repose ensuite sur un postulat unique mais majeur : « **nous sommes face à un événement sanitaire sans précédent, une pandémie qui provoquerait en France 500 000 morts si on ne fait rien et qui va décimer l'humanité : nous sommes en guerre !** »

De l'anxiété, nous sommes brutalement projetés dans une autre dimension : l'effroi, l'horreur. Cette dimension apocalyptique est officialisée par la figure d'autorité par excellence, le président de la République. Toutes les décisions prises par la suite, indépendamment de leur efficacité, toutes ces mesures sont exclusivement justifiées par le fait qu'individuellement et collectivement nous sommes face à un immense danger. C'est uniquement l'imminence d'une catastrophe qui justifie tout ce qui va être mis en place et toute la crise qui en découle.

Tétanisée, à peu près toute la population accepte de se soumettre au filet protecteur que lui promettent les autorités sanitaires : c'est la conformisation. Jacques Ellul[1] décrit ce phénomène : « … dans une démocratie, il faut associer les citoyens aux décisions de l'Etat. Il faut donner aux citoyens le sentiment d'avoir voulu les actes du gouvernement, d'en être responsables, d'être engagés à les défendre et à les faire réussir ».

Placer les individus en état de suggestibilité

Pour placer les individus en état de suggestibilité, le ressort le plus efficace est de **répandre la peur.** Que ce processus soit élucidé et compris est une avancée mais cela ne règle en aucun cas le problème tant que le narratif officiel n'est pas remis en question. Or, théoriquement, il devrait suffire de montrer que le phénomène à l'origine de la peur n'est qu'une mauvaise interprétation de la réalité du danger. S'il est possible de montrer que **le danger annoncé n'est qu'une erreur d'interprétation, alors tout ce qui en découle est totalement injustifié.**

Or, le danger a été surestimé dès le début. Et donc, dès le début de très nombreux chercheurs ont dénoncé ce mythe. L'épidémie de Covid était certes une réalité, certes elle a fait des malades et des morts mais en aucun cas il ne s'agissait d'une épidémie catastrophique. Nous montrerons que la catastrophe annoncée n'est pas arrivée. Pour justifier une erreur d'interprétation sur la gravité du danger représenté par cette épidémie, il a fallu que les autorités maintiennent le mythe du danger absolu et ce mythe tient encore aujourd'hui. Il permet de justifier les mesures sanitaires

1. Jacques Ellul (Propagandes, 1962)

invraisemblables mises en place par les autorités gouvernementales. Je montrerai comment ces autorités ont maintenu la peur dans les populations, engendrant la sidération des individus. Des campagnes de manipulation de masse ont été orchestrées notamment en relançant à périodes régulières le « storytelling » du concept des « vagues » successives censées submerger les populations. Certes, les promoteurs de ces mesures sanitaires prétendent qu'elles ont montré leur efficacité, mais ils sont dans l'incapacité de le démontrer par des voies scientifiques et d'aller au-delà de la prophétie auto-réalisatrice. Au contraire, de nombreux éléments scientifiques ont montré que les mesures mises en place ont été bien plus délétères que salutaires. Comme nous l'avions annoncé dès le 11 mars 2020, et avec le bilan 2020 de la mortalité, **le Covid a eu toutes les caractéristiques d'une virose relativement banale au regard de l'hécatombe promise et pour laquelle des mesures sanitaires disproportionnées ont été mises en œuvre.**

Des faits, de la méthode, des résultats et de la discussion avant de conclure

En 1984, Georges Perec écrit un canular scientifique : « Démonstration expérimentale d'une organisation tomatotopique chez la cantatrice ». Comme Boris Vian, Georges Perec, a été un auteur en vogue dans ma jeunesse. Une jeunesse de la « bof génération » en mal d'expériences exaltantes et de surréalisme. Un mal probablement induit par un excès de liberté, cette liberté gagnée par d'autres, avant nous, donc… gratuite. C'était une sorte de « revival » post soixante-huitard, autrement dit, une nouvelle vague d'engouement comme une « vague épidémique »[1].

1. J'ai souvent développé cette notion qui consiste à comparer une épidémie à une mode. En effet, l'émergence d'un nouvel agent pathogène s'apparente aux phénomènes très connus de la diffusion des innovations qui provoque des

Pourtant, son œuvre est difficile. L'aurais-je lu trop jeune ? Pérec était membre de l'Oulipo, il fondait ses travaux sur l'utilisation de contraintes formelles, littéraires ou mathématiques. Il avait été documentaliste dans un laboratoire de physiologie à l'hôpital Saint-Antoine. En 1992, j'ai rejoins l'équipe de modélisation de ce laboratoire. C'est au sein de cette équipe que j'ai développé un modèle épidémiologique appelé « EpiNeurone[1]» sur la base d'équations issues de la neuro-mimétique. J'ai donc incidemment collaboré avec les chercheurs qui avaient côtoyé Georges Perec. Si je l'évoque ici, ce n'est sûrement pas pour tirer quelque fierté d'avoir été transitivement un de ses proches mais plutôt qu'il me fournissait de manière magistrale, un regard amusé sur la petite machine à fabriquer de la « science » de manière automatique. Son canular était en réalité un pastiche de la structure d'un article scientifique. Ce pastiche dont la lecture était vivement conseillée à tout nouvel apprenti chercheur arrivant dans le laboratoire en exemple de la rigueur formelle à respecter indépendamment du contenu fondamental de l'article : « Contexte, Matériels et méthodes, Résultats, Discussion ». Tout est dit, la science, quelque part c'est cela : une question, des observations, des méthodes pour obtenir des résultats et enfin et surtout, de la discussion. La discussion, c'est-à-dire la confrontation de ses résultats avec les réalités des autres, celles qui sont renvoyées par d'autres scientifiques qui ont leur propre version de la réalité, c'est un des points cruciaux de la méthode scientifique. Un littéraire comme Perec avait compris ce processus essentiel de production de connaissance. Comment est-il possible qu'aujourd'hui, à l'occasion de cette

figures d'organisation similaire, à savoir les fameuses gaussiennes ou « courbes en cloche » que nos contemporains ont fini par reconnaître à force de matraquage par la vulgarisation médiatique de termes appartenant habituellement au glossaire technique voire scientifique.

1. **Toubiana L.**, Vibert J.-F. «De la contagion à l'épidémie : modèle neuromimétique de la propagation de maladies transmissibles» Actes des journées de Rochebrune, AFCET ENST, 1996, 105-111, France.

crise, des scientifiques sur lesquels des politiques s'appuient pour prendre des décisions graves, relayées par des journalistes et donc acceptées par presque toute la population, puissent s'étonner de la discussion scientifique ? Comment toutes ces personnes ont-elles pu croire qu'un vague Conseil Scientifique constitué de manière opaque sous les lambris dorés de la République puisse à lui seul, à l'encontre de milliers d'autres scientifiques, détenir la vérité sur l'ensemble des vastes questions qui concernent cette prétendue épidémie majeure ?

Je commencerai par situer le contexte à savoir situer l'épidémie de Covid dans le grand champ de la santé publique, en rappelant quelques rudiments de l'épidémiologie et en particulier celle des maladies infectieuses. Ensuite, j'expliquerai dans quel contexte je suis moi-même intervenu occasionnellement pendant cette crise et j'en profiterai pour présenter d'autres acteurs qui eux aussi sont intervenus mais de manière plus massive, avec leurs mauvaises habitudes de petits arrangements avec la réalité et leur énorme difficulté à accepter tout contradicteur.

Je développerai ensuite une vision de la crise en deux périodes distinctes et très différentes. La première correspond à l'émergence de l'épidémie de Covid au printemps 2020 en France. C'est une période que j'appelle « ***période de sidération*** ». Elle est marquée par une panique généralisée et communicative de toutes les ressources sur lesquelles la population pensait pouvoir s'appuyer, à savoir tout d'abord notre système de santé et en deuxième lieu les capacités opérationnelles de l'ensemble des autorités à tous les niveaux. Le fait que cette population qui se berçait d'illusions, ait pris brutalement conscience de la désorganisation totale de nos institutions a projeté dans le désarroi et la *sidération*.

Les autorités ont été saisies d'effroi par les prédictions catastrophiques en termes d'impact de mortalité mais aussi par la prise de conscience très tardive de l'impréparation et de l'incapacité de notre système de santé à faire face à un tel «*fléau*». Dans un état d'affolement et d'égarement, le gouvernement décide par simple réflexe mimétique comme d'autres pays avant lui avec une brutalité extrême, de mettre en place une mesure absolument dramatique: le confinement strict de toute la population. Le moment de sa mise en place a été un véritable choc, une mesure *innovante* et «en même temps» totalement absurde dans la rapidité impensable avec laquelle elle a été mise en place à l'échelle de l'humanité toute entière. La mise en place de la mesure (et uniquement elle), a en quelque sorte validé la réalité du danger dans les esprits des individus. Comment expliquer autrement que tous les gouvernements fassent les mêmes choix? Cela s'appelle une réaction en chaîne par imitation, bien connue dans le comportement des groupes. Les kracks boursiers sont typiquement induits par de tels comportements. Ainsi les populations ont été soumises à accepter l'inacceptable et c'est cet aspect vertigineux de notre capacité à admettre qu'il n'y avait pas d'autre solution qui a renforcé paradoxalement le choix de sa mise en place. De fait, il devenait invraisemblable de contester ce choix mis en place à une si grande échelle. Pourtant les faits montraient déjà que l'épidémie qui était à l'origine de ce choix ahurissant, ne pouvait en aucun cas justifier une telle extravagance.

Cette première période dite de sidération est relativement courte. Elle couvre une durée de 4 mois environ, du début du mois de mars au début du mois de juillet 2020. En revanche, elle est suivie d'une période beaucoup plus longue qui démarre à partir de juillet 2020 et qui, dans mon interprétation des événements, n'est toujours pas terminée à l'heure où j'écris ces lignes car elle s'inscrit dans le temps long: c'est la «***période de terreur***». Cette nouvelle phase de la crise est induite par une autre innovation, la massification dévoyée de l'usage des tests que j'appelle la «*testomania*[1]», sur laquelle nous reviendrons longuement. Au motif de

1. En référence à la «Beatlemania» si chère à ma génération.

mettre en place une stratégie d'arrêt de l'épidémie sur la base du principe « tester, alerter, protéger » censé limiter la propagation du virus, l'usage des tests est en réalité un moyen pour maintenir le sentiment de danger imminent par l'idée de la présence d'un mal invisible qui *circule* dans la population et ainsi pousser les populations à accepter des mesures en plus en plus coercitives et intrusives.

Les chapitres suivants permettront de comprendre de manière factuelle, en quoi l'épidémie de Covid peut être considérée comme une épidémie mineure. Le bilan provisoire de cette épidémie, est globalement celui d'une épidémie saisonnière. Ce bilan avait été prévu, dès le début mars 2020, alors que les premiers malades pour Covid étaient hospitalisés en France. Dès cette époque avant même la mise en place de mesures, j'avais montré en utilisant les méthodes classiques et habituelles de suivi des maladies transmissibles, que cette épidémie n'avait aucune commune mesure avec le récit catastrophique qui en était fait par les autorités sanitaires et le gouvernement.

Je me concentrerai dans cet ouvrage uniquement sur le cas français et les données françaises, bien que cette épidémie ait été déclarée « pandémie » le 11 mars 2020, selon les nouveaux critères de l'OMS. En effet, nous avons très vite montré que l'épidémie avait la même dynamique partout[1] avec bien sûr, des spécificités liées aux structures et aux caractéristiques des populations selon les pays et leur géographie. Alors qu'il s'agit d'un phénomène qui touche toute la population mondiale, l'étude détaillée du cas de la France est suffisamment riche pour le comprendre, comme nous l'avions montré voici une vingtaine

1. Krywyk J., Oettgen W., Messier M., Mulot M, Ugon A., Toubiana L., "Dynamics of the Covid-19 pandemics: global pattern and between countries variations", medRxiv, 2020.

d'années[1-2]. J'évoquerai (cf. infra) ce que l'on appelle la dimension fractale des phénomènes épidémiques ainsi que leur invariance d'échelle du point de vue de leur dynamique globale[3-4-5].

Les chapitres de fin concernent plus spécifiquement le comportement des autorités sanitaires et leur gestion calamiteuse de l'épidémie. Je montrerai que les mesures ahurissantes mises en place ont véritablement engendré une crise artificielle, importante à tous les niveaux. Ainsi j'apporterai la preuve que les autorités sanitaires ne peuvent ignorer l'impact limité de l'épidémie au moment même où ils décident de la mise en place de dispositifs disproportionnés pour lutter contre elle.

À titre d'exemple, je présenterai une analyse d'un article de « Fact-Checkers », ces journalistes qui, soi-disant, vérifient les faits. Il s'agit d'un article de l'AFP publié en février 2022, un article répugnant parmi tant d'autres dont ont été l'objet tant de scientifiques ayant tenté de donner une autre vision de la crise. Pendant cette période, les quelques scientifiques qui s'y sont prêtés, ont suscité une forme de réprobation, de désaveu, des critiques voire des injures de la part de certains de leurs contradicteurs médiatiques. En effet, pendant une longue période, alors qu'elles leurs

1. Bonabeau E., Toubiana L., Flahault A., "Evidence for global mixing in real influenza epidemics" J Phys A 1998 31:361-365.

2. Bonabeau E., Toubiana L., Flahault A., "The geographical spread of influenza." Proceedings of the Royal Society of London 1998 265:2421-5.

3. Tuckwell H.-C., Toubiana L., Vibert J.-F., "Enhancement of epidemic spread by noise and stochastic resonance in spatial network models with viral dynamics." Physical review. E, Statistical physics, plasmas, fluids, and related interdisciplinary topics 2000 61:5611-9.

4. Tuckwell H.-C., Toubiana L., "Dynamical modeling of viral spread in spatially distributed populations: stochastic origins of oscillations and density dependence." Bio Systems 2007 90:546-59.

5. Tuckwell H.-C., Toubiana L., Vibert J.-F., *"Epidemic spread and bifurcation effects in two-dimensional network models with viral dynamics."* Physical review. E., Statistical, nonlinear, and soft matter physics 2001 64:41918.

avaient été communiquées, les médias ont sciemment ignoré certaines informations au motif qu'elles pourraient avoir un effet néfaste sur l'opinion publique et contrarier la politique sanitaire décidée par les autorités. L'emprise sur l'information s'est traduite par la rétention, l'arrangement des faits et la disqualification de toute proposition n'allant pas exactement dans le sens de ce qui s'apparente à une Doxa. Mes interventions (en nombre assez limité) qui avaient déclenché les foudres d'une minorité d'opposants très médiatisés, ont eu heureusement un écho retentissant auprès d'un très grand nombre de scientifiques de toutes disciplines. Mais surtout, et paradoxalement, auprès d'un certain « grand public » de tous milieux qui cherchait à comprendre la situation. Le discours officiel, qui était tenu pour acquis du seul fait de sa répétition incessante non sans provoquer un certain malaise, les contradictions permanentes des autorités, la démesure des contraintes mises en place ont fait prendre conscience qu'une autre narration plus proche de la réalité était nécessaire.

C'est l'objet de ce livre.

I

Une épidémie comme bien d'autres

En 1852, Karl Marx publie « Le 18 Brumaire de Louis Bonaparte ». Dans cet ouvrage, il cite Georg Wilhelm Friedrich Hegel : « Tous les grands événements historiques [...] se répètent pour ainsi dire deux fois [...] », mais Marx précise que la première fois est toujours une tragédie, et la seconde une farce. En effet, il désigne comme une farce le coup d'État du 2 décembre 1851 par lequel Louis Bonaparte instaure le Second Empire par rapport à la tragédie que fut le coup d'État de son oncle, le général Napoléon Bonaparte, le 18 Brumaire 1799. Ainsi, « L'Histoire se répète ... » est un grand classique.

« L'Histoire se répète... »

Si Karl Marx est exaspéré par le *bis repetita* des coups d'État des Bonaparte au point de le qualifier de « farce », quel autre qualificatif pourrions-nous invoquer pour la répétition *ad nauseam* du feuilleton insupportable des fameuses « vagues » de l'épidémie de Covid ?

Cent soixante-dix ans plus tard, « l'Histoire n'en finit pas de se répéter ... ».

Ce 17 novembre 2021, agacé par la petite musique tant de fois entendue d'un «nouvel épisode du feuilleton sanitaire en France», je publie un texte intitulé : « La *cinquième vague, nouvel épisode d'un feuilleton qui n'a que trop duré »*[1]. Dans cette courte analyse, je déplore à nouveau que la population française soit soumise à un flot quasi continu de mauvaises nouvelles par le truchement d'une « série médiatique » d'une rare médiocrité intitulée « l'épidémie de Covid ». L'un des acteurs principaux était un virus du nom de Sars-Cov-2. Ce dernier, un brin cabot, au gré de sa fantaisie, affinait son jeu de légères variations de style que d'aucuns, particulièrement en verve, nommèrent « variant » ; du meilleur effet pour la série.

Car le scénario est maintenant bien rodé. En amont, il commence par des avis de « scientifiques » qui, alors que tout est supposé « sous contrôle », annoncent la possibilité du retour d'une nouvelle vague épidémique. Ces oracles sont bientôt confirmés par des données venant de pays plus ou moins lointains : « Tout va bien en France, nous dit-on, mais ailleurs c'est très grave ». Les hypothèses de nos « scientifiques » s'avèreraient donc exactes ? Les articles de presse pleuvent sur la panique engendrée et les mesures très dures en passe d'être mises en œuvre dans ces pays lointains. Ces mesures nous paraissent démesurées, mais une petite voix nous dit qu'il faut se préparer à ce que ce soit bientôt notre tour. Enfin, *Santé Publique France* donne l'estocade et annonce à son tour une élévation « inquiétante de l'incidence » sans vraiment expliquer ni de quoi il ne s'agit exactement ni en quoi elle est inquiétante. Cette information est immédiatement relayée par de puissants organes médiatiques. Je développerai un paragraphe consacré à un cas d'école de désinformation pratiqué en particulier par l'Agence France Presse (AFP)[2]. L'information est ensuite reprise par les autorités qui remettent en place des mesures contraignantes (masque obligatoire dans toutes les écoles et dans les rues de départements de plus en

1. http://recherche.irsan.fr/fr/documentation/index/voir/159-Analyse-17-novembre-2021-:-la-cinquieme-vague-un-feuilleton-qui-a-trop-dure

2. Voir le chapitre sur la désinformation.

plus nombreux). « En même temps », le porte-parole du gouvernement nous assure de ne pas nous inquiéter, ce qui a pour effet de nous inquiéter encore plus, car, à chaque fois qu'il ne faut pas s'inquiéter, nous pouvons être sûrs du contraire. D'ailleurs, cela se confirme en général quelques jours plus tard. Le nombre d'articles publiés sur la « prochaine vague » augmente et prépare le terrain. Quelques « dissidents » sont invités à s'exprimer pour faire bonne mesure, car « nous sommes en démocratie », mais juste le temps de les décrédibiliser : « incompétents », « naïfs », « inconscients », « irresponsables », « dangereux complotistes », « rassuristes ».

L'Histoire se répète ? ... La grippe c'est tous les ans !

La figure ci-dessous rappelle qu'il existe depuis toujours, entre décembre et mars, des pics hivernaux liés aux maladies infectieuses et contagieuses comme les syndromes grippaux communément appelés « grippe ». Ces épisodes provoquent de très importantes variations saisonnières de la mortalité avec lesquels ils sont synchronisés. On constate ainsi que les minima sont toujours atteints en été et sont systématiquement suivis de ré-augmentations en automne et hiver (avec des hausses importantes qui démarrent toujours en octobre-novembre).

Ce qui m'occupe ici, c'est la répétition et le fait que nous sommes habitués à voir se reproduire de manière systématique l'arrivée des pathologies hivernales accompagnées d'une augmentation notoire de la mortalité. Ces pathologies sont tellement récurrentes qu'elles en deviennent presque banales.

Pour autant, alors que nous y sommes habitués, la grippe n'est pas une maladie bénigne. Son tableau clinique, c'est-à-dire l'ensemble des signes qui la caractérisent, est dévastateur : il s'agit d'une infection aigüe dont on peut ne pas sortir indemne. Elle

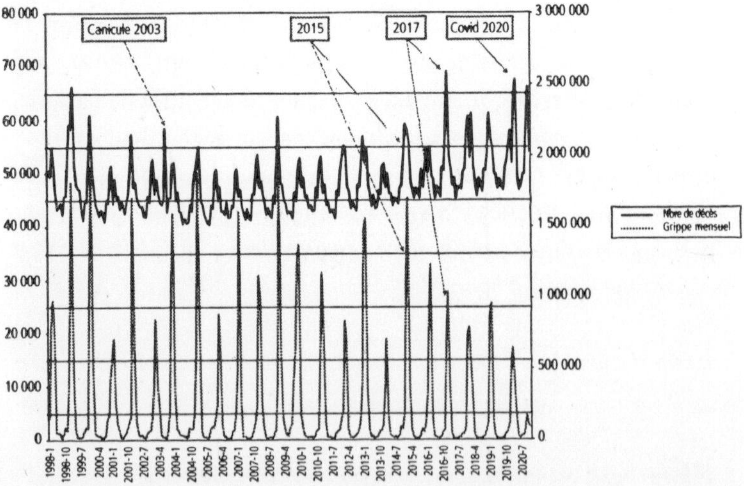

Fig. 1.: Évolution mensuelle des syndromes grippaux et de la mortalité en France de 1998 à 2020

Lecture de la figure: la courbe du bas montre l'évolution mensuelle des syndromes grippaux (échelle à droite de 0 à 3 millions). La courbe du haut montre l'évolution de la mortalité (échelle à gauche de 0 à 80 000). La mortalité se synchronise sur les syndromes grippaux faisant mourir en une période relativement courte un grand nombre de personnes fragiles ou âgées.

Source: Insee, Indicateurs démographiques, Inserm réseau Sentinelles.

Mise en forme et calculs : Irsan.

touche toutes les catégories de personnes. Le sexe et l'âge ne sont pas pour la grippe un facteur de risque ou à l'inverse un élément protecteur vis-à-vis de cette maladie. Il faut cependant remarquer que plus les personnes sont âgées ou dans un état de santé précaire, plus le risque de décéder est grand à l'occasion de ces épisodes épidémiques de grippe.

La figure ci-dessus montre deux courbes synchronisées, mais à des échelles différentes, sur une période de 22 ans (de 1998 à 2020). La courbe du bas représente l'évolution des incidences mensuelles de syndromes grippaux (échelle à droite de 0 à 3 millions). La courbe du haut montre l'évolution de la mortalité mensuelle (échelle à gauche de 0 à 80 000). La mortalité se synchronise sur les syndromes grippaux. Lors de l'arrivée d'une épidémie de grippe, en une période relativement courte, un grand nombre de personnes fragiles ou âgées décèdent. Nous pouvons remarquer en outre que le pic mensuel le plus élevé sur cette vingtaine d'années n'est pas survenu à l'hiver 2019-2020 avec l'épidémie de Covid, mais lors de la grippe de l'hiver 2016-2017 (68 969 morts en janvier 2017 contre 67 537 en avril 2020).

L'humanité et les épidémies

Les épidémies ont marqué l'histoire de l'humanité. Elles agissent directement sur les individus en modifiant leur état de santé. Bien sûr et par définition, c'est au niveau collectif du groupement humain, (quelle qu'en soit l'échelle) que les épidémies prennent leur sens, un sens qui, dans la plupart des cas, est ressenti comme un drame au sein des populations touchées. Elles provoquent une forme de terreur inscrite profondément dans la psyché collective par une sorte d'atavisme.

La définition de l'épidémie donnée par l'Organisation Mondiale de la Santé (OMS) est à la fois vaste et vague : « *Une épidémie est une maladie acquise par un nombre relativement élevé de personnes dans une région donnée durant un intervalle de temps relativement court.* ». « *Un nombre relativement élevé de personnes* » ; l'épidémie est donc un phénomène lié à des maladies touchant un grand nombre de personnes. Il ne s'agit pas uniquement de maladies infectieuses. Il est possible de parler d'épidémies de suicide ou d'obésité. « *Dans une région donnée* » ; la région ou plutôt le « lieu » peut être considéré comme un espace plus ou moins grand pouvant aller d'un simple village à l'ensemble de la planète. D'ailleurs, lorsqu'une épidémie touche un espace très grand voire le monde dans sa globalité, on parle alors de

« pandémie ». « *Durant un intervalle de temps relativement court* » : la « période » considérée comme « *relativement courte* » est toute relative. Les épidémies de grippes hivernales, par exemple, durent entre 5 et 16 semaines en France. Cependant, d'autres épidémies peuvent durer beaucoup plus longtemps et restent présentes dans les populations pendant plusieurs dizaines d'années, comme l'infection par le virus de l'immunodéficience humaine (VIH). Une épidémie est donc un phénomène spatio-temporel macroscopique touchant une partie des individus appartenant à une population donnée.

La notion de maladies transmissibles est surtout utilisée dans le cadre de maladies dites « infectieuses » qui sont provoquées par des micro-organismes pathogènes dont l'Homme est porteur et qui développent le plus souvent une maladie susceptible de se transmettre par contagion. La contagion est la transmission d'une maladie infectieuse par le biais d'une exposition directe ou indirecte. Il existe différents types de micro-organismes qui peuvent parfois avoir un effet négatif sur d'autres organismes vivants. Une infime minorité de ces micro-organismes est dangereuse. En général, l'Homme vit en symbiose avec ces micro-organismes sans lesquels toute vie serait impossible. Parmi tous les micro-organismes nocifs (pathogènes) pour l'homme (et les êtres vivants en général), on trouve les bactéries (la peste, Yersina Pestis), les virus (la grippe), les rétrovirus qui attaquent directement les cellules (comme le VIH qui se concentre sur les cellules du système immunitaire), les champignons comme l'anthrax, les parasites (les vers) ou encore les maladies à prions telles que le syndrome de Creutzfeldt-Jakob. Les agents pathogènes peuvent passer d'une personne à d'autres par simple contact ou par un vecteur intervenant dans la transmission comme peuvent l'être certains parasites ou insectes. Ainsi, les modes de transmission sont multiples. Ils peuvent être directs, par contact de personne à personne comme pour les maladies sexuellement transmissibles ou s'effectuer par vecteur animal (les moustiques sont des vecteurs de la malaria, du Chikungunya, du Zika, les rats et les puces sont les vecteurs de la peste). L'alimentation ou la boisson peuvent aussi participer à la transmission comme pour le choléra. La liste des agents transmetteurs est longue sans oublier les aérosols qui sont des gouttelettes très fines et très légères en suspension dans l'air (gouttelettes respiratoires également appelées «gouttelettes de Flügge») que nous respirons et qui contiennent des virus.

Avec ou sans vecteurs, les maladies transmissibles sont le fait d'agents pathogènes qui, une fois absorbés par l'hôte, en l'occurrence un être humain, se développent en son sein et provoquent une maladie. Ces maladies peuvent produire des symptômes parfois très graves pouvant conduire à la mort de l'individu, mais certains cas sont dits « asymptomatiques », ce qui signifie que la personne est porteuse de l'agent pathogène sans que la maladie soit visible. Ces porteurs sains sont parfois susceptibles de contaminer d'autres personnes et contribuent ainsi à la propagation de l'agent pathogène et donc de l'épidémie.

L'épidémie touche les populations. L'un des facteurs d'émergence d'épidémies est le contact avec des animaux porteurs de maladies (zoonose) qui pourraient être transmises à l'homme et qui par le hasard d'une mutation deviendraient transmissibles entre êtres humains. Ce schéma est classique et l'histoire récente nous apprend que le passage animal/homme est relativement courant. Ce fut le cas par exemple pour le VIH (singe), certaines grippes (oiseau), vache folle ou Creutzfeldt Jakob (bovin, ovin). Mais, si de tels passages animal/homme sont rares, il existe des facteurs essentiels qui concourent à l'émergence et à la propagation des épidémies : les facteurs démographique et sociologique.

Les risques de propagation des maladies sont accentués par les densités de population où les contacts et les échanges sont plus nombreux que dans les milieux faiblement occupés. La promiscuité, le manque d'hygiène, les guerres, les phénomènes migratoires, la pauvreté sont d'autres facteurs qui constituent un risque d'émergence d'épidémies. Le développement des échanges internationaux commerciaux et de population avec la massification des moyens de transport rapides favorise aussi les risques épidémiques et leur propagation à de nombreux pays et parfois à toute la planète.

Paradoxalement, l'amélioration des conditions de vie des populations ainsi que l'extension de la société de consommation dans des pays en développement extrêmement peuplés les rendent plus vulnérables et augmentent considérablement les risques de propagation épidémique. L'intensification des échanges depuis les années 1950 entraîne une mondialisation des maladies infectieuses. Ainsi, il est fondamental de comprendre que l'émergence d'une épidémie est le résultat d'une interaction complexe entre un agent pathogène et son hôte. En d'autres termes, la santé au sens large de l'individu, son endurance physique et mentale, son environnement, bref son *bien-être* est l'un des facteurs primordiaux de sa résistance individuelle. La résistance des individus, ou au contraire leur faiblesse, aura une influence notoire au niveau collectif. C'est ainsi que le niveau global de santé d'une population est un élément majeur qui permet ou non de donner à une épidémie la possibilité de trouver un support à sa propagation.

Il est donc très important de situer les épidémies dans l'histoire de la santé des hommes au sens large. Le contexte des épidémies est lié à la maladie qui est en quelque sorte le contraire de la santé. Qu'est-ce que la santé ? La santé est un concept complexe et difficile à appréhender. En 1946, l'Organisation Mondiale de la

Santé (OMS) donne une définition large englobant non seulement l'état physique ou mental des individus mais aussi leur dimension sociale et donc populationnelle : « *La santé est un état de complet bien-être physique, mental et social* ».

C'est justement dans cette perspective globale et complexe que peuvent être abordées les épidémies de l'échelle microscopique, celles des agents pathogènes (qui atteignent les individus en les rendant malades), à l'échelle macroscopique qui est celle des populations d'individus touchés en un temps très court par une même maladie.

L'effet d'épidémie au niveau individuel est ce que l'on appelle au sens très global une maladie. Schématiquement, les individus luttent spontanément contre une maladie. Cette lutte est une période éprouvante pouvant être extrêmement dure. Il arrive parfois même que cette épreuve soit au-delà des forces de l'individu et qu'elle lui soit fatale. Cependant, le plus souvent, si la maladie n'a pas été mortelle, l'individu « apprend » à reconnaître l'agent pathogène à son contact et le mémorise, ce qui lui permettra de mieux lutter lors d'une éventuelle exposition ultérieure. Il s'agit d'une forme d'adaptation individuelle. Cela comporte aussi des vertus au niveau collectif, car lors d'une épidémie, de nombreuses personnes ont réussi à lutter individuellement contre l'agent pathogène. L'adaptation immunitaire individuelle permet de créer une barrière immunitaire collective qui est l'un des facteurs important pour le reflux voire la disparition du fléau. Avec leurs lots de bouleversements sociaux, économiques et démographiques, les épidémies sont indissociables de l'évolution de l'espèce humaine. Au-delà de la maladie individuelle, elles impactent considérablement les sociétés humaines à tous les niveaux y compris leur capacité de lutte globale mais aussi de mémorisation de cette histoire, les pensées, les croyances, la société, l'économie.

Moyens de lutte contre les épidémies

La maîtrise des maladies infectieuses est un défi à la fois utopique et réaliste. C'est un défi utopique car, dans le monde du vivant, les agents infectieux seront toujours présents. L'extinction de la flore microbienne signerait la fin de la vie. La coexistence de l'homme, des animaux et des micro-organismes omniprésents dans l'environnement est concomitante à la persistance du risque de maladies infectieuses. L'éradication de tout risque infectieux est donc une utopie. Cependant la maîtrise ou le contrôle des maladies infectieuses reste un défi, car le développement de ces maladies dépend de facteurs connus ou identifiables de transmission et de réceptivité de l'hôte, sur lesquels peuvent se construire des politiques de contrôle.

C'est une lapalissade : le meilleur moyen de lutter contre une épidémie est d'être en bonne santé. Etre en bonne santé au sens de la définition de l'OMS « *La santé est un état de complet bien-être physique, mental et social* » qui synthétise finalement et de manière transversale, de l'individu au collectif, l'état d'une population idéale où tous les individus seraient en parfaite santé. Ce serait probablement le meilleur moyen de lutter contre une épidémie. Le seul vrai problème est que cet état de santé est un justement un idéal atteint nulle part.

Tout d'abord parce que les populations sont composées fort heureusement d'individus très divers. Distincts par l'âge en premier lieu. Or nous savons que la santé est très dépendante de l'âge. Pourtant, des progrès à tous les niveaux ont amélioré globalement (et pas uniquement pour les pays occidentaux), l'état de santé à tous les âges de la vie avec comme résultat une mortalité infantile très faible et un allongement de la durée de la vie. Néanmoins, même si les individus vivent plus longtemps et plus longtemps et en bonne santé, il arrive un âge où cette santé finit par se dégrader.

Or, lorsque dans une population la part d'individus très âgés augmente, dans son ensemble la population se fragilise. Lorsqu'un agent pathogène arrive dans cette population, il frappe préférentiellement cette partie de la population, la moins à même de combattre seule cet événement. C'est ce que nous observons tous les ans en période hivernale, lorsque les conditions environnementales sont moins clémentes et favorisent l'émergence d'agents opportunistes qui en général sont des viroses hivernales donnant ce que l'on appelle des syndromes grippaux. C'est la raison pour laquelle les organismes de santé aux niveaux nationaux et internationaux mettent en place un ensemble vaste et multiple de stratégies permettant d'endiguer l'éventuelle émergence d'épidémies.

Ces stratégies incluent des mesures qui vont des plus simples et des plus élémentaires, telles que l'éducation à l'hygiène, aux plus complexes, faisant intervenir des systèmes de détection sophistiqués qui utilisent des modèles mathématiques pour la détection précoce et la simulation de propagations prédictives. Sans oublier la mise en place de systèmes d'information et de surveillance et d'autres approches plus anciennes mais tout aussi efficaces et fondamentales telles que le développement de nouveaux vaccins et la mise en place de campagnes de vaccination préventives. Education au risque et à la prévention à la santé, hygiène, vaccination des sujets sains, amélioration de l'accès au soin, la recherche en général (y compris en santé publique, voire en épidémiologie même si cette spécialité reste tout de même le parent pauvre), application de règles de vigilance sanitaire, mise en place de systèmes d'information et de surveillance pour la connaissance, la compréhension des phénomènes épidémiques et la mise au point d'algorithmes pour la détection précoce et la prédiction, tout cela fait partie de l'arsenal pour la prévention des épidémies. Ces mesures doivent répondre efficacement aux risques modernes de propagation épidémiques.

L'éducation à la santé et à l'hygiène est la première forme de prévention de la contagion en période épidémique. Se laver les mains soigneusement et plusieurs fois par jour, au savon ou avec une solution désinfectante, surtout après un contact physique direct avec une personne potentiellement infectée ou si on s'occupe d'un malade, ou avec des surfaces potentiellement contaminées par le virus. Ces mesures (lavage de mains et masques chirurgicaux dans des conditions limitées aux espaces clos) sont efficaces si elles sont prises très tôt dans la propagation de la maladie. La protection n'est cependant pas absolue, en partie probablement parce qu'elles sont très difficiles à mettre en place de façon rigoureuse dans la durée.

L'accès aux soins est évidemment un point clé. L'inégalité d'accès aux soins rend l'enraiement des épidémies beaucoup plus compliqué. Beaucoup de maladies, relativement bénignes dans les pays disposant d'un bon réseau d'accès aux soins, peuvent s'avérer mortelles dans les pays qui n'en disposent pas. Les soins primaires sont essentiels dans un dispositif robuste afin de ne pas saturer trop rapidement les hôpitaux dont le recours doit rester le plus rare possible et uniquement limité au cas les plus graves. La mortalité par maladies infectieuses est aussi liée à la pauvreté. Lorsque les populations sont bien nourries, disposent d'eau potable et d'un bon système de santé et de prévention, comme dans les pays développés riches, le risque de décéder d'une maladie infectieuse est mineur. En revanche, pour les populations les plus démunies, marquées par la sous-alimentation, l'absence d'assainissement de l'eau et le manque d'hygiène, comme dans les pays pauvres du Sud, les maladies infectieuses restent un fléau majeur.

L'isolement était une méthode utilisée depuis l'Antiquité pour quelques maladies très spécifiques: ainsi l'isolement des lépreux sur des îles. Cependant, une telle pratique d'isolement des malades est aujourd'hui pratiquement impossible, éthiquement, à mettre en place. Une telle approche avait été vaguement évoquée dans le cadre de l'épidémie de SIDA et avait immédiatement provoqué les foudres des associations de malades, lesquelles avaient été soutenues par l'immense majorité de la population.

La recherche et la connaissance permettent de comprendre le passé pour prévenir l'avenir. La connaissance des maladies et la description des mécanismes de diffusion sont en cours, mais il s'agit de disciplines complexes et interdisciplinaires assez mal comprises par la communauté scientifique en France et quelque peu en marge ou à l'intersection des disciplines reconnues du domaine médical. Certes, des dispositifs tels que les grandes cohortes sont bien reconnus pour l'étude de certains secteurs de la santé, mais l'épidémiologie des maladies infectieuses reste un domaine confidentiel dans un pays comme le nôtre. De fait, les chercheurs de ce domaine sont très peu nombreux et ont des difficultés à se faire reconnaître, car il ne s'agit pas d'une discipline à proprement parler. La plupart de ces chercheurs ont d'autres domaines de « compensation » pour publier leurs travaux scientifiques, soit dans les sciences sociales, soit dans des domaines technologiques liés à l'informatique médicale, soit dans des domaines purement méthodologiques ou théoriques. Les systèmes d'information en santé publique ont émergé principalement par le biais des avancées autour des nouvelles technologies de l'information et de la communication. Il s'agit donc d'approches relativement récentes. Elles forment autour d'un noyau technologique une synthèse des approches hétérogènes : médecine, sciences humaines et sociales, philosophie (approches ontologiques), mathématiques, physique (théorie des systèmes complexes), sciences de l'information, ergonomie, etc. Ces chercheurs surveillent l'état sanitaire des populations grâce à de nombreuses sources de données diverses, notamment par recueil via des réseaux de médecins. Par la mise en place d'algorithmes de traitement de ces données, ils effectuent des détections précoces, alertent et prédisent le devenir d'une épidémie.

Ils permettent enfin de rassembler un faisceau d'informations pour l'aide à la décision dans le domaine sanitaire.

Suivi des maladies transmissibles en France

Qu'est-ce que l'épidémiologie ? L'épidémiologie est un domaine scientifique qui a pour objet l'étude des facteurs pouvant altérer l'état de santé des populations humaines. Elle ne se limite pas à l'étude des maladies infectieuses, comme par exemple l'actuelle épidémie de Covid, mais aborde tous types de désordre de santé : maladies rares, chroniques, comportementales, environnementales, etc.

Comme je l'ai écrit plus haut, elle couvre de nombreux aspects méthodologiques, tels que la mise en place de dispositifs permettant le recueil de données de santé (cohortes, registres, observatoires, études de terrain), ainsi que les moyens de traitement de cette information (essentiellement fondée sur les statistiques ou les mathématiques), pour en déduire des connaissances sur les déterminants de santé. L'épidémiologie analytique est une démarche essentielle pour analyser les facteurs de risque ou de causalité. Ces facteurs sont divers et souvent imbriqués : facteurs comportementaux, environnementaux, génétiques, mais aussi sociaux. Cette approche sert de fondement à l'aide à la décision sanitaire qui consiste à décrire, détecter, prévoir, alerter. Ainsi, l'épidémiologie apparaît comme une démarche essentielle en santé publique : elle permet la surveillance des maladies, l'analyse de leur évolution, le déclenchement d'une alerte sanitaire en cas d'épidémie, l'identification des modes d'acquisition et de transmission, la définition des stratégies les plus efficaces, ou les plus efficientes (coût/bénéfices), et l'évaluation de leur impact. Elle permet aussi une modélisation des risques.

En épidémiologie des maladies transmissibles, le nombre de nouveaux cas d'une pathologie par unité de temps dans un lieu donné s'appelle l'incidence. Il s'agit d'un indicateur dynamique de morbidité, autrement dit, d'un moyen de caractériser la propagation dans le temps (mais aussi sous certaines conditions dans l'espace) de l'effet d'une maladie sur les individus au sein des populations. Ainsi, l'incidence est l'indicateur requis pour évaluer de manière classique une épidémie. L'unité de temps à choisir pour dénombrer le nombre de nouveaux cas, dépend justement de sa dynamique. Lorsqu'il s'agit d'épidémies à propagation rapide comme les pathologies hivernales habituelles (comme la grippe), l'unité de temps la plus adéquate est la semaine ; il s'agit alors, d'incidences hebdomadaires qui offrent l'avantage d'intégrer les fluctuations importantes d'un recueil quotidien.

Les incidences hebdomadaires classiquement utilisées et adaptées pour ce type d'épidémie ont été adoptées par tout le monde et ont levé ce problème de fluctuation. Pourtant, nous verrons dans un autre chapitre que les autorités sanitaires en France n'ont pas utilisé au cours de l'épidémie de Covid ces méthodes classiques. Elles ont utilisé par exemple des nombres de cas quotidiens cumulés, entretenant volontairement dans leur communication cette ambiguïté. D'autres ambiguïtés encore plus graves ont été introduites par la suite.

L'incidence hebdomadaire est l'indicateur élémentaire et classique pour caractériser la dynamique d'une épidémie telle que celle du Covid, mais encore faut-il qu'elle soit rapportée à une population. Observer le nombre absolu de 100 nouveaux cas en une semaine sans indiquer quel est le nombre total de personnes dans la population observée est très insuffisant pour comprendre l'impact de l'épidémie. Ainsi observer 100 nouveaux cas en une semaine dans une première population de 1 million d'habitants ne peut en aucun cas être interprété de la même manière que 100 nouveaux cas dans une deuxième population de dix mille habitants. Cela paraît évident, mais pourtant les indicateurs donnés par les autorités dans le cadre de l'épidémie de Covid ont été très majoritairement des nombres absolus, c'est-à-dire non rapportés aux populations concernées. Pour pouvoir comparer l'impact d'une épidémie dans les deux populations, les épidémiologistes standardisent les incidences des deux populations en calculant un taux d'incidence. En d'autres termes, ils rapportent le nombre de nouveaux cas aux effectifs des populations concernées. Dans notre exemple, la première population a un taux d'incidence hebdomadaire de 10 cas pour 100 000 habitants alors que dans la deuxième population le taux d'incidence hebdomadaire est de 1 000 cas pour 100 000 habitants; soit 100 fois plus que dans la première. L'utilisation du taux d'incidence est tellement évidente que par abus de langage, lorsqu'on parle d'incidence, il s'agit en réalité d'un taux d'incidence. Sous une apparence anodine, ce calcul est fondamental. La recherche du « dénominateur » (effectif de la population observée) est aussi importante que la valeur du numérateur (nombre de malades dans cette population).

L'incidence permet donc entre autres de comparer l'évolution d'une épidémie en différents lieux indépendamment de l'effectif de leur population. Ainsi, nous pourrons comparer, par exemple, l'évolution de l'épidémie en France à celles ayant eu lieu par exemple, aux Etats-Unis, en Suède ou ailleurs dans le monde. Elle permet aussi de comparer par exemple l'impact différentiel de l'épidémie selon différentes catégories de la population comme les classes d'âge, indépendamment des effectifs de chacune d'elles.

Evolution spatio-temporelle des taux d'incidence

Nous avons donné la définition de l'incidence ci-dessus. Elle correspond à une « photographie » instantanée de l'état épidémique dans un lieu donné. Cette incidence évolue au cours du temps. Elle augmente ou diminue au cours de l'épisode épidémique. L'évolution au cours du temps est généralement représentée par des courbes. Ces courbes représentent la « série temporelle » des incidences (quotidiennes, hebdomadaires, mensuelles, annuelles) sur des périodes plus ou moins longues allant de quelques semaines à plusieurs années. Le choix de la « résolution temporelle » c'est-à-dire le choix de l'échantillonnage temporel, permet de mettre en évidence telle ou telle caractéristique de la dynamique de l'épidémie. Pour les indicateurs principaux (cas confirmés, hospitalisations, transferts en soins intensifs, décès) j'utilise essentiellement des incidences hebdomadaires sur une période totale d'environ **deux ans** entre février 2020 (début de l'épidémie en France) et février 2022. Les épidémies se propagent sur un territoire, ce qui veut dire que pour un instant donné, elles peuvent être très différentes d'un lieu à l'autre. Il est ainsi possible de cartographier les incidences pour visualiser les disparités spatiales de l'épidémie[1]. Dans ce livre, je n'analyserai l'épidémie qu'à un seul niveau géographique, celui de la France, sans entrer dans un découpage géographique plus fin.

L'alerte concernant un événement de santé comme par exemple une maladie émergente est donnée par l'augmentation du nombre d'individus présentant les mêmes signes pathologiques dans un lieu donné sur une période courte. L'indicateur est donc un nombre « d'individus malades » engendrés par l'épidémie qui augmente rapidement, dépasse un seuil, atteint un pic, puis décroît rapidement et passe de nouveau le seuil dans l'autre sens. Les deux passages de seuil (à la montée et à la descente) définissent la phase épidémique. On observe ce phénomène tous les ans lors des épisodes épidémiques de syndromes grippaux en France depuis

1. Toubiana Laurent, 2003, *Geography and health*, Toubiana Laurent, Veil-Barat C., Flahault Antoine, Valleron Alain-Jacques, Librairie Lavoisier.

plus de trente ans. Chaque hiver, les phases épidémiques de grippe durent entre 5 et 16 semaines (en moyenne 9 semaines).

J'utiliserai ici des taux d'incidences hebdomadaires (unités de temps calculées pour des raisons de précision temporelle sur des données quotidiennes lorsqu'elles sont disponibles) pour l'ensemble de la population (population de l'espace de l'étude). Il m'arrivera d'utiliser des incidences quotidiennes qui sont plus précises mais fluctuent d'un jour à l'autre. J'utiliserai la « moyenne mobile » qui est une moyenne statistique utilisée pour analyser des séries ordonnées de données comme ici des séries temporelles en supprimant les fluctuations transitoires de façon à en souligner les tendances à plus long terme. J'utiliserai des moyennes mobiles de 7 jours ce qui donne une incidence hebdomadaire sans entrer dans une explication fastidieuse sur l'usage des intervalles de confiance ou de tel ou tel traitement statistique simple. J'ai déjà expliqué ci-dessus l'intérêt d'utiliser des moyennes mobiles pour mieux visualiser la tendance d'une évolution. Toutefois ces fluctuations contiennent de l'information et je dois parfois en rendre compte ; j'utilise les intervalles de confiance dans ce sens. Ces intervalles encadrent une valeur réelle que l'on cherche à estimer. Cette notion permet entre autres de définir une marge d'erreur quantifiable par une probabilité et donc la significativité d'un résultat.

Par ailleurs, il m'arrivera de stratifier par classes d'âge et dans ce cas, je me référerai à la population de chaque classe d'âge étudiée.

Les observatoires de surveillance des maladies transmissibles en France

Malgré les progrès considérables accomplis au XXe siècle en matière de traitements curatifs et de stratégies de prévention, les maladies infectieuses demeurent une priorité incontestable dans le champ de la santé publique. La surveillance des risques et des menaces pour la santé constitue la démarche commune des agences de sécurité sanitaire au service d'une politique de gestion et de prévention des risques. La surveillance en santé publique est définie comme la collecte systématique et continue de données de santé, ainsi que leur analyse et leur interprétation dans une perspective d'aide à la décision. Dans le cadre des maladies infectieuses, la surveillance s'applique à la surveillance de l'incidence. La surveillance dans le domaine des maladies infectieuses doit s'appliquer d'abord à la maladie : identifier les cas, recueillir les caractéristiques des populations de malades. Il existe de très nombreux réseaux de médecins permettant d'assurer la surveillance en France. L'un des plus connus est le Réseau Sentinelles.

Depuis 1984, Le Réseau National Téléinformatique de Surveillance et d'Information sur les Maladies Transmissibles (RNTMT) devenu en 1995 le « Réseau Sentinelles » collecte les données épidémiologiques sur huit maladies transmissibles parmi lesquelles celle des « syndromes grippaux » plus communément appelés «grippe».

Le Réseau Sentinelles est un réseau de recherche et de veille sanitaire en soins de premiers recours (médecine générale et pédiatrie) en France métropolitaine. Créé en novembre 1984, il s'est développé sous la tutelle conjointe de l'Institut national de la santé et de la recherche médicale (Inserm) et de Sorbonne Université. Les objectifs principaux du Réseau Sentinelles sont : la constitution de grandes bases de données en médecine générale et en pédiatrie à des fins de veille sanitaire et de recherche ; le développement d'outils de détection et de prévision épidémiques ; la mise en place d'études cliniques et épidémiologiques.

Au 1er janvier 2018, le Réseau Sentinelles était composé de 1 314 médecins généralistes libéraux (soit 2,1 % des médecins généralistes libéraux en France métropolitaine) et de 116 pédiatres libéraux (soit 4,3 % des pédiatres libéraux en France métropolitaine), bénévoles et volontaires, répartis sur le territoire métropolitain français. Les praticiens membres sont dits « médecins sentinelles ».

Nous verrons plus loin que les grippes ont mystérieusement disparu à partir de 2020, ce qui coïncide bizarrement avec l'arrivée de cette nouvelle épidémie. Mais n'y voyons pas si facilement une corrélation due au hasard, mais plutôt et plus prosaïquement celle d'un regroupement sous une dénomination plus large et correspondant à un type d'affection, à savoir les infections respiratoires en général.

L'Irsan est l'Institut de recherche pour la valorisation des données de santé. Je l'ai fondé dans le cadre d'un partenariat avec une importante fédération d'associations de médecins. Le premier partenariat date de 2010. À partir de 2012, cette fédération m'a demandé d'évaluer la possibilité de valoriser les données d'exploitation de son activité. En effet, à la suite de la canicule de 2003, l'Institut de Veille Sanitaire (InVS), l'une des composantes de Santé Publique France (SFP), les avait aidés à organiser la concaténation des données d'activité issues de ces associations à un niveau national, mais avait jugé rapidement que ces données étaient « inexploitables » et inutiles, car non suffisamment représentatives. J'ai relevé avec enthousiasme ce défi dans le cadre d'un partenariat non financé entre mon équipe Inserm et cette fédération. J'ai tout de même présenté ce projet, lors de la demande de création de l'unité de recherche LIMICS, devant les instances d'évaluation de l'Inserm en 2013.

En 2014, j'ai créé l'Irsan pour développer l'infrastructure matérielle d'un premier observatoire pour le suivi de certaines pathologies à partir des données de ces médecins. Le succès de cette initiative a été retentissant et dans de nombreux domaines. Cela permettait de détecter très précocement et avec une grande précision la dynamique des épidémies en France, notamment l'arrivée des épidémies de syndromes grippaux.

Nous verrons dans un chapitre ultérieur que la mise en place de cette surveillance dans le cadre de l'Irsan a suscité de nombreuses réactions hostiles de la part des acteurs en place sur cette thématique qui considéraient l'Irsan comme un intrus, voire comme un dangereux concurrent.

Cependant et très rapidement, d'autres associations de médecins ont contacté l'Irsan pour valoriser leurs propres bases de données. L'une des plus belles réussites de l'Irsan se situe aujourd'hui dans le domaine des maladies rares avec la mise en place de l'expérience unique au monde du réseau international de la Dysplasie Fibro-Musculaire FEIRI (European/International Fibromuscular Dysplasia Registry and Initiative).

Alerte précoce : anticiper pour contrôler

La surveillance dans le domaine des maladies transmissibles montre l'importance de la détection précoce d'un événement de type « risques émergents » pour la santé des populations. Ce fut l'une de mes préoccupations pendant de longues années[1-2-3].

---

1. Toubiana L., Flahault A., "A space-time criterion for early detection of epidemics of influenza-like-illness", *European journal of epidemiology*, 1998, 14:465-70

2. Toubiana L., Guerin P., Chansard P., Demoor C., "Detection and monitoring of outbreaks of influenza-like illness using data of SOS Médecins France 2006-2014", 2014 IMED 2014, International Meeting on Emerging Diseases and Surveillance, Vienne, Autriche.

3. Auvigne V., Nicod F., Guerin P., Toubiana L., "Combining semi logarithmic plotting and piecewise regression: a method to describe complex temporal dynamics of epidemics and to detect emerging patterns", 2014, IMED 2014, International Meeting on Emerging Diseases and Surveillance, Vienne, Autriche.

Les risques émergents sont de natures très diverses : il peut s'agir d'un nouvel agent pathogène et les formidables progrès de la microbiologie montrent l'ampleur de ces menaces parmi les virus : virus West-Nile, Coronavirus du Sras, grippe aviaire, hantavirus, mais aussi des bactéries (légionelles, mycobactéries atypiques) dont le pouvoir pathogène se développe sur des terrains immunologiques affaiblis propices.

Mais il peut également s'agir de la résurgence d'une maladie ancienne réapparaissant à la faveur de nouvelles prises de risques ou de menaces épidémiologiques nouvelles par modification ou transformation de l'agent pathogène (antibiorésistance notamment).

Les stratégies de maîtrise des maladies infectieuses reposent de plus en plus sur des systèmes de surveillance capables d'identifier ces risques émergents et d'alerter les pouvoirs publics par une action de contrôle. Le principal enjeu est de pouvoir garantir que toute situation qui représente un risque émergent pour la population, même inconnue ou inattendue des professionnels de santé, soit détectée précocement et gérée de manière à ce que les cas initiaux bénéficient d'une intervention et que la population générale ait le plus de chance d'être protégée.

La mise en place d'une surveillance syndromique afin de détecter précocement des épidémies sous forme de cas groupés de syndromes sans forcément qu'un diagnostic étiologique précis soit établi peut être appliquée aux risques « émergents » ou ré-émergents. Une telle surveillance nécessite un recueil continu de syndromes suffisamment variés pour assurer une bonne sensibilité du dispositif. Une liste d'événements inhabituels avec des algorithmes opérationnels au niveau clinique, épidémiologique et de laboratoire, permet d'exclure progressivement les diagnostics jusqu'à confirmer une maladie donnée.

Des systèmes tels que ceux mis en place dans le cadre de l'Irsan avec des médecins dits « en première ligne » avec un recueil en temps réel de la totalité des actes de ces médecins sur tout le territoire français est assurément un bon candidat pour assurer cette détection précoce.

II

Un iconoclaste parmi les manipulateurs : le *Petit Poucet* chez les *Ogres*

« Toute personne ayant écrit en faveur de causes impopulaires ou été le témoin d'événements susceptibles de créer une controverse a ressenti la terrible tentation de déformer ou supprimer les faits »

Georges Orwell « Through a glass Rosily » (1945)

Qu'est-ce qu'un épidémiologiste ?

Nous l'avons vu dans le chapitre précédent, l'épidémiologie ne se limite pas à l'étude des maladies infectieuses comme l'actuelle épidémie de Covid, mais elle aborde tous les types de désordres de santé : maladies rares, chroniques, comportementales, environnementales, etc.

Elle couvre de nombreux aspects méthodologiques ainsi que les moyens de traitement de l'information pour en déduire des connaissances sur les déterminants de santé qui eux-mêmes servent de fondement à l'aide à la décision sanitaire ou à la prévention.

Il n'existe pas de titre « officiel » d'épidémiologiste lié à une spécialité de doctorat. On appelle donc « épidémiologiste » un chercheur dont l'activité se situe dans ce champ et ayant produit des travaux évalués par ses pairs dans ce domaine. Plusieurs formations permettent d'acquérir ces compétences en formations complémentaires à des formations initiales qui peuvent être diverses. Quelques médecins s'orientent vers cette discipline, mais pour une grande part, les épidémiologistes ont reçu une formation initiale d'ingénieur et donc acquis un bagage méthodologique important.

Approches méthodologiques pour l'épidémiologie et l'aide à la décision en Santé

Le développement des systèmes d'information de santé (dossiers patients informatisés ou entrepôts de données au sein des établissements ou territoires de santé, dossier médical partagé) et de la télésanté, les innovations technologiques comme les objets connectés, les dispositifs médicaux (tensiomètres, vêtements intelligents, etc.) ou les réseaux sociaux et les applications de l'Intelligence artificielle pour l'analyse de données envahissent le monde de la santé. Le fruit de cette révolution, la e-santé ou santé numérique, contribue à une nouvelle pratique de la médecine, une interaction entre la recherche et le soin, une relation plus personnelle entre le citoyen et les décisions concernant sa santé, mieux contrôlées grâce à un accès facilité à la connaissance médicale. Les enjeux sont considérables car il s'agit de préserver son capital santé et son autonomie, ou ceux de ses proches, dans un contexte de vieillissement de la population, d'augmentation des maladies chroniques et des poly-pathologies, sans oublier de préserver la confidentialité des données personnelles et le contrôle des coûts de la santé de chacun.

Pour le médecin et le chercheur, l'afflux de données hétérogènes et massives issues des systèmes d'information cliniques (*images médicales, signaux temps réel des moniteurs, documents textuels, etc.*), des objets connectés, des dispositifs de surveillance, des réseaux sociaux est d'une telle complexité que cela nécessite de développer des systèmes innovants d'aide à la décision pour le soin et la recherche. Faire en sorte que les systèmes d'information toujours plus nombreux fonctionnent ensemble pour favoriser le partage et la réutilisation des données est un challenge important qui nécessite d'intensifier les recherches pour modéliser, structurer, qualifier, standardiser et visualiser l'information (directive 2011/24/UE). Au-delà de la conformité des systèmes informatiques aux besoins exprimés de partage et d'aide à la décision, c'est aussi leur impact sur la qualité et la sécurité des soins, sur les pratiques et finalement sur l'état de santé des citoyens qui doit être démontré au moyen d'études contrôlées.

En tant qu'éditeur de la section « *Public Health and Epidemiology Informatics* » du Yearbook of Medical Informatics qui offre une vue d'ensemble de la recherche d'excellence de l'informatique médicale mondiale, j'ai constaté que les travaux actuellement disponibles en informatique de santé consistaient trop souvent en ouvrages théoriques et évaluations en laboratoire en situation contrôlée, avec insuffisamment de mesure de l'impact de nouveaux systèmes ou services sur les pratiques de soins ou l'état de santé des citoyens. L'importance d'évaluer non seulement la fiabilité des données, la validité des inférences analytiques, l'efficience des aides décisionnelles de façon à créer et maintenir la confiance du public est cruciale. Une approche mature et fondée sur des preuves ne doit pas seulement être une science des données, mais doit être guidée par les préoccupations plus générales de l'informatique appliquée en matière de santé. En résumé, un système de santé qui s'appuierait sur l'amélioration de son système d'information serait un facteur de transformation et d'amélioration majeur. Cette transformation sera réussie si une recherche est effectuée dans le domaine de la science des données et des connaissances en santé.

Mes travaux s'insèrent dans ce cadre. Je me suis engagé dans mes recherches en intégrant les rapides évolutions technologiques et scientifiques mais aussi en prenant conscience de l'évolution de la société en ce qui concerne la gouvernance des utilisations secondaires des données de santé ainsi que les besoins de l'économie de la santé (comme par exemple la *Silver Economie*)[1]. En termes de perspectives, mon travail et mon projet de recherche se situe dans la dynamique des « Learning Health Systems » (Système de santé auto-apprenant).

Les méthodes et moyens envisagés pour mettre en œuvre ces projets s'inscrivent dans une continuité et une cohérence avec les travaux menés depuis plusieurs années. Ils se situent à l'intersection de l'informatique médicale, des biostatistiques, des biomathématiques. Ils contribuent à apporter des solutions innovantes pour le traitement informatique de l'information biomédicale.

L'interdisciplinarité est au cœur de mon activité car elle permet de répondre aux nouveaux enjeux de la santé numérique en s'appuyant sur les évolutions méthodologiques et technologiques de la recherche notamment en intelligence artificielle et montre comment les données et le patient se positionnent au centre de l'écosystème de santé pour faire évoluer et moderniser l'hôpital dans son système d'information mais aussi dans son interaction avec les territoires de santé pour lutter, entre autres, contre les déserts médicaux.

L'infrastructure que je mets en œuvre dans le cadre de PeeL[2] et de l'Irsan[3] a pour objectif de construire des aides décisionnelles pour la recherche (*optimisation de la recherche clinique et épidémiologique, aide au recrutement de patients, support à l'innovation*)

1. À ce titre et pour exemple parmi d'autres, j'ai mis en place dès 2016 un nouveau partenariat intitulé « eSilver-profiling » dans le cadre du suivi de personne en perte d'autonomie.

2. PeeL : « Plateforme épidémiologique et e-Santé du LIMICS ». http://peel.scepid.org

3. Irsan : http://recherche.Irsan.fr

et pour le soin en général (*prévention, prédiction, médecine personnalisée, aide diagnostique et thérapeutique, parcours de soin, maintien à domicile*) et d'en évaluer l'impact. Depuis 2013, le développement de cette plateforme se poursuit notamment sur la question de l'articulation des méthodes de gestion de modèles formels et des développements d'approches sémantiques[1]. D'une manière générale, je considère que mes approches sont directement validées par ces professionnels de santé (et le grand public) qui les utilisent quotidiennement en obtenant, par des méthodologies parfois complexes mais opérationnelles, des résultats concrets. Les retombées scientifiques et médiatiques de l'Irsan et de PeeL sont considérables : émissions télévisées (*BFM, TF1, LCI, France2),* Radio *(Europe1, Radio Classique, RTL, France info)* et articles de presse *(Le Monde, le Figaro, l'Humanité, Libération*)[2].

Gloire et déboire, une impression de déjà-vu

Préhistoire : retour sur l'épidémie de 2015.

Comme nous l'avons vu, la création des systèmes de surveillance syndromique est relativement récente. En France, elle date d'une trentaine d'années. La communication officielle sur les épidémies l'est encore plus. En revanche, elle a toujours été très difficile, probablement à cause des enjeux[3].

1. Jaulent M.-C., Assélé-Kama A., Savard S., Giavarini A., Touzé E., Jeunemaître X., Ugon A., Plouin P.-F., Toubiana L., “Building a Semantic Interoperability Framework for Care and Research in Fibromuscular Dysplasia.” *Studies in health technology and informatics*, 2015, 216:217-21.

2. Cf. revues de presse sur le site de l'Irsan.

3. *La maîtrise des maladies infectieuses, Un défi de santé publique, une ambition médico-scientifique*, rapport n° 24 de l'académie des sciences, 2006.

Le Réseau Sentinelles a été créé par une unité de recherche de l'Inserm dont j'ai fait partie à partir de 1992 et pendant 12 ans. Un partenariat scientifique concernant ce réseau avait été mis en place très tôt entre l'Inserm, Sorbonne Université et Santé Publique France (SPF, anciennement Institut de veille sanitaire InVS[1]) du fait de leurs intérêts communs sur les questions de santé (dans la suite du texte, pour éviter toute confusion, je donnerai la nouvelle dénomination à savoir SPF plutôt que InVS). Ce partenariat a pour but de mieux structurer, planifier et coordonner les travaux du Réseau Sentinelles. À l'époque où j'en faisais partie, j'ai connu les nombreuses *difficultés relationnelles* entre le Réseau Sentinelles et SPF.

Quand le Petit Poucet joue dans la cour des grands

À partir de 2009, j'ai entamé une nouvelle collaboration avec un réseau de médecins en première ligne que je ne peux citer sans leur accord. Le lecteur pourra se renseigner par lui-même, les nombreuses traces laissées par cette collaboration médiatisée sont facilement retrouvables. À la suite de cette collaboration, la direction nationale qui fédère toutes les associations de ces médecins répartis sur le territoire français m'a demandé d'étudier les données issues de leur activité dans un but épidémiologique. En 2012, c'est le début du développement du système technique pour le recueil et la mise en place de l'historique des bases de données. Très vite, j'ai compris que les capacités du système de surveillance que je développais dans ce cadre seraient nettement supérieures

1. InVS (Institut de veille sanitaire Santé publique) et l'un des instituts français de santé qui regroupés avec d'autres instituts ont conduit à la création de Santé publique France. Cette création résulte du rapport remis le 2 juin 2015 à Marisol Touraine, ministre des Affaires sociales, de la Santé, et des Droits des femmes, par François Bourdillon qui était alors son directeur général.

en termes de précision et de détections précoces d'épidémies en France à ce qui pouvait être fait dans le cadre du Réseau Sentinelles. Comme je l'ai dit plus haut, ce partenariat correspond à la création de l'Irsan. En tant que chercheur Inserm, je n'ai aucun compte à rendre à Santé Publique France (SPF) et encore moins au Réseau Sentinelles développé dans une autre unité de l'Inserm que j'avais quittée depuis plus de sept ans et totalement indépendante de celle où j'étais lors du développement du nouveau système de surveillance syndromique.

Les problèmes ont vraiment commencé pour moi avec SPF à partir de ce moment. L'hiver 2013-2014 a été pour l'Irsan le banc d'essai de surveillance en vraie grandeur et la confirmation de mes intuitions en matière de performance du dispositif que je mettais en place. J'ai présenté mes premiers résultats en juin 2014 lors d'un congrès à Cherbourg[1]. La saison hivernale suivante, saison 2014-2015, a été pour l'Irsan une forme d'apparition dans le champ de la surveillance syndromique.

Irsan, un institut qui fait parler de lui lors de l'hiver 2014-2015

Lorsque la saison hivernale 2014-2015 commence, l'Irsan fonctionne en temps réel depuis un an avec un rythme de 10 000 actes médicaux enregistrés chaque jour et une base de données contenant plusieurs millions d'actes médicaux du fait de la récupération de l'historique de près de 10 ans de données. Nous avions mis en œuvre tous les algorithmes d'analyses, de prédiction et de détection précoce ainsi que des agents mimétiques de type « intelligences artificielles » que nous avions développés

1. Toubiana L., « SIS-READ : Système d'Information Pour la Recherche en Epidémiologie et l'Aide à la Décision en santé publique », 2014, 32e congrès SMF, Cherbourg, France.

pour d'autres domaines, mais que nous appliquions depuis un an sur les données de ce nouveau dispositif. Nous étions donc prêts à aborder la nouvelle saison pour la surveillance des syndromes grippaux. Vers le milieu du mois de décembre 2014, tous nos signaux d'alerte se mettent au rouge. Je réunis le conseil scientifique de l'Irsan en *cellule de crise* et nous décidons de publier le premier bulletin de l'Irsan afin de le diffuser comme un communiqué de presse auprès de toutes les rédactions. Le 30 décembre 2014, l'Irsan publie le communiqué intitulé: « *Grippe: seuil épidémique franchi le 28 décembre 2014*[1] ».

Détection précoce: l'Irsan déclare l'arrivée de la grippe avec 4 semaines d'avance sur SPF

J'avais prévu et annoncé lors du congrès de Cherbourg à l'été 2014 que nous serions les premiers à détecter l'arrivée de l'épidémie de grippe en France. J'en avais eu l'intuition, car la structure de l'organisation et des moyens techniques mis en place dans le cadre de l'Irsan était originale et innovante. J'en ai eu la confirmation assez vite.

Mais en même temps, j'avais eu une autre intuition. J'étais à peu près sûr que mon retour avec ces nouveaux moyens dans le champ de la surveillance syndromique se passerait très mal avec les institutions en place telles que le Réseau Sentinelles et donc SPF. D'ailleurs, j'avais prévenu mes partenaires que ce serait difficile. J'ai même un peu résisté, car je savais que les épidémies de grippe revêtaient des enjeux importants. J'ai donc insisté pour éviter d'entrer dans ce jeu de la communication en santé car je savais par expérience qu'il s'agissait en quelque sorte d'un domaine réservé, une sorte de chasse gardée.

1. http://recherche.irsan.fr/fr/documentation/index/voir/3-Communique-du-30-dec.-2014

Lorsque l'Irsan, « *comme un chien dans un jeu de quille* », fait irruption le 30 décembre 2014 dans le champ très fermé de l'observation des épidémies de maladies transmissibles, la réaction est terrible. Une véritable bataille et j'ai vécu à mon échelle une illustration cuisante des capacités de nuisance de certains personnages.

Là encore : l'histoire se répète. Elle se répète de la même manière ; avec les mêmes mots, les mêmes expressions, la même rhétorique que celle utilisée pendant la crise du Covid. Une rhétorique qui consiste globalement à dénigrer l'adversaire jusqu'à nier son existence. Si l'adversaire résiste, c'est simple, il faut l'éliminer sans autre forme de procès.

La sentence est tombée. Etrangement, elle est de l'ordre de la réintroduction du *crime de lèse-majesté.* Un tel crime fait sourire dans un pays comme la France si revendicatif de son histoire révolutionnaire, régicide et républicaine.

L'Irsan confirme la semaine suivante que non seulement la grippe a été détectée en France mais qu'en plus, elle est en forte augmentation. Son 2e communiqué de presse est publié le 5 janvier 2015 : « *Seuil épidémique franchi depuis une semaine, la grippe progresse* »[1].

Du côté Réseau Sentinelles et donc SPF d'un point de vue de l'épidémie de grippe, tout est très calme, il ne se passe rien. Pour l'Irsan en revanche, c'est l'explosion médiatique. Des dizaines d'articles, des passages à la télévision, des reportages. Pendant les semaines qui ont suivi, l'Irsan a continué à diffuser régulièrement sur son site internet et par voie de presse les

1. http://recherche.irsan.fr/fr/documentation/index/voir/4-Communique-du-05-jan.-2015

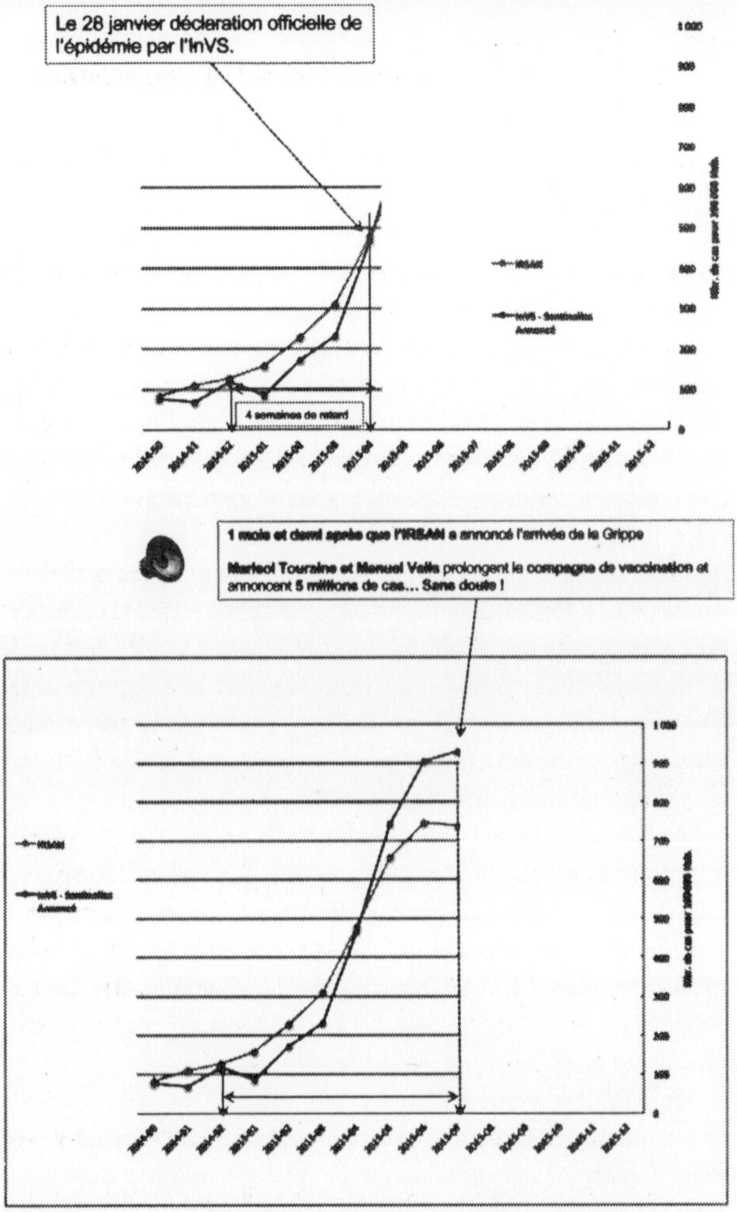

Fig. 2.: Détection du début et du pic de l'épidémie de Grippe de 2014-2015

Lecture de la figure: Évolution comparée des incidences de grippe lors de l'épidémie de grippe de la saison 2014-2015 observées d'une part par l'Irsan et d'autre part par le réseau Sentinelle. Le graphe de droite monte la détection précoce de l'Irsan avec quatre semaines d'avance sur le Réseau Sentinelles. Le graphe de gauche montre que l'Irsan avait détecté le pic épidémique deux semaines avent le Réseau Sentinelles. SPF a alarmé inutilement le gouvernement et les populations en faisant croire à une épidémie exceptionnelle qui allait générer cinq millions de cas relançant une nouvelle campagne de vaccination alors que l'épidémie commençait à décroître.

Source: Irsan, Réseau Sentinelles.

Mise en forme et calculs: Irsan.

informations sur le suivi de la progression de cette épidémie de grippe :

12 janvier 2015 : « *Augmentation rapide du nombre de cas en France, la grippe progresse* »[1].

19 janvier 2015 : « *L'épidémie de grippe vient de franchir un nouveau palier. Une épidémie comparable à l'épidémie constatée aux USA cet hiver* »[2].

26 janvier 2015 : « *4 semaines après sa détection, vers une épidémie de grande ampleur ?* »[3]

Ce n'est que le 28 janvier 2015 que Santé Publique France (SPF) déclare enfin l'épidémie de grippe par le système de surveillance du Réseau Sentinelles. SPF a donc *royalement* un mois de retard par rapport à l'Irsan. Du point de vue de la détection précoce, le moins que l'on puisse dire est que le système mis en place dans le cadre de l'Irsan est beaucoup plus performant.

En 2017, au CMGF (Congrès Médecine Générale France), je présente l'origine, l'historique, les principes, les méthodes, les technologies et les résultats de la surveillance syndromique[4]. La présentation est assez longue. Elle est visible en ligne[5] mais s'arrête au moment le plus intéressant. Au moment où je donne un exemple qui illustre comment Santé Publique France (ex-InVS) retraite les données et oriente les gouvernants.

---

1. http://recherche.irsan.fr/fr/documentation/index/voir/5-Communique-du-12-jan.-2015
2. http://recherche.irsan.fr/fr/documentation/index/voir/6-Communique-du-19-jan.-2015
3. http://recherche.irsan.fr/fr/documentation/index/voir/7-Communique-du-26-jan.-2015
4. Laurent Toubiana Performance de la détection et du suivi des épidémies de syndromes grippaux Paris 2017 https://www.youtube.com/watch?v=GLy0o0Ao_EY&t=2s
5. https://www.youtube.com/watch?v=GLy0o0Ao_EY

Comment SPF « manipule » les chiffres pendant trois semaines au point de dire le contraire de ce qu'il a annoncé

Annoncer le pic d'une épidémie est toujours très important, car après le pic, l'épidémie reflue rapidement. Le pic est en quelque sorte porteur d'espoir. Il est donc important de le prévoir et de l'annoncer.

À peine deux semaines après que Santé Publique France (SPF) a déclaré le début de l'épidémie de grippe, l'Irsan, qui l'avait annoncé depuis six semaines, annonce déjà le pic de l'épidémie dans son communiqué du 9 février 2015 : « *Le pic épidémique devrait être atteint cette semaine avec 748 cas pour 100 mille Hab. 6 semaines après le dépassement de son seuil de détection* »[1].

Mais pour SPF et le Réseau Sentinelles, une telle annonce est inconcevable dans la mesure où ils viennent à peine d'annoncer le début de l'épidémie. Pour eux, l'épidémie vient de commencer (3e semaine). Par ailleurs, ils en sont déjà à plus de 2 millions de cas. Ils annoncent une incidence hebdomadaire de **931** malades pour 100 000 habitants. Pour information, une telle incidence est étonnante et vraiment exceptionnelle. En moyenne, la valeur au pic est de l'ordre de 600 malades pour 100 000 habitants pour une semaine, là c'est 50 % au-dessus de ce qui est habituellement observé. Je rappelle ici qu'avec le même système de surveillance, les pics des différentes phases épidémiques du Covid (appelées « vagues ») n'ont jamais dépassé une incidence hebdomadaire de 140 malades pour 100 000 habitants - nous y reviendrons. Ainsi, alors que j'avais annoncé un pic beaucoup plus bas, chez SPF, on

1. http://recherche.irsan.fr/fr/documentation/index/voir/9-Communique-du-09-fev.-2015

commence à paniquer, les hôpitaux sont saturés (déjà !) et tout ce petit monde se met à affoler les autorités et les ministres.

C'est alors que le ministre de la santé de l'époque, Madame Marisol Touraine, ainsi que le premier ministre Manuel Valls annoncent dans tous les médias une épidémie exceptionnelle de cinq millions de malades et décident dans l'urgence de prolonger la campagne de vaccination ! Soit un mois et demi après que l'Irsan a annoncé l'arrivée de la grippe et au moment précis où celui-ci annonce déjà le pic, donc le reflux. Du point de vue de l'Irsan, SPF surestime l'épidémie et effraie inutilement des autorités et donc la population. L'Irsan publie toutes les semaines de nouveaux communiqués de presse factuels (à lire sur le site de l'Irsan : menu « Analyses » de l'Irsan, saison 2014-2015) qui décrivent la décroissance de l'épidémie et au final affirment que l'épidémie a été forte mais pas exceptionnelle.

Jusqu'à la fin de l'épidémie, SPF a maintenu qu'il y aurait, *in fine*, 5 millions de cas pour cette épidémie prétendue « exceptionnelle ». L'Irsan avait annoncé moins de 3,2 millions de cas. À l'heure des comptes, à la fin de l'épidémie, l'Irsan évalue que l'épidémie de la saison 2014-2015 a occasionné 3,1 millions de cas (malades) alors que SPF qui avait annoncé et fait dire au gouvernement (qui a pris des mesures) qu'il y aurait 5 millions de cas en France, finit par donner le chiffre de 2,8 millions de cas soit presque deux fois moins que ce qu'elle avait annoncé, sans se vanter de ses approximations.

Toutes ces analyses ont été reprises par la presse de l'époque qui a souligné les divergences entre l'Irsan et SPF[1,2] mettant en

1. https://www.lemonde.fr/sante/article/2015/02/28/une-epidemie-de-grippe-2015-forte-mais-pas-exceptionnelle_4585050_1651302.html

2. https://www.lequotidiendumedecin.fr/actus-medicales/sante-publique/grippe-valls-et-touraine-sont-venus-constater-le-reflux-de-lepidemie-la-pitie-salpetriere

lumière le problème en titrant : « Grippe : un révélateur gênant »[1]. l'*Irsan, fruit d'un partenariat [...], cette jeune structure, qui analyse les « dynamiques épidémiques », avait en effet alerté une première fois fin décembre sur le franchissement du seuil épidémique, mais surtout le 20 janvier en évoquant « des complications accrues pour les personnes à risques ». C'est seulement un mois plus tard que Marisol Touraine a déclenché le plan Orsan pour tenter de répondre à l'ampleur de l'épidémie. « Or, un mois, c'est long, souligne-t-on à l'Irsan, cela laisse le temps de faire beaucoup de choses... » Un constat partagé par le docteur Patrick Guérin, membre du conseil scientifique de l'Irsan, qui dénonce « un retard à l'allumage de trois semaines, parce qu'on ne nous a pas écoutés ».*

« Santé Publique France l'agence qui chuchote à l'oreille du pouvoir » ou « Comment peut-on encore avoir confiance en Santé Publique France ? »

Un monde de brutes et petits crimes entre amis

Les « autorités » sont furax contre le Petit Poucet

Une lettre du Président de l'Université Pierre et Marie Curie (aujourd'hui Sorbonne Université) en copie au Président Directeur Général de l'Inserm et au Président de l'InVS (aujourd'hui Santé Publique France) a été adressée à la directrice de mon laboratoire. En tant que chercheur statutaire Inserm, je suis inscrit au profil de cette unité Inserm et c'est à ce titre que cette lettre est adressée à la direction de ce laboratoire alors qu'elle me vise directement. Cette lettre est en date du **2 février 2015**, plus d'un mois

1. https://www.humanite.fr/societe/sante/la-grippe-un-revelateur-genant-566886

après le premier communiqué de presse de l'Irsan. La lettre est très agressive, il s'agit globalement d'agir auprès de moi pour que je cesse toute communication sur l'épidémie de grippe. La directrice m'a soutenu avec beaucoup de bienveillance, solidaire de mon activité au sein du laboratoire en tant que chercheuse Inserm elle aussi. Cependant, elle m'a averti que le président de l'Université menaçait l'ensemble du laboratoire, lequel dépendait de l'Université si je n'obtempérais pas. La procédure, le ton et la formulation de la lettre m'ont profondément troublé. De manière infondée, mes compétences et le sérieux de mon travail sont implicitement mis en doute. J'ai sollicité un rendez-vous auprès du secrétariat de l'Inserm car je souhaitais un soutien de la part de mon employeur. J'ai adressé une lettre au directeur de l'Inserm où je rappelais quelques points importants. Je n'ai pas eu de réponse.

Le président de l'Université a refusé de me recevoir. J'ai contacté le président de Santé Publique France qui a confirmé qu'il était à l'origine de la lettre et m'a signifié par de lourdes menaces d'arrêter immédiatement mes apparitions médiatiques. Je mets ici le texte intégral de ma réponse envoyée à tous les destinataires de la lettre initiale du président de l'Université. Cette lettre expose la situation et je n'ai pas grand-chose à ajouter. J'ai exécuté tout ce qui était demandé par écrit dans la lettre du président de l'Université et par oral par le président de Santé Publique France. Je n'ai donc plus donné aucune interview à des journalistes et je ne suis plus du tout apparu dans les media. En revanche, l'Irsan, qui est un organisme indépendant, a continué à diffuser ces analyses. Les membres du conseil scientifique de l'Irsan ont continué à diffuser l'information sur le suivi de l'épidémie de grippe en cours. La suite a été terrible pour mon partenariat mais c'est une autre histoire.

Si le lecteur souhaite en savoir plus, il trouvera en annexe le détail de mes échanges avec le président de l'université.

Epilogue

Santé Publique France (InVS) a multiplié les pressions pour faire taire l'Irsan. Pressions relayées au plus haut niveau. C'est la punition pour l'Irsan d'avoir bien fait son travail, d'être très performant et de ne pas se tromper. Santé Publique France qui avait « arrangé » la réalité et qui avait initialement dénigré les données que l'Irsan avait valorisées et mises en lumière, s'est permis de récupérer sans aucun dédommagement et à l'insu de l'Irsan la preuve de concept que celui-ci avait mis en œuvre sur ses fonds propres. Aujourd'hui, je suis toujours sous la menace de poursuites de la part de mes anciens partenaires qui non seulement ont rompu le partenariat de manière unilatérale, mais ont tenté de dissoudre purement et simplement l'Irsan. Lorsqu'on est grand et puissant comme un Ogre, la meilleure défense étant encore l'agression pour pouvoir dévorer le Petit Poucet. **Comment écouter encore Santé Publique France ?**

Il est établi que Santé Publique France, une agence pour la mise en place de la politique de santé en France, biaise et dramatise systématiquement les informations en période de crise. Nous voyons par cet exemple que c'était déjà le cas pour les épidémies de grippe, mais c'est toujours le cas aujourd'hui pour l'épidémie de Covid et nous allons le montrer.

L'Irsan réapparait dans les médias à l'occasion de l'épidémie de Covid

Le 11 mars 2020, l'Irsan publie une analyse : « *COVID : une épidémie déconcertante* » comme je l'ai dit plus haut. Cette analyse d'une nouvelle épidémie arrivant en France a été envoyée à un grand nombre de rédactions. Dès le début de l'épidémie, comme à son habitude, l'Irsan a donné une information sur la situation qui tranchait radicalement avec la communication ambiante. Cette analyse est toujours en ligne sur le site de l'Irsan[1].

Lorsque le confinement a été mis en place, l'épidémie avait démarré depuis longtemps et rien ne pouvait plus arrêter sa dynamique. Cette dynamique avait été décrite par l'Irsan sans mise en place de « mesures » et donc sans confinement. L'épidémie s'est déroulée exactement comme l'Irsan l'avait prévu (donc en dehors de toute mesure) alors qu'un confinement de sept semaines avait été mis en place. Un doute sur l'efficience de cette mesure est donc légitime. Nos gouvernants ne peuvent pas dire que personne ne savait.

1. http://recherche.irsan.fr/fr/documentation/index/voir/108-COVID-19-:-11-mar.-2020-Une-épidémie-déconcertante

III

La sidération : Alarmistes pour une épidémie mineure en crise majeure

« ... Une organisation hors de contrôle parce que personne n'en est réellement responsable qui forme des individus incultes, hyperspécialisés, dociles, soumis, incapables d'avoir une compréhension globale du monde dans lequel ils vivent, dépossédés de toute liberté de décider de leur sort... »

Pierre Meneton « 2084 : Pourquoi l'État joue avec votre santé », 2021

Un nouveau virus

Début 2020, l'émergence d'un nouveau virus génère une épidémie en Chine qui en quelques semaines se propage sur l'ensemble de la planète. En moins de 50 jours, elle se termine officiellement dans ce pays sans produire de catastrophe.

Un attentisme dangereux et incompréhensible

Dès janvier 2020, l'information sur une nouvelle maladie qui se répand dans la population de la ville de Wuhan, capitale de la province du Hubei, est disponible. Aucun pays occidental ne prend de mesures sérieuses pour parer aux éventuelles propagations à longue distance du virus[1] en contrôlant d'un point de vue sanitaire les flux d'individus dans les aéroports comme cela avait été mis en œuvre lors de l'épidémie de SRAS en 2003. Cette expérience avait confirmé que pour lutter contre une épidémie il faut mettre en place des mesures de prévention relativement simples et très efficaces le plus rapidement possible.

Dans l'imaginaire collectif, un grand nombre de pandémies auraient été initialement détectées en Orient voire Extrême-Orient (peste, choléra, grippes, SRAS, etc...). Il apparaît tout aussi évident, qu'aucun pays n'avoue facilement qu'il est le foyer initial d'un problème sanitaire, probablement pour éviter symboliquement l'opprobre international agrémenté de dénominations culpabilisantes (difficiles à requalifier) du genre : « grippe de Hong Kong » ou « grippe Espagnole ».

Les annonces concernant les épidémies faites par la Chine sont presque toujours catastrophiques. Lorsque les autorités chinoises finissent par annoncer un problème sanitaire, il est probable que le problème a déjà pris une telle ampleur qu'il faut le prendre très au sérieux. Ainsi, lorsque la Chine a annoncé une épidémie fin décembre 2019, il était urgent d'agir vite, notamment par des mesures de contrôles sanitaires des flux de personnes tels qu'énoncés ci-dessus. Dans ce contexte, le transport aérien représente un canal majeur de propagation épidémique[2], comme le souligne l'approche de modélisation de la diffusion épidémique mondiale de Rvatchev et Longini dès 1985[3].

---

1. Bonabeau E, Toubiana L. and Flahault A., 1998, The geographical spread of influenza, *Proc. Biol. Sci.,* **265** 2421–5.

2. Colizza V., Barrat A., Barthélemy M. and Vespignani A., 2006, The role of the airline transportation network in the prediction and predictability of global epidemics, *Proc Natl Acad Sci U S A* **103** 2015–20.

3. A. Rvachev L. and Longini I. M., 1985, A mathematical model for the global spread of influenza, *Mathematical Biosciences* **75** 3–22.

Cependant, lorsque les autorités sanitaires ont détecté les premiers cas en France, il était déjà trop tard pour mettre en place de telles mesures car de nombreux cas étaient déjà présents sans que personne ne s'en soit aperçu. Une étude de l'Inserm montre que le coronavirus circulait déjà en France dès l'automne 2019[1]. Cela ne veut pas dire qu'il ne fallait faire aucun contrôle dans les aéroports, mais il était déjà trop tard pour pouvoir endiguer sérieusement la propagation. Ce constat n'a rien de fataliste au contraire, il est porteur d'une bonne nouvelle : cette épidémie n'est pas vraiment dangereuse. Lorsqu'une maladie transmissible est grave, soit elle tue rapidement le malade (comme par exemple Ebola ou le SRAS) et dans ce cas, on assiste rapidement à l'apparition de nombreux morts, les autorités s'en aperçoivent et mettent en place les moyens de la contrôler. Soit la période entre la contamination et l'apparition de signes est très longue (plusieurs années pour le VIH) et dans ce cas le virus se propage « silencieusement ». Lorsqu'on s'en aperçoit, énormément de personnes sont déjà contaminées. Dans le cas du Covid, on sait que la durée d'incubation est courte (3 à 8 jours) et d'autre part, il a fallu près de trois mois avant que les premiers morts apparaissent, cela veut dire que lorsqu'ils sont apparus, l'épidémie était déjà en phase exponentielle, qu'il y avait de très nombreux contaminés[2] et proportionnellement peu de morts donc l'épidémie était peu grave.

La panique lorsque l'épidémie atteint les pays occidentaux

La nouvelle épidémie finit par atteindre officiellement les pays occidentaux, en particulier l'Europe, et en premier lieu l'Italie.

---

1. Carrat, F., Figoni, J., Henny, J. *et al.*, Evidence of early circulation of SARS-CoV-2 in France: findings from the population-based "CONSTANCES" cohort. Eur J Epidemiol 36, 219–222 (2021).

2. Toubiana L. and Bouaud J., 2020, *The estimated impact of the COVID epidemic in the general population of France*, medRxiv, 2020.05.21.20106500.

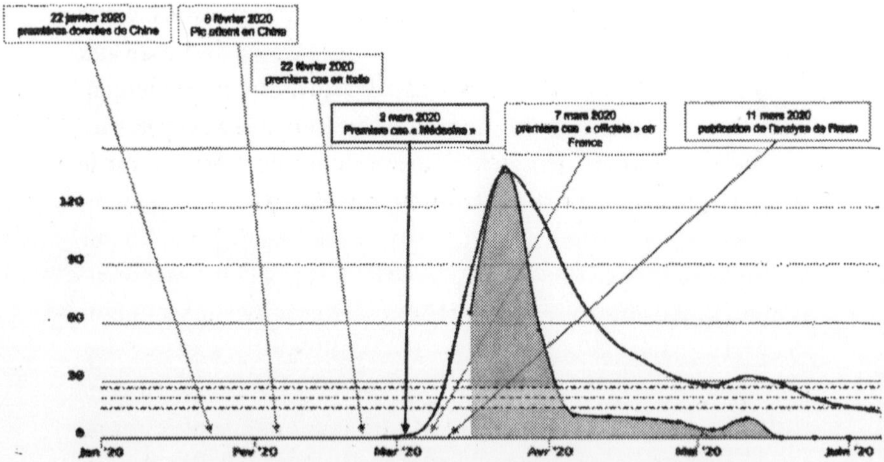

Fig. 3.: Chronologie du début de l'épidémie de Covid de janvier à juillet 2020
Lecture de la figure: Évolutions comparée des malades diagnostiqués « suspicion Covid » par les médecins « en première ligne SOS-médecins », source SPF Géodes (courbe pleine; échelle de gauche de 0 à 120) et malades diagnostiqués et testés « Covid » par les médecins du Réseau Sentinelles source « SentiWeb » (courbe avec des points) lors de la 1re phase épidémique du Covid. Les courbes représentent les évolutions des taux d'incidence hebdomadaires tous âges confondus pour 100 000 habitants en France lors de la première phase épidémique du Covid au printemps 2020.
Commentaire: La dynamique des deux indicateurs est similaire. Les suspicions Covid ont atteint un pic à 132 malades et les cas Covid du Réseau Sentinelles 140 malades en 1 semaine pour 100 000 habitants le 23 mars 2020 (à la date que j'avais prévue dans mon analyse, soit une semaine seulement après la mise en place du confinement).
Source: SPF (Géodes), Réseau Sentinelles.
Mise en forme et calculs : Irsan.

Contre toute attente, l'Italie a maintenu des relations commerciales intenses avec la Chine nonobstant toute épidémie alors même que la Chine avait mis en place des mesures drastiques et inédites pour contrôler la diffusion de l'épidémie dans ses frontières.

Alors que le nombre de cas sévères et de morts augmentait en Italie, les autorités des pays voisins et notamment la France ont persisté dans leur superbe inconscience et n'ont pas jugé utile de renforcer les contrôles aux points d'entrée possible des individus contaminés en imaginant que notre système de santé était bien meilleur que ceux de nos voisins italiens. Le président Macron a magnifiquement illustré cette doctrine étonnante par son célèbre « *... Ce virus n'a pas de passeport ...* » lors de son adresse aux Français du 12 mars 2020[1]. Les pays asiatiques ont naturellement mis en œuvre une doctrine inverse directement liée à l'expérience de 2003. Ils ont été dénigrés au début, mais leur résultat sur le contrôle de l'épidémie a été infiniment meilleur.

La loi implacable du catastrophisme

Lorsque les premiers cas de Covid ont été officiellement détectés en France dans le cadre hospitalier, il était très aventureux d'annoncer à l'avance combien de temps durerait l'épidémie. A priori, avec l'apparition d'un nouveau virus, nul ne peut se risquer à pronostiquer quel sera son effet au niveau des individus et encore moins à l'échelle plus globale d'une population. D'ailleurs, personne n'a sérieusement osé le faire tant une telle prédiction est audacieuse d'un point de vue de la crédibilité.

Nous le verrons plus loin, l'attitude de la Cassandre de l'Iliade, c'est-à-dire d'annoncer de très mauvaises nouvelles, est de très loin plus confortable que celle qui consiste à calmer en donnant des informations plus objectives. Il est très rare de reprocher à quelqu'un d'avoir prévu les pires situations. Si celles-ci n'adviennent pas, il est même courant de le féliciter de nous en avoir préservés en nous prévenant.

Malheur à celui qui avait « rassuré » en se fondant sur des connaissances confirmées et en donnant ainsi de l'espoir. Du reste, cette position est d'autant plus ingrate qu'en général personne n'est gratifié d'avoir annoncé un non-événement ou à tout le moins un événement non grave voire banal. En revanche, si la situation devient plus grave, la vindicte populaire n'hésitera pas à lui en faire le reproche. C'est ainsi que les pires alarmistes ont longuement

1. Macron E., 2020, *Adresse aux Français*, 12 mars 2020, *elysee.fr*.

sévi sans aucun risque sur tous les plateaux de télévision au cours de cette crise du Covid en annonçant les pires drames sans que jamais rien ne leur soit vraiment reproché.

Lorsque quelques jours après l'Italie et l'Espagne, les premiers cas ont été observés en France, les autorités ont été aussitôt débordées. En premier lieu, les habituels annonciateurs d'apocalypses ont commencé à mettre en marche leur petite mécanique à générer la peur. Les comportements alarmistes (probablement louables initialement) de ces lanceurs l'alerte sont courants, en particulier dans le domaine de la santé et des épidémies. Il suffit de se référer au nombreux « drames » épidémiques annoncés ces dernières années (Chikungunya, Zika, H1N1, etc...) sans autre conséquence qu'une agitation médiatique et la mise en place de mesures inopérantes (comme les « vaccinodromes » en France pour le H1N1[1]). La crise du H1N1 avait été une expérience très instructive dans le cadre des épidémies de maladie émergente. Nous montrerons plus loin qu'un grand nombre d'enseignements en ont été tirés à ce moment. Des enquêtes sérieuses ont été menées par nos institutions sur le rôle néfaste de l'industrie pharmaceutique[2]. Des résolutions ont été prises, des protocoles ont été mis en place. On a pris conscience que les prédictions de certains scientifiques étaient devenues inconsciemment des espérances. Au cours de la crise du Covid, nous avons observé exactement le même comportement de la part de certains « fabricants de peur ». Ceux-ci ont d'emblée annoncé des chiffres tels que 500 000 morts en excès pour des pays comme la France ou l'Angleterre[3] alors qu'une telle éventualité était hautement

1. Bachelot R., 2015, « Bachelot, les médecins et les "vaccinodromes" H1N1 » *Le Quotidien du médecin.*

2. http://www.senat.fr/commission/enquete/gestion_de_la_crise_sanitaire.html

3. Ferguson N., Laydon D., Nedjati Gilani G., Imai N., Ainslie K., Baguelin M., Bhatia S., Boonyasiri A., Cucunuba Perez Z., Cuomo-Dannenburg G., Dighe A., Dorigatti I., Fu H., Gaythorpe K., Green W., Hamlet A., Hinsley W., Okell L.,

improbable. Mais au-delà de la panique engendrée par les plus folles modélisations, les autorités françaises ont brutalement pris conscience des nombreuses carences du système sanitaire français très coûteux et dont elles étaient pourtant si fières quelques jours auparavant lorsqu'elles se comparaient à la situation italienne.

Des mesures inédites, disproportionnées mais acceptées

Dans la confusion, démunies des moyens dont elles pensaient disposer et au nom du principe de précaution, ces mêmes autorités ont décidé en urgence le 17 mars 2020 le confinement généralisé de la population. Ainsi, sans réel fondement, dans le cadre d'un suivisme aveugle et qui n'avait jamais eu d'égal, une grande partie de la population mondiale a été brutalement soumise à des mesures extrêmement contraignantes au cours du premier trimestre de l'année 2020. Les populations ont dû subir des contraintes extraordinaires (confinement, couvre-feux, interdiction de se regrouper quel qu'en soit le motif, limitation des déplacements) qui ont été mises en place pour la première fois à une pareille échelle dans toute l'histoire de l'humanité dans le cadre d'une épidémie.

La crise engendrée par l'épidémie de Covid a été une période fertile en innovations en matière d'expérimentation dans le domaine sanitaire. J'ai évoqué les mesures qui ont été imposées. La diffusion à grande échelle, sans explications, de chiffres ou d'indicateurs a été elle aussi une forme d'innovation, mais qui a généré plus de confusion et d'anxiété qu'elle n'a apporté de

---

Van Elsland S., Thompson H., Verity R., Volz E., Wang H., Wang Y., Walker P., Walters C., Winskill P., Whittaker C., Donnelly C., Riley S. and Ghani A., 2020, Report 9: Impact of non-pharmaceutical interventions (NPIs) to reduce COVID19 mortality and healthcare demand.

réponses. Ces chiffres ont été l'argument quantitatif pour justifier des mesures sanitaires contraignantes sans précédent.

De telles contraintes ont été acceptées, car ces populations ont été soumises à une véritable campagne de désinformation, de manipulation et de propagande fondée sur le spectre potentiel d'une catastrophe sanitaire. Les populations ont accepté ces contraintes parce que l'ignorance engendre une anxiété hypertrophiée devant la menace. De plus, les gouvernements ont justifié a posteriori le bien-fondé des mesures qu'ils avaient prises en faisant estimer le nombre de vies sauvées par les mêmes scientifiques et avec les mêmes méthodes qui avaient poussé à les mettre en place. Ainsi, comble du conflit d'intérêts, ce sont les experts qui avaient poussé à mettre en place ces mesures qui sont devenus la référence pour évaluer les résultats de leurs propres mesures.

Les pierres du Petit Poucet

La posture de l'alarmiste est donc largement gagnante face à celle de celui qui tente de rassurer. C'est pourtant cette option dangereuse qui m'a amené à écrire au début de l'épidémie : « *Cependant, dans l'hypothèse forte et risquée que la dynamique de cette épidémie reste identique partout, alors il est très possible d'espérer que l'épidémie atteigne son pic avant la fin mars et avec une fin de l'épidémie vers la fin avril 2020.* ». Cette phrase est extraite de ma première analyse du 11 mars 2020 de l'épidémie de Covid : « Une épidémie déconcertante »[1]. Je me permets au passage de souligner que j'avais raison de l'écrire car c'est exactement ce qui s'est produit. Cependant, mon intervention est passée totalement inaperçue alors que tout le monde se souvient des lanceurs d'alerte du conseil scientifique qui prévoyaient 500 000 morts et qui nous

1. L. Toubiana, « Covid : une épidémie déconcertante », *op. cit.*

assurent toujours aujourd'hui que c'est grâce à leurs mesures que cela a pu être évité, ce qui est une vaste plaisanterie fondée sur de simples croyances et complétement disqualifiée par de nombreux travaux scientifiques et aussi, il ne faut pas l'oublier, par le bon sens élémentaire.

Ainsi, je prévoyais une phase épidémique d'une durée d'environ deux mois soit huit semaines. Cette durée finalement assez courte, c'est ce qu'a duré la première période de confinement qui, elle, nous a paru bien longue. En termes de durée, il s'agit d'une phase épidémique de même nature que celle que nous vivons tous les hivers avec la grippe ou les gastro-entérites. J'écrivais dans cette analyse : « *Nous montrons l'évolution comparée des incidences hebdomadaires de Covid en Chine et de syndromes grippaux en France au cours de 7 semaines d'épidémies. Nous constatons que le profil dynamique est comparable. Il commence en une phase ascendante rapide, atteint un pic en 3 à 4 semaines puis reflue de manière quasi symétrique pendant les 3 à 4 semaines suivantes. Ce profil épidémique est celui observé depuis plus de 30 ans par les équipes de santé publique en France et depuis 50 jours en Chine* ». Puis en prenant beaucoup de précautions : « *Même si cette hypothèse s'avère exacte, il faudra avoir les 'nerfs solides' car pendant cette période, l'incidence va s'accroître de manière « exponentielle » comme pour toutes les épidémies de ce type* ».

J'ai beaucoup hésité à « penser » cet évènement. Dès le tout début, tout me semblait « aller de travers ». Dans cette analyse, j'écrivais dans l'introduction : « *nous avons préféré ne pas réagir précipitamment face à ce phénomène émergent. Les chiffres rapportés, les grandeurs utilisées, les calculs peu rigoureux mais pourtant publiés dans des revues sérieuses, nous indiquaient qu'il était urgent de prendre du recul vis-à-vis de la question* ». Si j'avais une telle réticence à intervenir alors que je suis du sérail, c'est justement parce que je connais trop bien les risques à intervenir sur ce type de question très sensible. La canicule, le H1N1 et même les simples grippes saisonnières font toujours l'objet de polémiques sans fin avec leur lot d'influences très orientées, de mises en avant d'intérêts partisans, parfois personnels ou parfois même corporatistes. Santé Publique France, qui a été l'un des plus importants acteurs de cette crise, a joué sur tous ces tableaux.

Mon premier travail sur cette épidémie a été de comparer ce que nous savions de l'épidémie avec les données de Chine, celles du « Diamond Princess » et celles connues d'épidémies de même nature[1]. J'entends par « épidémies de même nature » celles se transmettant de la même manière et attaquant les voies respiratoires dont la plus connues est modélisée depuis des années : l'épidémies de syndrome grippal. D'ailleurs, j'écrivais : « *Le COVID-19 a un mode de contamination (projections « aérosol » de virus) et un tableau clinique similaire à ceux des pathologies virales en périodes hivernales telles que les épidémies de syndromes grippaux (grippes saisonnières). Dans l'état de nos connaissances, malgré ce qui est écrit émanant de scientifiques connus, il n'est pas inconvenant de comparer la dynamique connue de ces épidémies hivernales avec celle du COVID-19 en Chine que nous connaissons maintenant.* »

Dès le tout début, c'est-à-dire dès qu'il a été possible d'y avoir accès, avec deux chercheurs de mon laboratoire, nous nous sommes intéressés aux données des médecins dits « en première ligne ». Je connais parfaitement leurs caractéristiques dans la mesure où je les avais déjà traitées dans le cadre de l'Irsan. Ceci nous a permis d'estimer l'incidence réelle de l'épidémie et son évolution comme on le fait pour n'importe quelle autre maladie[2].

Nous avons montré par rétro-calcul que lors de la mise en

1. "Field Briefing: Diamond Princess COVID Cases", *NIID*, 18 février 2020 [en ligne sur https://www.niid.go.jp].

2. L. Toubiana, J. Bouaud, "The estimated impact of the COVID epidemic in the general population of France", *medRxiv*, 8 juin 2020 [preprint en ligne].

place du confinement, il était déjà trop tard car l'épidémie avait déjà largement atteint une vitesse de propagation telle qu'il n'était plus possible de l'arrêter. D'ailleurs, ce travail est l'un des éléments qui met en doute l'efficacité du confinement.

À partir de la mi-mars, nous avons eu accès aux données internationales disponibles en ligne sur le site de l'université John Hopkins[1] et nous avons rapidement créé un site spécial pour le suivi de l'épidémie de Covid [2]. Ce site était développé et supporté au sein de mon équipe : « SCEPID : Système Complexe et Épidémiologie » et de l'Irsan. Ce site n'a cessé de s'enrichir au cours du temps. Puis, entre le mois d'avril et le mois de mai 2020, nous avons monté cinq enquêtes autour des conséquences du confinement (Activité physique, Précarité (EPICE), Anxiété (HAD), Stress et Critères pour le déconfinement)[3]. Cette dernière enquête est devenue un outil d'aide à la décision nommé le CRAC (Covid Risk Assessement Calculator) qui permet d'évaluer le risque réel de l'exposition au Covid en fonction de chaque profil individuel[4]. Un tel outil, que nous avions développé et mis en œuvre dans le domaine de l'aide à la décision dans le traitement du cancer, aurait pu être utilisé à grande échelle auprès des individus et leur aurait permis de comprendre le risque limité que représentait cette épidémie. Cette démarche, en impliquant directement les individus, les aurait responsabilisés qui, selon leur profil individuel, aurait pris les mesures pour eux mêmes et ceux qui les entourent. Le choix des autorités a été au contraire d'infantiliser tout le monde en appliquant à tous, les mêmes mesures disproportionnées, aveugles et absurdes.

---

1. https://coronavirus.jhu.edu/map.html
2. https://covid.irsan.eu/
3. https://covid.irsan.eu/fr/script/covid/list_etude_covid
4. https://covid.irsan.eu/fr/saisie_anonyme/index

En mai 2020, j'ai étudié le comportement dynamique de la mortalité dans une étude transversale sur l'ensemble des pays de la planète avec une équipe de Data-scientistes avec lesquels nous avons montré que cette dynamique était identique quel que soit le lieu géographique observé et donc indépendamment des mesures de confinement mises en place[1]. Ce travail est un autre élément qui met en doute l'efficacité du confinement.

En juillet 2020, je me suis intéressé à la mortalité, car je l'avais beaucoup étudiée à l'occasion de la canicule de 2003. Ce travail sur la mortalité due au Covid a été repris avec Laurent Mucchielli et publié dans son Blog[2] puis dans le Journal International de Médecine[3]. Dès que nous avons disposé des données consolidées de mortalité pour l'année 2020, nous avons entrepris l'étude de la surmortalité au cours de l'année 2020 pour laquelle nous avons démontré que la surmortalité était très faible pour une année ayant subi deux phases épidémiques du Covid[4]. Je détaillerai plus loin les éléments de cette analyse.

L'ensemble de ce travail a eu pour résultat de prendre la réelle mesure de l'impact de l'épidémie de Covid et de l'invraisemblable décalage avec les mesures mises en place par les autorités en France. Je suis intervenu à de très nombreuses reprises sur tout type de support de communication. Ce que j'ai dit et écrit a été repris, voire critiqué, par de très nombreux *media*. Tous mes propos et tous mes travaux sont accessibles sur le site de l'Irsan.

---

1. L. Toubiana et al., "Dynamics of the Covid pandemics: global pattern and between countries variations", *medRxiv*, 26 juillet 2020 [preprint en ligne].
2. https://blogs.mediapart.fr/laurent-mucchielli/blog/121120/mortalite-covid-en-france-ce-que-nous-apprennent-les-chiffres.
3. Mucchielli L., Toubiana L., Toussaint J.-F., « Mortalité du Covid en France : ce que nous apprennent les chiffres », *Journal International de Médecine*, 2020.
4. http://recherche.irsan.fr/fr/documentation/index/voir/154

Epidémie de chiffres, anxiogènes de préférence

« Malades », « hospitalisés », « passage en soins critiques », « cas positifs », « morts du Covid » et parmi les morts, « ceux qui sont décédés à l'hôpital, dans des maisons de retraite, des EHPAD ou à la maison » au cours de cette épidémie, beaucoup trop d'indicateurs ont été utilisés médiatiquement, diffusés au grand public sans aucune explication. Lesquels sont les plus pertinents pour évaluer l'impact global de l'épidémie ?

De mémoire d'épidémiologiste, jamais nous n'avons été face à un tel amphigouri incontrôlé de chiffres, d'indicateurs, de notions scientifiques donnés en pâture à une population totalement effarée par cette profusion devant laquelle, forcément, elle démissionne car la confusion règne. Seul le résultat paradoxal compte : la panique et globalement la restriction presque volontaire de ses propres libertés.

Il serait beaucoup trop long de faire une analyse détaillée de tous les biais méthodologiques à tous les niveaux de cette invraisemblable exubérance. À chaque fois que l'on tente d'expliquer longuement, précisément, de manière la plus rigoureuse possible, en quoi il n'est pas possible de s'appuyer sur tel ou tel indicateur pour mettre en place telle ou telle décision sanitaire, un nouvel indicateur plus anxiogène sort du chapeau et il faut tout recommencer.

Pourquoi des chiffres cumulés ?

L'une des toutes premières remarques que je me suis faite au début de l'épidémie de mars 2020, était l'étrange manière de décrire le phénomène de la part d'une personne qui normalement était expert dans ce domaine, le Directeur Général de la Santé (DGS) en poste. Dès le 17 mars 2020, il a commencé une longue série de points presse quotidiens où tous les soirs, il annonçait les « chiffres de l'épidémie en France ». Tous les soirs, il lisait les valeurs cumulées du nombre de cas, d'hospitalisés, de passages en soins intensifs et de morts. Au début de l'épidémie, il venait chaque soir commenter ces indicateurs. Comme il s'agissait de valeurs cumulées, il arrivait avec des chiffres de plus en plus grands, ce qui devenait de plus en plus effrayant.

Pour un téléspectateur, une telle description de l'évolution de l'épidémie n'a rien d'anormal, mais pour un épidémiologiste cette manière de présenter est totalement inadéquate. Pourquoi ? Parce qu'en épidémiologie comme dans n'importe quel autre métier, il existe des méthodes convenues, standardisées, que les personnes du métier utilisent sans même s'en rendre compte. C'est la base élémentaire pour comprendre de quoi on parle. Ces outils ont fait leur preuve pour faire le travail de manière efficace.

Dans mon analyse du 11 mars 2020, je m'étonnais déjà d'un tel choix: « *la valeur cumulée moins efficace en l'espèce (et plus dramatique) semble avoir toutes les faveurs* » [1]. Pour des raisons évidentes de dramatisation, ces indicateurs à charge émotionnelle forte ont été égrenés quotidiennement alors que d'autres, comme les patients détectés par les médecins de terrain qui étaient disponibles, ont été totalement occultés. J'avais montré alors à quel point l'utilisation des données cumulées était non seulement inopérante pour rendre compte de la dynamique de l'épidémie, mais surtout mettait en lumière l'amateurisme de la communication sanitaire du gouvernement. Ainsi, dans le même texte initial, j'écrivais: « *l'incidence, c'est-à-dire le nombre de nouveaux cas dans un lieu donné par unité de temps, est utilisée pour décrire l'évolution des épidémies. Cet indicateur est paradoxalement très peu utilisé dans le cadre du COVID* ».

1. L. Toubiana, « Covid: une épidémie déconcertante », *op. cit.*

Qu'un Directeur Général de la Santé utilise pour s'exprimer sur les indicateurs d'une épidémie, non seulement des moyens peu orthodoxes mais en plus, totalement inefficaces, c'était vraiment très étrange.

Pourquoi des chiffres quotidiens ?

Il existe un effet pervers dans le fait de donner des informations quotidiennes pour décrire l'évolution de l'épidémie de Covid comme le faisait le Directeur Général de la Santé lors de son point presse du soir : *la dilatation du temps.*

Pour décrire les épidémies saisonnières, l'agence responsable de leur suivi, Santé Publique France (SPF, que j'ai déjà longuement évoquée), publie un bulletin hebdomadaire qui donne les incidences hebdomadaires de ces épidémies, ce qui veut dire qu'en cinq à seize bulletins l'évolution de l'épidémie est couverte. Si en revanche cette information était donnée quotidiennement (et comble de « sottise » en cumulant les chiffres) cela donnerait environ, en moyenne, 70 bulletins, pour décrire le même phénomène. Cette répétition quotidienne d'informations dont j'ai montré qu'elles étaient entachées de biais, dilate mentalement le temps de l'épidémie par sa répétition ou plutôt son matraquage, induisant de fait une chape d'anxiété dans les populations.

La première phase de l'épidémie du printemps 2020 a duré environ 8 semaines[1] c'est-à-dire le même ordre de grandeur que la durée moyenne d'une épidémie de grippe saisonnière. Cette durée est finalement assez courte. La fréquence quotidienne d'une information est beaucoup plus efficiente en termes de répétition

1. Sans entrer ici dans les détails, cette approximation dépend de l'indicateur pris en considération.

que lorsqu'elle n'est diffusée qu'une fois par semaine. La répétition à fréquence courte de cette information permet d'entretenir une sorte d'intoxication permanente lorsqu'on veut imprimer un message fort dans l'esprit des individus. Si l'incidence hebdomadaire avait été utilisée comme pour toute épidémie, il suffisait de 8 messages très espacés, alors qu'il a été choisi d'informer quotidiennement, ce qui a produit de l'ordre de 50 messages. En termes d'impact, c'est très différent. Et utiliser abusivement cette méthode engendre une surinterprétation de la présence du danger. C'est un choix.

Par ailleurs, le fait que ces chiffres fluctuent beaucoup d'un jour à l'autre pose un réel problème. Cette simple utilisation inappropriée de la valeur de la période de recueil a été l'occasion d'une polémique montée par les médias en août 2020 alors que je dénonçais une communication officielle volontairement anxiogène. J'ai dû subir quelques attaques notamment de la part de *Libération* et *France Télévision*[1] alors que je m'étonnais que les autorités de santé, *a priori* compétentes, donnaient des incidences quotidiennes. Ces articles ont été le lot quotidien de tout scientifique qui tentait de modérer le discours anxiogène des autorités sanitaires ; « iconoclaste », « rassuriste » ont été les principaux sobriquets utilisés. Je reviendrai sur cette question très importante du traitement médiatique de cette crise dans un chapitre ultérieur.

À partir de la massification des tests (début août 2020), tous les lundis, lors des bulletins d'information, nous avions droit à de nouveaux « records de tests positifs au Covid » (au passage, à cette époque, ils n'avaient pas encore pris la dénomination trompeuse de « cas » qui est devenue la règle ultérieurement, entretenant ainsi une confusion importante avec le nombre de «malades»).

1. Covid-19 : des chiffres en baisse ? | 22/09/2020 | Désintox | ARTE https://www.dailymotion.com/video/x7wds4x

Ainsi l'incidence du lundi était préférée, car les tests positifs du samedi et du dimanche étaient en partie reportés le lundi parce qu'une partie des personnels concernés par le recueil des tests, étaient en repos le week-end. Du coup, les chiffres du samedi et du dimanche étaient particulièrement bas alors qu'en revanche ceux du lundi étaient particulièrement hauts. Les incidences du lundi étaient donc systématiquement qualifiées de « record » : une supercherie parmi tant d'autres.

Quid de l'épidémie de Covid du printemps 2020 ?

Finalement, qu'aurions-nous dû voir de l'épidémie de Covid si elle avait été traitée normalement ? Si elle avait été traitée comme des épidémiologistes « normaux » auraient dû le faire, c'est-à-dire froidement et sans panique. Un peu comme l'a fait un certain Anders Tegnell, épidémiologiste en chef de la Suède, ayant une culture de santé publique approfondie, et qui a dit : « *Notre message est de demander de rester à la maison lorsqu'on est malade, mais pas assigner tout le monde à résidence, car ça ne fonctionnera pas sur le long terme*[1] ». En d'autres termes exactement comme je l'ai fait et comme je l'ai écrit, nous aurions calmement suivi l'évolution de l'incidence hebdomadaire des malades en ville et à l'hôpital pour 100 000 habitants. De plus, au lieu de diffuser à longueur de temps des indicateurs dans tous les sens avec plusieurs chiffres significatifs (ce qui en l'espèce est totalement ridicule étant donné l'imprécision des systèmes de mesure), il eût été facile d'expliquer les phénomènes calmement avec des ordres de grandeur largement suffisant pour que la plupart des gens comprennent facilement la situation. D'ailleurs, c'est exactement ce que j'avais écrit dans la toute première analyse de l'Irsan (je la cite encore une fois) : « *Utiliser*

1. Reuter, 3 avril 2020.

des ordres de grandeur, certes peu précis, peut donner matière à réflexion sur des tendances ou mettre en perspective les phénomènes. ». Nous pouvions le faire, car nous avions toutes les informations pour ne pas paniquer, ne pas angoisser toute la population et surtout ne pas l'enfermer. Ce que nous aurions vu, c'est tout simplement la courbe de l'histoire naturelle de cette épidémie, celle que nous pouvons voir aujourd'hui avec deux ans de recul comme le montre la figure 3.

Les courbes représentent les évolutions des taux d'incidences hebdomadaires tous âges confondus pour 100 000 habitants entre janvier et juin 2020 lors de la première phase épidémique du Covid au printemps 2020 en France. La dynamique des deux indicateurs est similaire. Les suspicions ont atteint un pic le 23 mars 2020 (à la date que j'avais prévue dans mon analyse, soit une semaine seulement après la mise en place du confinement). La valeur de l'incidence hebdomadaire pour 100 000 habitants cette semaine était de 132 malades diagnostiqués « suspicion Covid » par les médecins « en première ligne ». Cette incidence était sensiblement la même pour le réseau Sentinelle laquelle avait atteint 140 malades pour 100 000 habitants.

Les hospitalisations ont atteint ce pic une semaine plus tard avec une incidence de 35,6 hospitalisations en une semaine pour 100 000 habitants. Les décès pour Covid ont atteint leur maximum une semaine plus tard avec 9,5 décès en une semaine pour 100 000 habitants. Ces valeurs pour tous ces indicateurs élémentaires sont très faibles.

Importance de l'épidémie de Covid par rapport à celles de grippe

Ainsi à partir du mois de mars 2020, le nouveau virus Sars-Cov-2 a provoqué un épisode épidémique qui a duré huit semaines. Selon les données du Réseau Sentinelles, cette épidémie a atteint une incidence de 140 nouveaux malades pour 100 000 habitants. La figure ci-dessous montre les évolutions saisonnières, (donc sur une période d'une année avec une échelle des abscisses allant d'août à juillet et centrée sur la période d'intérêt concernant les viroses hivernales. Sont superposées les huit dernières saisons d'épidémique de syndromes grippaux recueillies dans les mêmes conditions avec les mêmes méthodes par le Réseau Sentinelles. La courbe en rouge fléchée par le label « Covid 1ère vague » montre l'évolution du taux d'incidence hebdomadaire pour 100 000 habitants de malades du Covid au cours de la saison 2019-20 (pic entre les mois de mars et mai de l'axe horizontal). La courbe fléchée par le label « Covid 2e vague » montre l'évolution de l'incidence du Covid au cours de la saison 2020-21 dont le maximum se situe au niveau de novembre 2020. Toutes les autres courbes fléchées par le label « dernières grippes » montrent l'évolution de l'incidence de syndromes grippaux au cours des 8 dernières saisons de 2010 à 2019. Les pics de ces épidémies sont centrés autour du mois de janvier. Les incidences sont parfois supérieures à 800 nouveaux malades par semaine pour 100 000 habitants, mais la valeur moyenne pour toutes les dernières années se situe autour de 600 malades par semaine pour 100 000 habitants soit 4 fois plus que le pic de Covid de mars 2020.Elle montre les évolutions saisonnières des incidences hebdomadaires pour 100 000 habitants de malades des deux premières saisons de Covid dites 1re et 2e vagues particulièrement faibles par rapport à la grippe dans la mesure où leurs pics respectifs atteignent 140 et 80 malades par semaine pour 100 000 habitants.

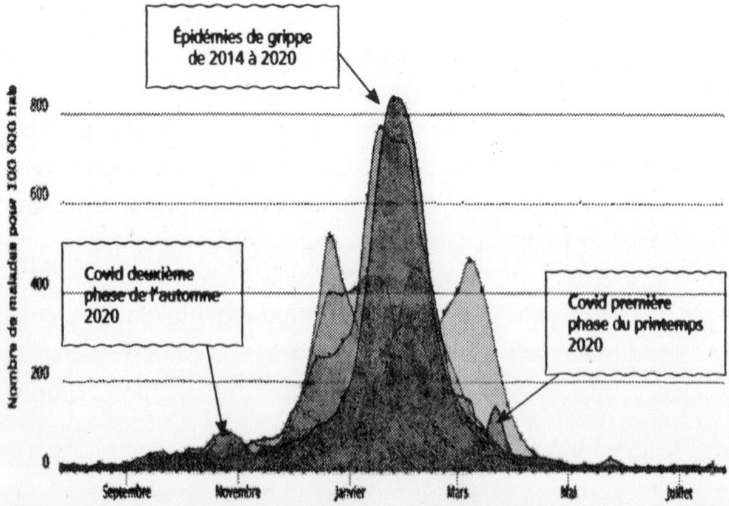

Fig. 4: Comparaison des épidémies de grippe et de Covid
Lecture de la figure: Les courbes montrent les évolutions saisonnières des incidences hebdomadaires pour 100000 habitants de malades des deux premières saisons de Covid et des 8 dernières saisons d'épidémie de syndromes grippaux recueillies dans les mêmes conditions avec les mêmes méthodes par le Réseau Sentinelles.
Source: Réseau Sentinelles.
Mise en forme: Irsan (https://covid.Irsan.eu).

Le confinement a participé à la confusion générale: sérieux?

La mise en place du confinement a sidéré à peu près tout le monde y compris ceux qui le mettaient en place. Paradoxalement, cette mesure extravagante auto-validait la prétendue dangerosité de l'épidémie. Dans l'esprit de chacun, s'il était possible de mettre en place une telle mesure, c'est forcement que l'épidémie était grave. Mais en réalité, ce raisonnement est un piège qui s'apparente à une tautologie effrayante. Les gens étaient abasourdis, ils étaient enfermés chez eux devant leurs écrans. Les rues des grandes villes étaient vides: du jamais vu. Tout était étrange. Il est difficile de décrire l'état dans lequel nous étions car le traumatisme a été tel que nous avons cherché à l'oublier. Un jour, parmi les milliers de messages électroniques que je recevais (un moyen qui permettait de garder un semblant de lien social), j'ai reçu un texte anonyme qui montre le désarroi dans lequel les individus étaient projetés par cette situation surréaliste. Je le retranscris tel que je l'ai reçu et j'espère que son auteur, que je ne connais pas, s'il le lit ici sera fier d'avoir participé à la mémoire d'un temps irréel.

> « *Je ne sais pas si vous êtes comme moi, je m'y perds un peu dans toutes ces infos. Mais j'ai trouvé sur le net ce texte qui éclaire la situation : Alors pour résumer, vous ne pouvez pas quitter la maison en principe, mais si vous en avez besoin, vous pouvez quand même. Les masques ne servent à rien, mais il faudrait peut-être en porter, ça peut sauver, ça ne sert à rien mais ça sera peut-être obligatoire. Les magasins sont fermés, sauf ceux qui sont ouverts. Il ne faut pas aller dans les hôpitaux, sauf s'il faut y aller, même chose pour les médecins, il ne faut y aller qu'en cas d'urgence à condition que vous ne soyez pas trop malades. Ce virus est mortel, mais pas trop effrayant néanmoins, sauf que si parfois, en fait ça va être une catastrophe planétaire. Les gants n'aideront pas, mais ils peuvent aider quand même. Tout le monde doit rester à la maison, mais il est important de sortir quand même, un peu. La nourriture dans le supermarché ne manquera pas, mais il y a plein de choses qui manquent si vous y allez en fin de journée, mais il ne faut pas y aller le matin. Le virus n'a pas d'effet sur les enfants sauf sur ceux sur qui il en a... Les animaux ne sont pas atteints, mais il y a malgré tout un chat qui a été testé, il était positif en Belgique en février, quand on ne testait encore personne. Vous aurez de nombreux symptômes si vous êtes malades, mais vous pouvez aussi tomber malade sans symptôme, avoir des symptômes sans être malade ou être contagieux sans symptôme. Ah. Pour ne pas être malade, vous devez bien manger et faire du sport, mais mangez malgré tout ce que vous avez sous la main et c'est mieux de ne pas sortir, enfin si, mais non... Il est préférable de prendre l'air, mais vous serez très mal vus si vous allez prendre l'air, et surtout n'allez pas dans les parcs, ou alors sans vous asseoir, sauf*

que maintenant si, vous pouvez si vous êtes vieux (quel âge ?), mais pas trop longtemps ou enceinte (mais pas vieille). Vous ne pouvez pas aller chez les personnes âgées, mais vous devez vous en occuper et apporter des courses et des médicaments. Vous ne pouvez pas sortir si vous êtes malade, mais vous pouvez aller à la pharmacie. Pour les soignants, même avec de la température, vous pouvez travailler, allez, pas plus de 38° C... 37,9 ce n'est pas grave, sauf si vous n'êtes pas soignant. Vous pouvez commander la livraison de plats préparés qui l'ont peut-être été par des personnes qui ne portaient ni masques ni gants. Mais il faut laisser décontaminer vos courses pendant 3 heures dehors. La pizza aussi ? Chaque article ou interview inquiétant commence par «Je ne veux pas semer la panique, mais...». Vous ne pouvez pas voir votre mère ou votre grand-mère âgées, mais vous pouvez prendre le taxi et rencontrer un chauffeur de taxi âgé. Vous pouvez vous promener avec un ami mais pas avec votre famille si elle ne vit pas sous le même toit. Mais on vous dit que se promener avec la bonne «distanciation sociale» n'est pas dangereux alors pourquoi on ne peut pas se promener avec d'autres amis ou de la famille (un à la fois) si on est dehors à la bonne distance. Le virus reste actif sur différentes surfaces pendant deux heures, non, quatre, non, six, non, on n'a pas dit des heures, c'est peut-être des jours ? Mais il a besoin d'un environnement humide. Oh non, en fait pas nécessairement. Le virus reste en suspension dans l'air -enfin non, ou oui, peut-être, surtout dans une pièce fermée, en une heure un malade peut en contaminer dix, donc si ça tombe tous nos enfants ont déjà été contaminés à l'école avant qu'elles ferment. On compte le nombre de morts mais on ne sait pas dire combien de personnes sont infectées, puisque jusqu'ici on a testé que ceux qui étaient «presque morts» pour savoir si c'était de ça qu'ils allaient mourir... On n'a pas de traitement sauf qu'il y en a peut-être un, qui n'est apparemment pas dangereux sauf si on en prend trop. On devrait rester confinés jusqu'à la disparition du virus mais il ne va disparaître que si on arrive à une immunité collective et donc à condition qu'il circule... mais pour ça il faut qu'on ne soit plus confinés...».

Que fallait-il faire ?
La Suède un exemple à suivre

« Je crois que nous avons échoué. »[1]

Le roi de Suède, Carl XVI Gustaf,
(18 décembre 2020)

Immunité collective naturelle car la majorité est « asymptomatique »

Dès mars 2020, des études réalisées en Italie suggéraient que 50 à 75 % des tests Covid positifs ne présentaient aucun symptôme. La généralisation des tests a eu au moins une vertu, celle de confirmer que parmi les personnes testées positives, une immense majorité était asymptomatique. Asymptomatique veut dire « non-malade ». Une épidémie avec une majorité d'individus non-malades, est-ce vraiment une épidémie ? Cela m'a conduit très tôt à penser qu'au lieu de proposer une stratégie de confinement qui visait l'arrêt de la circulation du virus (ce qui était voué à l'échec, car purement théorique), il fallait au contraire, laisser la circulation du virus afin de parvenir à l'immunité collective naturelle. Nous avions remarqué que pour l'immense majorité des gens exposés, le virus n'avait pas ou très peu d'effet. La stratégie de la circulation était probablement la plus efficace. C'est la stratégie contraire qui a été choisie en France. L'hypothèse de l'immunité croisée mise en lumière très tôt, dès mars 2020, a été passée sous silence rapidement. Pourtant, si l'hypothèse d'un nouveau virus totalement « inconnu » des populations avait été exacte, alors en effet, il y aurait probablement eu une hécatombe car le

1. https://www.20minutes.fr/monde/2935371-20201218-coronavirus-suede-crois-echoue-affirme-roi-carl-xvi-gustaf

virus se serait attaqué à l'ensemble de la population et non pas uniquement aux plus fragiles. Or ce n'est pas du tout ce que nous avons observé. Nous avons même observé exactement le contraire. L'immense majorité des individus résistaient au virus en faisant des formes mineures. S'ils résistaient, c'est très probablement qu'ils avaient déjà rencontré une forme proche de ce virus par le passé et que leur système immunitaire pouvait rapidement se réactiver au prix d'une légère infection sans conséquences. Les rares personnes qui faisaient des formes plus graves étaient des personnes qui, pour des raisons d'âge ou d'autres maladies, (donc de précarité de santé) ne pouvaient combattre la charge pathogène. Leur système immunitaire étant faible, elles ne pouvaient résister à ce virus comme elles n'auraient résisté à aucun autre. Évidemment, ce sont ces personnes qu'il fallait essayer de protéger momentanément. Le virus circulant dans les populations à moindre risque aurait établi une barrière immunitaire collective qui aurait donc protégé naturellement les personnes les plus faibles. Ce schéma est celui que l'on observe classiquement lors des épidémies saisonnières.

La question de l'immunité collective est l'un des points centraux de mon approche de la question et elle n'est pas simple. Comment s'arrêtent les épidémies ? Cette question semble élémentaire et pourtant si nous savions y répondre nous ne serions pas depuis deux ans dans l'état de confusion généralisée qui caractérise notre comportement collectif jusqu'au plus haut niveau.

Schématiquement, une épidémie de maladie transmissible telle que le Covid se transmet par contact au sens large. Si le virus est « nouveau », on dit que la population est « naïve » pour ce virus c'est-à-dire qu'elle n'a pas appris à le combattre. Dès lors, le virus peut pénétrer dans les cellules d'un individu. Le virus utilise les ressources de cet individu « hôte » pour se reproduire en grand nombre. Plusieurs mécanismes se mettent en place simultanément. Le système immunitaire de l'individu reconnaît et produit des agents spécifiques pour lutter contre cette intrusion et cette prolifération du virus. Une partie des virus produits peut être expulsée vers l'extérieur par des éternuements et de la toux. Les virus, après avoir été expulsés vers l'extérieur, sont captés par d'autres individus qui peuvent être infectés à leur tour. Le phénomène de diffusion est évidemment de plus en plus rapide, car chaque personne pouvant potentiellement en infecter plusieurs, le nombre de nouveaux infectés augmente de manière exponentielle.

Au bout d'un certain temps, les personnes infectées guérissent (ou meurent). Elles sortent donc du système épidémique puisqu'elles ne peuvent plus contaminer d'autres personnes « susceptibles » (« naïves »), elles ne sont plus contaminables elles-mêmes car leur organisme a appris à reconnaître et à combattre le virus. Autrement dit, elles peuvent désormais « vivre avec le virus », elles sont « immunisées ». Avec le temps, cette catégorie de personnes immunisées augmente rapidement : elles freinent automatiquement la circulation du virus puisqu'elles ne sont ni contaminables ni contaminantes. Au bout d'un moment, le nombre de nouveaux infectés (« incidence ») atteint un maximum (dit « pic épidémique »). L'immunisation collective a alors atteint un point critique dit de percolation. Le pic est suivi d'une décroissance rapide pour atteindre la fin de la phase épidémique de manière quasiment symétrique à la croissance.

Ce mécanisme d'arrêt d'une phase épidémique est observé tous les ans lors des épidémies de syndromes grippaux. Une épidémie de grippe touche en moyenne environ 2,5 millions de personnes par saison en France, parfois exceptionnellement 3 millions. Pour l'épidémie de Covid, l'étude des facteurs de risques montre que seules les personnes âgées ou ayant une santé précaire font des formes graves de la maladie et peuvent en mourir. Dès lors, les personnes qui ne risquent presque rien (un peu de fièvre pendant quelques jours, ce qui arrive fréquemment en période hivernale) et qui représentent entre 80 et 85 % de la population font barrière collectivement à la propagation du virus. Ainsi, la recommandation serait de laisser le virus circuler car le risque est calculable et très limité. En revanche, le bénéfice est immense, car leur statut d'immunisé acquis naturellement est puissant pour les individus et permet d'arrêter l'épidémie par le mécanisme explicité plus haut.

Épidémie dangereuse ?

Dans le modèle explicatif simple décrit ci-dessus, tous les individus guérissent après avoir été infectés. Évidemment, il est facile d'imaginer un modèle légèrement amélioré où, si l'immense partie des personnes guérissent effectivement, une partie ne guérit pas et meurt de la maladie. Le taux de mortalité parmi les infectés («létalité») est un indicateur essentiel de la gravité de l'épidémie. Or en examinant froidement ces indicateurs pour le Covid, par rapport à tout ce qui est connu en termes de pathologie de l'homme, nous constatons que globalement cette épidémie n'est pas grave.

Le cas de la Suède

La Suède est le plus connu des pays d'Europe à avoir adopté une stratégie différente de gestion de la crise. Elle a fait dès le début ce pari de l'immunité collective dans un contexte international très hostile.

Contrairement aux autres pays occidentaux, elle a opté pour une responsabilisation de sa population c'est-à-dire sans confinement strict et sans mesures sanitaires contraignantes. Le cas de la Suède s'inscrit dans le cadre de la gestion de la crise Covid comme une exception. Cette gestion permet de mettre en place des comparaisons qui peuvent donner des éléments de vérification de l'efficacité des mesures en comparant les résultats obtenus avec et sans mesures contraignantes.

Nous avons comparé la Suède qui avait choisi de ne pas confiner à deux pays (ou régions) pour lesquelles nous avions suffisamment de données et qui ont adopté des stratégies de confinement strict et généralisé : la France et le Québec. La France car c'est *a priori*, le pays que nous connaissons le mieux mais qui, de par sa configuration, est sensiblement différent de la Suède. C'est pourquoi nous l'avons aussi comparé au Québec, une province canadienne qui présente des similarités géographiques et populationnelles et qui a adopté la même stratégie que la France.

Schématiquement, la stratégie de la France a été de considérer que, pour endiguer la propagation épidémique, il fallait couper les liens de transmission du virus entre les individus. Si les contacts entre les individus sont coupés, alors le virus ne peut plus passer d'un individu à l'autre et ainsi la dynamique de l'épidémie est stoppée. Dans cette approche, il est nécessaire d'isoler tout le monde de la même manière sans distinction, indépendamment des facteurs de risque individuel, de manière massive, et pour une durée indéterminée dictée pour la circulation du virus qui elle-même est difficile à estimer.

En Suède, schématiquement, la stratégie a été à l'opposé puisqu'elle a été fondée sur l'immunité collective. Dans cette approche, l'idée est de protéger évidemment les personnes à risques dont on connaît les caractéristiques et qui forment une petite minorité de la population. Mais l'immense majorité de la population peut rester libre. Du coup, le risque est de voir augmenter rapidement le taux de contamination. Mais comme celui-ci ne produit que des formes bénignes, le coût global pour la société reste très faible. Malheureusement pour la Suède, alors que la stratégie était aux mains des épidémiologistes, la mise en œuvre était aux mains de l'administration sanitaire qui avait laissé dans un état pitoyable l'équivalent de nos EHPAD. De fait l'abandon de ces établissements a eu pour résultat un nombre plus important de morts parmi les plus vieilles personnes, ce qui aurait pu être évité si ces établissements avaient été correctement gérés. Malgré cette mauvaise gestion, nous le verrons, le bilan de la Suède qui n'a pas confiné est équivalent à celui de la France.

Les avantages théoriques de la méthode suédoise sont nombreux. Je passe évidemment sur la qualité de vie et les conséquences sociales et économiques différentielles entre les deux stratégies (ce qui ne veut pas dire que ce n'est pas extrêmement important), pour ne parler ici que de la dynamique de l'épidémie elle-même. Dans le cas de la Suède, avec la stratégie fondée sur le modèle de l'immunité collective, on peut encore observer pendant quelques mois des cas sporadiques, mais la mortalité tend vers zéro. Et c'est effectivement ce qui s'est passé si on regarde les chiffres.

Mais le plus important dans cette comparaison est qu'en aucun cas nous n'observons un effet du confinement sur la dynamique de la croissance épidémique. Dans les deux cas, confinement ou pas, l'atteinte du maximum donc de l'arrêt de la croissance épidémique est semblable. Ce constat est particulièrement accablant car cela suggère que le confinement n'a servi à rien. L'option radicalement différente prise par la Suède a au contraire été un choix judicieux et conforme à la théorie de la dynamique de reflux des épidémies.

Si l'on énumère maintenant tous les autres dégâts individuels et collectifs, psychiques et matériels, causés par le confinement et les couvre-feux dans le cas de la France, il devient évident que la Suède a réussi à juguler l'épidémie de manière beaucoup plus bénéfique pour sa population.

Comparaison de la Suède avec le Québec

Au Québec, les autorités ont suivi à peu près la même gestion de l'épidémie que la France. Le Québec a une population dont certaines caractéristiques sont relativement proches de celles de la Suède. L'effectif de sa population est de 10,3 millions d'habitants en Suède, soit de l'ordre de 20 % supérieure à celle du Québec. Les deux territoires sont situés dans une zone septentrionale de l'hémisphère nord avec des populations regroupées en quelques grandes agglomérations. Pour cette comparaison j'ai utilisé les données téléchargées fin mars sur le site du Centre de Ressources Coronavirus[1] de l'université John Hopkins[2].

J'ai effectué une comparaison, résumée dans le tableau ci-dessous, au niveau de deux indicateurs principaux pour lesquels nous disposions de données fiables pour les deux territoires à savoir les cas confirmés et les décès attribués au Covid tous âges et sexes confondus, sans entrer dans le détail d'une analyse par classe d'âge.

Avec un nombre d'habitants supérieur de 20 % à celui du Québec, la Suède a eu plus de deux fois plus de cas confirmés sur une période d'un an, entre le 24 février 2020 et le 24 février 2021. Lorsqu'on compare les taux d'incidence c'est-à-dire le nombre de cas rapportés aux populations, le rapport tombe à 1,88 soit un peu moins de deux fois plus de cas.

Une vision simpliste pourrait conduire à penser que le choix des autorités suédoises de ne pas confiner a pénalisé la population puisque que l'épidémie a généré environ deux fois plus de cas confirmés. Cependant, la stratégie suédoise était fondée sur une immunité collective naturelle. Comme nous l'avons décrit plus haut ce choix d'immunité collective était envisageable dans la mesure où la maladie est bénigne pour l'immense majorité de la population. Ainsi, même si le nombre de cas confirmés (c'est-à-dire ayant un test positif) a été 2,3 fois plus important en

1. CSSEGISandData/COVID, GitHub.
2. COVID Map - Johns Hopkins Coronavirus Resource Center.

Tableau 1 : Comparaison d'indicateurs principaux de la Suède versus Québec : les cas confirmés et les décès attribué au Covid tous âges et sexes confondus entre le 24 février 2020 et le 24 février 2021.

Item	Suède	Québec	Rapport Suède/ Québec
Nombre d'habitants	10 333 456	8 575 000	1,2
Nombre total de cas confirmés entre le 24 février 2020 et le 24 février 2021	642 098	283 666	2,3
Nombre total de décès attribués au Covid entre le 24 février 2020 et le 24 février 2021	12 713	10 330	1,2
Taux d'incidence pour 1 000 habitants	62	33	1,9
Mortalité attribuée au Covid pour 1 000 habitants	1,2	1,2	1,0

Suède qu'au Québec, le nombre de décès rapporté à la population est exactement le même.

La différence entre les deux territoires est à peine de 2 400 décès en valeur absolue, mais ces décès supplémentaires sont effacés dès lors que l'on rapporte les décès à la population. Ainsi le taux de mortalité (nombre de décès rapporté à la population) attribuée au Covid est exactement le même, 1,2 décès pour 1 000 habitants, pour les deux territoires. Outre le fait que cette valeur est très faible, le fait remarquable est qu'il est identique pour les deux territoires alors que les stratégies de gestion de la crise ont été radicalement différentes.

Contrairement aux choix des autorités Françaises et Québécoises, les responsables de la santé publique en Suède ont fait le choix sage de ne pas suivre les injonctions fondées sur les modèles annonçant une hécatombe catastrophique, comme celle-ci : « *La stratégie de santé publique suédoise actuelle conduira à*

96 000 décès avant la fin juin 2020 »[1]. **Ces prédictions farfelues ne se sont évidemment pas produites et, sans aucun confinement, la Suède a compté 8 727 décès Covid.**

Au mois de mars 2022, soit avec un recul de deux ans, le nombre de morts étiqueté Covid rapportés à la population est à peine de 5 % inférieur au Québec qu'en Suède. En revanche, il est 18 % plus important en France qu'en Suède. Sans jouer les fanfarons sur des indicateurs peu orthodoxes (que j'ai tant critiqués pour éviter de les utiliser quand cela m'arrange) et qui somme toute, sont du même ordre de grandeur ; le point important à retenir est surtout que les stratégies de gestion de la crise Covid ont été radicalement différentes en France et en Suède. Ne serait-il pas opportun de se poser les bonnes questions sur cette fameuse (fumeuse) théorie du confinement ?

La stratégie de la Suède a été très controversée mais en réalité, elle a été extrêmement efficace comme le prévoyait leurs épidémiologistes. Cette stratégie dans le cadre de cette crise s'est montrée particulièrement judicieuse pour endiguer une épidémie à moindre coût social, sanitaire et économique. Elle était aussi très audacieuse car elle s'est heurtée à de très nombreuses critiques. En France, nos épidémiologistes n'ont eu de cesse de la critiquer de manière scandaleuse, relayés par de nombreux articles de journaux. Les Suédois n'ont pas suivi le mouvement général et c'était très dur pour eux de subir la pression. Puis, bizarrement la cas de la Suède a disparu des radars, il valait mieux étouffer l'affaire.

La théorie du confinement avait apparemment intoxiqué jusqu'au roi de Suède, Carl XVI Gustaf, auquel je souhaiterais répondre « Je crois que vous avez réussi ! »

1. Gardner J., *et al.*, ou celle-là University, 30 avril 2020. American institut for economic Research (modèle adapté de Ferguson N. et Coll., Imperial College London), 30 avril 2020.

IV

La terreur : démesure qui « *masque* » des mesures « vagues »

> ***« Un mensonge idéal consiste en la juxtaposition de différents éléments de vérité, entre lesquels on effectue certaines ellipses : il se compose en fait essentiellement d'omissions, avec parfois quelques exagérations bien dosées. »***
>
> Michel Houellebecq, *Anéantir* (2021)

Conformisation : répandre la peur

La première période que j'ai commentée dans le chapitre précédent et que j'ai appelée « *période de sidération* » a été relativement courte, quatre mois environ. En revanche, celle qui a suivi à partir de juillet 2020 s'inscrit dans le temps long : je l'appelle la « *période de la terreur* », une période mettant en œuvre des tactiques permettant de maintenir le sentiment d'un danger imminent. La sensation de présence d'un mal invisible qui circule dans la population a tétanisé les individus qui se sont soumis en acceptant d'être « protégés » par des mesures de plus en plus coercitives et intrusives.

Pour vivre heureux, vivons masqués ?

Cette deuxième période de la crise Covid correspond entre autres à la mise en place du port du masque dans l'espace public, rapidement devenu obligatoire y compris dans la rue, en espace ouvert. Masques et tests avaient cruellement manqué au début de l'épidémie, où ils auraient été très utiles mais, pour des raisons de mauvaise gestion, ils nous avaient fait impitoyablement défaut en France. Alors le gouvernement nous a fait comprendre que les masques étaient inutiles et que personne ne saurait les utiliser[1]. En revanche, alors que l'épisode épidémique était terminé, des stocks de masques et de tests sont arrivés en France en masse au début de l'été 2020, comme les carabiniers d'Offenbach « *arrivant toujours en retard* ».

Une revue de nombreux articles portant sur la question des masques est mise à jour régulièrement et disponible en ligne[2]. Toutes les prétendues études censées montrer que les masques avaient un effet sur la propagation des épidémies respiratoires[3] et donc du Covid ont été démenties pour leur manque de rigueur. L'une s'est appuyée sur des enquêtes auto-déclarées. Une autre a été si mal conçue qu'un panel d'experts a demandé qu'elle soit retirée. Une troisième a été retirée après que ses prédictions se sont révélées fausses. L'OMS a commandé sa propre méta-analyse dans le *Lancet*, mais cette étude n'a porté que sur les masques dits FFP2 (*filtering facepiece*) et uniquement dans les hôpitaux. En revanche, de très nombreuses études scientifiques ont montré

1. Le 17 mars, Mme Ndiaye déclarait : « Les Français ne pourront pas acheter de masque dans les pharmacies parce que ce n'est pas nécessaire quand on n'est pas malade. » Le 20 mars, sur RMC, elle expliquait qu'elle ne porterait pas de masque parce qu'elle ne savait pas s'en servir : « L'utilisation d'un masque ce sont des gestes techniques précis, sinon on se gratte le nez sous le masque, et bien en fait on a du virus sur les mains, sinon on a une utilisation qui n'est pas bonne et ça peut être même contre-productif. »

2. https://swprs.org/face-masks-and-covid-the-evidence

3. Xiao, J., Shiu, E., Gao, H., Wong, J. Y., Fong, M. W., Ryu, S...Cowling, B. J. (2020). Nonpharmaceutical Measures for Pandemic Influenza in Nonhealthcare Settings-Personal Protective and Environmental Measures. Emerging Infectious Diseases, 26(5), 967-975.

que les masques n'ont aucun effet sur la propagation des virus respiratoires.

Les conditions dans lesquelles sont portés les masques pendant de longues périodes sont potentiellement néfastes pour la santé étant donné que leur contrôle, notamment du point de vue hygiénique, est très problématique. Imaginer pouvoir contrôler le remplacement régulier de tous les masques semble très difficile. Là encore des études sérieuses l'ont montré.[1].

Compréhension paradoxale de l'usage du masque chirurgical

L'obligation de porter un masque est donc intervenue dès qu'ils ont été vraiment disponibles, dans le courant du mois d'août 2020. Sans entrer dans les détails techniques, les spécifications de ces masques étaient censées au moins éviter les projections de gouttelettes et autres postillons pouvant éventuellement contenir des virus. Quelques personnes particulièrement averties portent des masques de type FFP2 mais ils sont minoritaires. Dans l'immense majorité des cas, les masques couramment portés à l'occasion de l'épidémie de Covid sont des masques chirurgicaux.

Comme son nom l'indique, le masque chirurgical est normalement porté par les professionnels de santé intervenant au moment d'une opération chirurgicale. En général, un chirurgien ne porte pas de masque en permanence : par exemple lorsqu'il consulte avant une opération, il ne porte pas de masque. En revanche, le chirurgien porte un masque lorsque le patient est allongé sur la table d'opération et qu'il pratique une ouverture. Le corps du patient étant ouvert, il n'est plus protégé par son enveloppe. C'est dans ce cadre que le masque chirurgical intervient. Il empêche ce

1. Kisielinski K., *et al.*, Is a Mask That Covers the Mouth and Nose Free from Undesirable Side Effects in Everyday Use and Free of Potential Hazards?, Int J Environ Res Public Health. 202.

corps ouvert de recevoir d'éventuelles projections de gouttelettes venant de la respiration du chirurgien ou de ses collaborateurs. Le masque fait fonction de barrière aux projections sortantes pour protéger le patient mais en aucun cas ne protège leurs porteurs. Le chirurgien protège le patient mais ne se protège pas du patient. Pour une telle situation, il faudrait utiliser un autre type de masque, les masques FFP2 dont le filtrage est bidirectionnel.

L'idée radicale de nos autorités, faire porter des masques à tout le monde de façon à ce que les éventuels virus contenus dans les expectorations soient retenus à l'intérieur de ces fameux masques chirurgicaux est sous-tendue par l'idée illusoire d'une protection collective supportée par une contrainte sur l'ensemble des individus. Illusoire car il suffit qu'un seul masque soit mal porté par un seul individu pour qu'un groupe complet ne soit plus protégé. Ainsi, il s'agit de protéger son entourage et non de se protéger soi-même. Or, dans la confusion des informations sur cette épidémie, la plupart des gens sont persuadés qu'ils se protègent individuellement en le portant ce qui est contraire aux principes même de ce port de masque. Mais ce n'est pas grave, car le simple fait de croire en cette protection symbolique est suffisant pour que chaque individu se sente en sécurité en le portant. Ce qui est évidemment stupide, car cela n'a rien à voir avec la réalité du mécanisme que je viens d'expliquer. Il s'agit donc bien d'un port symbolique et non d'un port efficient.

Le masque a évidemment d'autres fonctions symboliques indirectes. Un masque, lorsqu'il est porté forme une sorte de bâillon qui empêche de parler. En fait, c'est une barrière à l'expression, à la communication et à l'échange de paroles, donc d'idées. C'est une barrière pour mettre en œuvre une distanciation sociale au cœur de la sociabilité. En effet, même si la parole se trouve altérée par ce bâillon qu'est le masque, elle est tout de même possible. En revanche, nombre d'autres signes corporels, tels que les expressions du visage, sont, au sens propre, masqués. Ces expressions sont une partie intégrante de la communication : les sourires ont disparu, les moues d'appréciation ou de réprobation aussi. De toute évidence, la communication a été perturbée par le port du masque. Ainsi, nous avons tous vécu la surprise de découvrir le visage complet d'une personne que nous ne connaissions pas avant la crise. Lorsque par hasard cette personne enlevait son masque pour la première fois devant nous, c'était comme un mystère qui se dévoilait, avec une sorte d'indécence étrange, une nouvelle nudité, une forme de pudeur anachronique s'étant insinuée en nous de manière inconsciente.

Au-delà de cette remarque, c'est aussi l'uniformisation qui s'est imposée. L'identification des personnes est moins facile avec un masque. Les éléments de reconnaissance sont moins nombreux et la différenciation entre les individus est moins nette. En revanche, si le masque uniformise, il sert aussi de signal d'un danger permanent comme nous le verrons plus loin.

Ceux qui pâtissent le plus du port du masque obligatoire, ce sont assurément les enfants. Nombre de médecins et de pédagogues ont averti sur l'effet néfaste du port du masque, pour l'acquisition du langage et donc des connaissances. Je passe évidemment sur un très grand nombre d'autres effets néfastes concernant le port du masque par les enfants car il faudrait un chapitre complet pour cela et ce n'est pas mon propos ici. Sous son aspect anodin, le port du masque a un effet désastreux. Il était inutile d'un point de vue épidémique, mais il est loin d'être innocent pour bien d'autres aspects.

Petites techniques de manipulation de base

En général, personne n'est réellement motivée pour accomplir une action s'il n'en voit pas l'intérêt ou s'il n'en tire aucun avantage et encore moins s'il doit se soumettre à une injonction. Être en mesure de faire exécuter par quelqu'un une action à laquelle il n'avait pas pensé ou plus encore qu'il n'avait pas envie d'exécuter, c'est une définition possible du pouvoir. Autrement dit, de manière schématique, le pouvoir est en quelque sorte la capacité de faire mener une action à quelqu'un qui *a priori* ne l'avait pas décidé par lui-même ou même n'en avait aucune intention.

Les techniques d'influence permettent d'aboutir à de tels résultats. Un article de vulgarisation dans « *La Recherche* » à la fin des années 80, m'avait incité à acheter le livre de Joule et Beauvois « Petit traité de manipulation à l'usage des honnêtes gens »[1]. Il s'agissait d'un manuel sérieux écrit sur un ton léger qui exposait quelques méthodes classiques d'influence notamment utilisées dans les domaines commerciaux, marketing, vente, mais qui pouvaient être appliquées à de nombreux autres domaines et qui permettaient d'influencer ses congénères lorsque cela était nécessaire, comme réussir à déclencher un intérêt chez ceux qui n'en éprouvaient pas : « mettez un masque, c'est bon pour votre santé et surtout celle des autres ».

L'autre grande leçon de ce type de manipulation est illustrée par la technique dite « *du pied dans la porte* », une technique utilisée par les représentants de commerce dans les années 60 qui, une fois que la porte d'entrée d'un appartement était ouverte, se débrouillaient pour qu'elle ne se referme pas trop rapidement en mettant un « pied dans la porte ». Sous cette dénomination très imagée sont regroupées d'autres techniques qui consistent simplement à faire accepter au moins une fois quelque chose qui va à l'encontre de notre volonté, en l'occurrence que la porte d'entrée reste ouverte. L'idée étant que lorsque vous avez accepté au moins une fois quelque chose, il vous est très difficile de ne pas accepter une deuxième proposition. Pire encore, lorsque vous avez accepté

1. Joule R.V., Beauvois J.-L., *Petit traité de manipulation à l'usage des honnêtes gens*, PUG « vie sociales », 1989.

quelque chose, même sans raison apparente, il vous est difficile de remettre en question cette acceptation. Il est difficile de dire : « *Non, je n'en veux plus* », surtout à quelqu'un qui se présente comme voulant votre bien, vous protéger à tout prix d'un mal, « *quoiqu'il en coûte* ». Il est beaucoup plus confortable de capituler et de dire : « *Finalement, ce n'est pas grand-chose, OK, j'accepte...* ». À partir du moment où vous avez accepté une première fois sur un point mineur, la porte reste ouverte, le processus d'acceptation est enclenché. Il est alors possible de faire accepter d'autres objets plus intrusifs, qui auraient été refusés d'emblée, s'ils avaient été présentés de but en blanc.

Pour une grande majorité de la population, même si un doute persistait quant à son efficacité, porter un masque était acceptable étant donné que la contrainte était relativement faible au regard du danger, car justement cette mesure n'était pas excessive. En acceptant cette contrainte, les individus ont laissé « la porte ouverte » à d'autres mesures plus contraignantes. Le processus était enclenché par ce premier acte d'acceptation qui devint donc une forme de soumission.

Ainsi, sous son aspect anodin, toute une population a accepté de porter le masque, lequel est très vite devenu obligatoire pour de très nombreux mois. Dès lors, ce masque renvoyait à tous l'image de notre acceptation individuelle et la confirmation permanente de cette soumission.

Le port du masque, s'il est très probablement utile dans le milieu hospitalier notamment pour les professionnels de santé, ne peut en aucun cas voir confirmer son efficacité dans le cadre détourné pour lequel il a été mis en place lors du Covid. Volontairement ou pas, le masque a donc contribué à l'anxiété générale en tant que signalétique. Il a été le marqueur visible de la permanence d'un danger invisible. Il a donc revêtu la fonction symbole de l'omniprésence du mal. Même si je ne retiens pas l'hypothèse de la préméditation sur la mise en place de telles techniques, il n'en est pas moins vrai que l'acceptation du masque est notre première acceptation réelle d'une mesure inefficace pour la santé mais parfaitement efficace pour l'assujettissement.

Ils ne peuvent pas dire qu'on ne le leur a pas dit

Pendant toute cette période, certains chercheurs, dont je suis, se sont employés à donner des explications claires et précises sur la réalité de la situation. Toutes les explications que je développe ici ont été données au tout début de l'épidémie. Tout a été écrit, publié et référencé. Une fois de plus, ils ne pourront pas dire qu'ils ne savaient pas.

La fausse théorie de la vague

Dès lors que l'épidémie a entamé une nette décrue à partir de la mi-avril 2020, les interventions télévisées du Directeur Général de la Santé se sont estompées et nous n'avons plus entendu parler de ces indicateurs mortifères. Il faut dire que les chiffres finissaient par mettre en lumière à quel point les autorités sanitaires se trompaient. Nous l'avons un peu oublié, mais ces autorités nous prédisaient une deuxième vague dès le déconfinement avec le spectre d'une nouvelle grande peur du redémarrage une semaine seulement après le déconfinement. Un certain « Monsieur déconfinement » était à la manœuvre, il était aussi surnommé « Monsieur Couteau Suisse du Gouvernement » avant même d'être nommé premier ministre du même gouvernement. Depuis, ce Jean Castex est poursuivi par cette métaphore du « Second Couteau des Basses-Œuvres du Gouvernement », dans laquelle, du reste, il semble se complaire.

« Storytelling » de la vague

Pour placer les individus en état de suggestibilité, le ressort le plus efficace est de répandre la peur. Par exemple, en relançant à périodes régulières le concept de vagues censées nous submerger. Sur la base d'une perception erronée mais pourtant intuitivement compréhensible par le plus grand nombre parce que vécue dans d'autres contextes, nous avons assisté à l'invention par des scientifiques renommés de la théorie de la vague en lien direct avec la théorie du confinement. Mais cette théorie n'a pas été validée par les faits. Qu'à cela ne tienne, le concept de vague a été recyclé à l'occasion de la généralisation des tests qui ont généré artificiellement les fameuses vagues. Ensuite, c'est la récurrence de ces fameuses vagues qui a permis de justifier des mesures disproportionnées et contraignantes : masques, fermeture des écoles et des universités, limitation des déplacements, interdiction des réunions, fermeture des lieux de sociabilité, confinement, couvre-feu, vaccination des adultes, des enfants et des femmes enceintes, passe sanitaire, passe vaccinal. La vraie catastrophe n'est pas l'épidémie mais sa gestion calamiteuse.

La suite non vérifiée de la théorie du confinement

La reprise immédiate de l'épidémie faisait partie de la théorie du confinement. En effet, je rappelle que certains épidémiologistes prévoyaient un redémarrage dès que le confinement cesserait. Au moins, la théorie était logique. Sauf que l'épidémie n'est pas repartie comme c'était prévu. Les chiffres nous disaient même exactement le contraire. Ainsi, cette magnifique théorie s'autodétruisait car si elle se démentait pour certaines de ces prédictions, comment ne pas douter de l'ensemble de ces prédictions, à savoir, par exemple, les 500 000 morts qui ont justifié la mise en place du premier confinement en mars 2020, puis les 400 000 morts qui ont justifié la mise en place du deuxième confinement à partir d'octobre 2020, lequel s'est poursuivi en couvre-feu jusqu'en juin 2021 ?

Les origines et la diffusion du concept de « vague » du Covid

Dès le 14 février 2020, alors que l'épidémie n'était même pas encore arrivée officiellement en France, une lettre publiée dans le *Lancet* indiquait déjà la possibilité d'une deuxième vague. Cette lettre était signée du Professeur Antoine Flahault. Une telle prédiction me rappelait de très mauvais souvenir et c'est en partie la lecture de cette lettre qui a participé à ma décision de me lancer dans la réflexion sur le Covid pour la publication de ma première analyse.

Pourquoi ? Parce que d'une part, je connais bien les réactions réflexes d'Antoine Flahault. En effet, en 1995, après une incursion dans l'industrie pharmaceutique, il est revenu dans l'équipe du Réseau Sentinelles où j'étais arrivé trois ans plus tôt. Nous avons collaboré pendant plus de dix ans. Je l'apprécie et je n'ai pas de problème personnel avec lui, au contraire. Mais il est l'un des chefs de file en France des « catastrophistes ». Comme un autre « catastrophiste international », Neil Ferguson, il est l'un de ces chercheurs qui depuis de nombreuses années prédit toujours l'imminence de la prochaine pandémie et brandit dès que l'occasion lui en est donnée le spectre de la grippe espagnole et cela au moindre sursaut d'un banal virus. Il le fait de manière très intelligente, maniant avec brio le conditionnel et l'ambiguïté, se laissant quelle que soit l'issue de ses prédictions une porte de sortie honorable. Nous verrons le rôle qu'il a joué lors de l'épidémie du H1N1, dans le chapitre consacré à l'enquête parlementaire sur le rôle des firmes pharmaceutiques dans la gestion par le Gouvernement de la grippe A. Antoine Flahault est encore aujourd'hui très influent. Nous avons été soumis lors de l'épidémie de Covid aux conséquences de ses propos alarmistes.

Il avait prédit l'existence de vagues à laquelle je me suis fortement opposée et les faits m'ont donné raison comme je vais le montrer. Nous nous sommes retrouvés à deux reprises face à face sur des plateaux de télévision en 2020 lors de cette épidémie de Covid.

La deuxième origine de l'idée de vagues vient des fameux « modélisateurs » du genre de ceux de l'Imperial College of London (Neil Ferguson) et leurs équivalents français (comme le biomathématicien Simon Cauchemez qui est membre du Conseil scientifique Covid). Ce sont les mêmes qui : 1) ont prédit 500 000 morts en France ; 2) ont poussé par des prédictions cataclysmiques à la mesure absurde du confinement dont les conséquences sont infiniment pires que le mal qu'elle était censée combattre ; 3) continuent à œuvrer pour maintenir des mesures toutes plus inefficaces les unes que les autres ; 4) ont calculé et publié dans des revues prestigieuses (Science, Nature) que le taux d'immunisation était très faible et qu'il fallait donc s'attendre à des vagues encore plus importantes si on ne maintenait pas des mesures de restriction des contacts toujours plus sévères ; ces publications font désormais l'objet de procédures de retrait, mais aussi de procédures judiciaires ; malheureusement, il est trop tard, le mal est fait, et ce sont ces publications sur lesquelles les autorités se sont appuyées pour mettre en place leurs mesures ; 5) fournissent toujours les modes de calcul du fameux R0 qui sert de base aux calculs des indicateurs pour, par exemple, placer les départements en zone rouge, induisant les mesures liberticides que l'on connaît.

Sur la base de leurs calculs approximatifs, ils prédisaient avant même la mise en place du confinement la récurrence obligatoire de vagues épidémiques successives dès que l'on relâcherait le confinement. Or rien de ce qu'ils ont prévu ne s'est produit. Cette deuxième vague n'est jamais arrivée. Aujourd'hui, à force de matraquage médiatique avec force « indicateurs », tout le monde ou presque est persuadé que les deuxième, troisième, quatrième, cinquième vague se sont vraiment produites mais c'est une interprétation totalement abusive dont je vais reparler.

Innovation sémantique de la vague

Les épidémiologistes parlent en général de « phase épidémique », « épisode épidémique » ou simplement « d'épidémie ». La notion de « vague » en épidémiologie[1] est vaguement utilisée. Je l'ai retrouvée dans quelques écrits anciens, mais cette évocation reste très rare. C'est encore une innovation sémantique de la crise liée au Covid avec ses déclinaisons maritimes, une métaphore qui a été filée plus tard avec le terme de « tsunami »[2] pour la rendre encore plus anxiogène ou encore de « montée des eaux »[3] à la manière d'une marée lente et inexorable. Les mots ont un sens et distordre ce sens n'est pas dénué d'intentions.

Pas de vagues ? que s'est-il passé alors ?

Comme nous venons de le voir, très tôt, avant même la mise en place du confinement et sur la base de calculs approximatifs, des experts « alarmistes » ont avancé l'idée qu'il y aurait d'autres « vagues épidémiques ». Ils prédisaient la récurrence obligatoire de vagues épidémiques successives dès que l'on relâcherait le confinement[4,5]. Il s'agissait selon eux d'un effet consubstantiel

---

1. Flahault A., 2020 Has China faced only a herald wave of Sars-Cov-2? The Lancet 395 947.

2. "Vous êtes prévenus qu'un tsunami arrive" : le Pr Annane appelle à des mesures plus strictes LCI.

3. Castex Jean, 2020, Covid : Jean Castex observe une « montée des eaux préoccupante », LCI.

4. Flaxman S., Mishra S., Gandy A. *et al.*, Ferguson N. and Bhatt S., 2020 Report 13: Estimating the number of infections and the impact of non-pharmaceutical interventions on COVID in 11 European countries.

5. Ferguson N., Laydon D., Nedjati Gilani G., Imai N., Ainslie K., Baguelin M., Bhatia S., Boonyasiri A., Cucunuba Perez Z., Cuomo-Dannenburg G., Dighe A.,

à la mesure de confinement. Le confinement des populations, c'est-à-dire l'espoir vain et inédit de rompre les chaînes individuelles de transmissions du virus, était censé théoriquement arrêter sa circulation à un niveau collectif. Cette théorie simpliste est compréhensible par un enfant. C'est pourquoi, elle apparaît évidente et donc facilement acceptable mais elle ignore totalement la réalité des phénomènes complexes de la diffusion au sein des populations. En poussant le raisonnement, pour que l'épidémie s'arrête complètement, il faudrait théoriquement confiner tous les individus de l'humanité, sinon le virus trouve toujours des individus à infecter et donc circule toujours. Tant que le virus circule, le redémarrage de l'épidémie est inéluctable dès lors que le confinement est relâché. D'où l'idée de « vagues » successives selon le principe appelé « *stop and go* »[1].

Ce principe aurait normalement dû faire ré-émerger une épidémie immédiatement après le déconfinement. Mais la deuxième vague n'est pas arrivée après le déconfinement. En mai, en juin, en juillet, en août et même en septembre 2020, soit pendant quatre à cinq mois alors qu'en France, le brassage estival des vacances était à son maximum, que des manifestations monstres sans masque et sans distanciation sociale battaient leur plein, tout comme les fêtes de la musique ... Pas de deuxième vague ! Il a fallu attendre le début de l'automne pour qu'une nouvelle épidémie (et non pas une nouvelle vague) arrive. Y aurait-il eu une légère erreur théorique ?

Stopper la phase épidémique ne veut pas dire éradiquer le virus, le virus a continué à circuler mais de manière très faible comme dans toutes les épidémies.

Dorigatti I., Fu H., Gaythorpe K., Green W., Hamlet A., Hinsley W., Okell L., Van Elsland S., Thompson H., Verity R., Volz E., Wang H., Wang Y., Walker P., Walters C., Winskill P,. Whittaker C., Donnelly C., Riley S. and Ghani A., 2020, Report 9: Impact of non-pharmaceutical interventions (NPIs) to reduce COVID19 mortality and healthcare demand.

1. Flaxman S., *ibid.*

Les vagues épidémiques, ça existe?... Ou pas!

En effet, si l'arrêt du confinement n'a pas provoqué l'effet prévu par les scientifiques qui l'ont théorisé, à savoir l'émergence rapide d'une deuxième vague lors du relâchement de la population alors que le virus circulait toujours, comment de pas douter à juste titre, de l'effet escompté par la même théorie, du confinement lui-même?

Soumis à une telle théorie mécanistique et simpliste, les gouvernements ont adopté, dans la panique et en faisant preuve d'un panurgisme pitoyable, le principe du confinement, attendant toujours la prochaine vague pour confiner de nouveau la population[1]. Cette mesure soutenue par une campagne médiatique sans précédent a plongé les populations dans l'incertitude et l'anxiété[2].

Les épidémies modernes précédentes telles que H1N1, SRAS, MERS, ZIKA, pour lesquelles les mécanismes de peur généralisée avaient déjà été déployés (mais moins intensément que pour l'épidémie de Covid), n'ont pas fait de deuxième vague, aucun confinement n'avait été mis en œuvre à l'époque.

En revanche, il est avéré que de nombreuses maladies transmissibles génèrent des récurrences saisonnières, comme la plus connue d'entre elles, la grippe, mais aussi les bronchiolites, les gastro-entérites et pratiquement toutes les pathologies ORL de l'enfance, auxquelles il faut ajouter évidemment ce que nous appelons les maladies infantiles comme la rougeole, les oreillons,

1. Cosnard Denis, 2021, À Paris, « la troisième vague de Covid est là, mais il faut tout de même avancer », lemonde.fr.

2. 10 septembre 2020 « Covid: nous ne voulons plus être gouvernés par la peur » : la tribune de chercheurs et de médecins, leparisien.fr.

les varicelles. Mais ce mécanisme de ré-émergence régulière sous forme d'épisodes épidémiques n'a aucun rapport avec la récurrence de multiples « vagues épidémiques » explicitée plus haut. Ces vagues ont été théorisée par les promoteurs du confinement comme étant uniquement induite par le confinement généralisé de toute la population d'un pays, comme un contre-effet (un « effet secondaire » si j'ose dire) de la thérapeutique malheureuse mise en place sans aucune preuve qu'elle fonctionne, *« sans essai randomisé en double aveugle »*. Cette population a fait office de cobaye et l'a accepté, car l'autorité a présenté cette solution comme la seule possible (en attendant le « vaccin »), en utilisant la peur et la crédulité.

Donc la récurrence saisonnière de phases épidémiques existe évidemment. C'est probablement la raison pour laquelle une telle idée a été si facilement admise, car intuitivement, dans la conscience collective, cela existe quelque part. Mais la comparaison n'est pas applicable sans explications.

Le premier point à bien intégrer avant toute explication est qu'*a priori*, il est peu probable qu'un virus soit totalement éradiqué. À ma connaissance, seul le virus de la variole a disparu de la circulation dans les populations. Mais pour le cas général, les virus continuent à circuler de manière endémique, c'est-à-dire qu'il existe ce que l'on appelle des « réservoirs », à savoir des « hôtes » qui les portent sans pour autant développer une maladie, et ils vivent en symbiose avec leur porteur. Ces réservoirs peuvent être humains ou animaux. Le fait qu'il existe des porteurs sains n'implique pas nécessairement la réémergence d'une épidémie. Pour qu'une épidémie redémarre il faut des conditions particulières parmi lesquelles l'existence de personnes susceptibles de développer la maladie, soit qu'elles n'aient jamais rencontré le virus, soit qu'elles aient perdu l'immunité déjà acquise lors d'une phase épidémique précédente ou lors d'une vaccination. On sait que l'immunité vaccinale n'est pas toujours définitive, d'où les fameuses « piqures de rappel ». Dans tous ces cas, l'individu en question est redevenu « naïf » pour le virus ; il est donc susceptible d'être malade de nouveau par le même virus : c'est ce qui est appelé une « réinfection ». Ce cas de figure reste toutefois très rare. Il est dû là encore à un affaiblissement de la réponse immunitaire (autres maladies, thérapeutiques épuisant l'organisme, comportements à risque, mauvaise alimentation, sédentarité, grande vieillesse). Il s'agit de personnes à risque que l'on peut identifier.

La plupart des récurrences épidémiques s'expliquent par le fait que le même tableau clinique, par exemple celui de la grippe, peut être induit par des virus proches mais cependant différents. Ainsi, ce que l'on appelle « grippe » est en réalité un syndrome grippal qui peut être provoqué par de nombreux virus circulants parmi lesquels certains sont connus et donc intégrés dans la fabrication d'un vaccin et d'autres sont nouveaux. Ces derniers sont inconnus, donc impossibles à intégrer dans le « cocktail vaccinal », mais aussi inconnus du système immunitaire des individus qui n'a pas encore appris à lutter contre ces nouveaux virus. Dans tous ces cas, les individus sont naïfs pour ce virus, donc susceptibles d'être malades. Si ces individus sont nombreux, alors, sous certaines conditions (par exemple le froid en hiver associé au confinement), une phase épidémique peut se déclencher. C'est d'ailleurs l'une des raisons pour lesquelles, malgré l'existence d'un vaccin, les épidémies de grippe sont toujours présentes tous les hivers. Ce mécanisme est le même pour bien d'autres pathologies récurrentes comme les gastro-entérites. D'où l'idée de vagues épidémiques récurrentes. Au passage, cela remet très nettement en question l'éventuelle efficacité d'un vaccin mis au point rapidement contre le Covid. Mais c'est une autre histoire…

Pour résumer, en général, lors du passage d'une phase épidémique, si le mode de transmission est particulièrement efficace, alors un grand nombre de personnes sont exposées donc apprennent à lutter contre ce virus et ne sont plus « naïves » vis-à-vis de lui. Elles forment donc une barrière à sa diffusion. Cette option a été choisie par la Suède au printemps 2020 comme nous l'avons vu plus haut. Si le virus est très contagieux, une seule vague suffit à le bloquer.

Comprendre la notion de « vague épidémique » sans confusion est donc crucial, car toute la stratégie des mesures sanitaires mises en place ainsi que celle qui concerne ce que nous avons appelé le « gouvernement par la peur »[1] reposent essentiellement sur cette éventualité.

La machine de guerre du dévoiement des tests

Au tout début de l'observation des premiers cas de malades Covid en France, j'ai pris contact avec des médecins généralistes ou urgentistes, ceux qui ont été qualifiés de médecins « en première ligne ». En tant qu'épidémiologiste, j'avais besoin de ce que l'on appelle les « remontées de terrain ». Il était important pour moi d'interroger des médecins pour avoir leur appréciation de ce qu'ils voyaient dans leur pratique. Ils m'ont décrit la maladie, les signes, le tableau clinique. Ce tableau étant semblable à celui des syndromes grippaux, je leur ai donc demandé comment ils faisaient la différence pour diagnostiquer tel patient comme étant atteint du Covid et tout naturellement, je leur ai demandé s'ils utilisaient des tests. En effet, un test, *a priori*, sert à confirmer un diagnostic. À l'époque, évidemment ils n'en disposaient pas mais d'après leurs dires, ils étaient capables de faire la différence, car les personnes atteintes du Covid avait en majorité, un tableau clinique

1. Mucchielli L., 2020, *Covid: nous ne voulons plus être gouvernés par la peur*, Club de Mediapart, *ibid.*

moins « cogné » (c'est-à-dire moins grave) que dans le cas d'un syndrome grippal, sauf dans certains cas rares qui devaient être pris en charge par l'hôpital. Je garde en mémoire ces conversations d'une époque lointaine où il s'agissait d'un supposé « nouveau virus ». Ces échanges et les réponses qu'ils apportaient ont été largement confirmés par la suite, puis au bout d'un certain temps, plusieurs mois plus tard, complètement admis par tous les professionnels de santé dits « en première ligne ». Malheureusement, ce ne sont pas ces médecins-là, que nous avons entendus dans les médias. Nous avons eu les discours hyper alarmistes des médecins hospitaliers qui, eux, voyaient effectivement des cas très graves lesquels toutefois, si on les rapportait à la population ou si on les comparait à d'autres épisodes épidémiques, étaient en nombre très limité.

À mon sens, il est important de comprendre dans ce témoignage que les médecins ne disposaient pas de tests, qu'ils n'en avaient pas réellement besoin et qu'ils faisaient normalement ce qu'ils avaient toujours fait : soigner des gens malades.

En revanche, lorsque les tests ont été enfin disponibles en France et que nous n'en avions plus vraiment besoin, ils ont été quand même utilisés, mais de manière totalement dévoyée. Il ne s'agissait plus de les utiliser comme une confirmation de diagnostic sur un individu malade mais de généraliser leur utilisation gratuitement à toute personne qui le désirait, malade ou non. Nous comprenons ici que les tests ont servi à autre chose : paradoxalement, ils ont été utilisés comme un marqueur du suivi de la circulation du virus. C'est l'un des éléments majeurs de la confusion généralisée qui, par la suite, a permis de déclarer les fameuses vagues successives sans pour autant avoir une épidémie de malades ou une mortalité importante, comme c'eût été le cas lors d'une vraie « épidémie ».

De très nombreuses discutions ont eu lieu à la suite de la mise en place de la massification de l'usage des tests. Là encore, il faudrait des chapitres voire des livres pour en rendre compte et ce n'est pas mon propos. Je veux juste rappeler que de nombreuses polémiques ont été menées sur la validité de ce que l'on pouvait déduire avec des tests PCR qui n'ont pas été conçus pour diagnostiquer une maladie. En effet, le test Reverse-Transcriptase Polymerase Chain Reaction (RT-PCR) a été décrit dans les médias comme le « Gold Standard » pour le diagnostic de Covid alors que l'inventeur du procédé, lauréat du prix Nobel, n'a jamais eu l'intention de l'utiliser comme outil de diagnostic, et l'a déclaré publiquement. Les tests PCR sont considérés comme peu fiables dans ce cas de figure. Ils sont connus pour produire de nombreux résultats faussement positifs, en réagissant à du matériel ADN qui n'est pas spécifique au Sars-Cov-2. Ils sont exécutés en cycles. Le résultat dépend du nombre de cycles, un paramètre très important rarement donné. En décembre 2020, l'OMS a publié une note d'information sur le processus de PCR où elle demandait aux laboratoires de se méfier des valeurs CT élevées provoquant des faux positifs. Puis, en janvier 2021, l'OMS a publié une autre note de service, avertissant cette fois que les tests PCR positifs « asymptomatiques » devraient être re-testés en utilisant la même technologie ou une technologie différente car ils pourraient être à l'origine de faux positifs. Bref, je n'entrerai pas dans ce débat. Du point de vue de l'épidémiologie, comme je vais le montrer ultérieurement, la démonstration de l'aberration d'un tel usage des tests est éclatante.

Manipulation sémantique ou manipulation tout court ?

Qu'est-ce qu'un « cas » au juste ?

Au début de l'épidémie, ce que nous appelions « cas », c'étaient les individus hospitalisés pour une forme grave, ou ceux qui correspondaient au tableau clinique du Covid et qui étaient confirmés par la suite par un test PCR (lorsqu'ils ont été disponibles). Mais globalement, il y avait très peu de différence en termes d'effectifs entre ces différentes définitions. En revanche, plus tard, à partir du mois d'août 2020, quand les tests ont été accessibles et utilisés massivement en population générale, alors la notion de « cas » a été exclusivement celle donnée par un test positif indépendamment de la forme clinique de la maladie. En d'autres termes, il a été possible à partir d'août de mélanger sous le terme « cas » des individus hospitalisés pour une forme grave qui constituaient une ultra minorité, et des personnes peu symptomatiques, voire totalement asymptomatiques, qui, elles, représentaient l'écrasante majorité des tests positifs.

« Une épidémie sans malade, je ne sais pas ce que c'est ! ».

Tout le monde peut comprendre que grâce ou à cause de la généralisation des tests il a été possible de considérer comme un « cas » une personne « non-malade », d'où le côté complètement absurde de la situation lorsqu'on prend comme référence cette nouvelle définition pour mettre en place des mesures drastiques et extrêmement contraignantes pour l'ensemble de la population alors que la plupart de ces cas ne sont pas des malades et passeraient totalement inaperçus en l'absence de tests. Ainsi, la mise en place d'une nouvelle technologie a permis de mesurer un phénomène qui avait certes un lien avec l'épidémie, mais qui ne permettait de se prononcer sur la réalité de la gravité de cette épidémie. Pire encore, la mise en œuvre de cette technologie a eu un effet d'hyper-focalisation sur un danger qui n'est qu'une construction induite par une mauvaise interprétation.

Du point de vue de la rigueur scientifique, il n'est pas possible de considérer ces fameux « cas » comme significatifs d'une épidémie. Avec le Covid, nous avons donc assisté à la première épidémie presque sans malades puisqu'une immense majorité des cas confirmés étaient asymptomatiques. Il s'agit là d'une « innovation » majeure mais inique en termes de gestion de crise.

Il n'est donc pas possible de considérer ces fameux « cas » comme significatifs d'une épidémie, raison pour laquelle j'avais déclaré aux journalistes qui m'interrogeaient : « Une épidémie sans malade, je ne sais pas ce que c'est ! ».

V

Que s'est-il passé après la période de sidération ?

« C'était d'abord la maladie en général qui était devenue obscène, le phénomène s'était répandu en Occident dès les années 1950, d'abord dans les pays anglo-saxons ; toute maladie, en un sens, était maintenant une maladie honteuse, et les maladies mortelles étaient naturellement les plus honteuses de toutes. Quant à la mort elle était l'indécence suprême, on convint vite de la dissimuler autant que possible. »

Michel Houellebecq, *Anéantir* (2021)

Au début de l'été 2020, force est de constater que les choses se sont vraiment calmées. Bien sûr, des départements comme celui de la Mayenne sont restés sur la sellette au point que ses habitants étaient tous considérés comme des pestiférés et le département montré du doigt. C'est ainsi le seul à ne pas avoir eu la possibilité de recevoir des vacanciers pour se refaire économiquement pendant l'accalmie.

C'est alors qu'une nouvelle frénésie sanitaire totalement inutile a commencé : le testage généralisé et gratuit de toute la population. Dès lors, le seul indicateur valable aux yeux des autorités sanitaires a été le nombre de tests positifs. Certes, cela ne représentait pas grand-chose (en moyenne moins de 5 % des tests réalisés étaient positifs). Mais l'avantage était que, dans la mesure où le nombre de tests effectués était gigantesque, les nombres de test positifs même faibles en pourcentage constituaient des effectifs suffisamment importants pour prendre le relais des morts dans la communication anxiogène. Oubliés l'hospitalisation, le passage en réanimation et même les décès. Seul comptait désormais le nombre quotidien de nouveaux testés positifs qui, lui, a augmenté de façon exponentielle à partir du 15 août 2021.

Manque de chance, ce nombre a fini par plafonner lui aussi et n'augurait plus, comme certains l'espéraient, d'une vraie épidémie. Qu'à cela ne tienne, un nouvel indicateur a alors été bricolé : le « taux de positivité », qui, lui-ô miracle ! – a augmenté !

Un taux est beaucoup plus pratique car il est possible de jouer sur deux chiffres plutôt qu'un seul. Pour faire augmenter un taux, c'est soit le numérateur qui augmente, soit le dénominateur qui diminue. Ainsi, si le numérateur n'augmente plus, il suffit de baisser le dénominateur. C'est exactement ce qui a été fait à partir du 14 octobre 2020. En effet, beaucoup se sont plaints à juste titre qu'étant donné la gratuité des tests, des personnes se faisaient tester plusieurs fois et donc que les files d'attente étaient très longues, ce qui était contre-productif car les vrais malades, c'est-à-dire ceux qui avaient quelques signes (pas les hypocondriaques) devaient attendre longtemps pour obtenir leurs résultats, les laboratoires étant sur-encombrés. Alors, les autorités sanitaires ont eu cette idée géniale : on allait sélectionner les gens. À partir du 11 septembre 2020, on ciblera donc « les plus symptomatiques » en priorisant les personnes disposant d'une ordonnance médicale. Du coup, la petite proportion de personnes plus symptomatiques que les autres a augmenté dans l'échantillon global des personnes testées et, par voie de conséquence, le taux de positivité a augmenté, non pas parce qu'il y avait plus de virus en circulation, mais simplement parce que l'échantillon n'était plus représentatif de la même population.

Au final, ce subterfuge n'a même plus été nécessaire, car, quelques jours plus tard, un autre phénomène est venu amplifier le numérateur, et donc le taux de positivité n'a plus été utilisé. Nous sommes revenus naturellement au nombre de cas positifs, car des viroses automnales sont entrées en jeu et ont fait spontanément augmenter le nombre de personnes symptomatiques, lesquelles sont allées se faire tester dès l'apparition du moindre signe ORL (comme les rhumes). D'après ce que nous savons sur la sensibilité/spécificité des tests PCR, un très grand nombre de personnes testées positives le sont pour des virus qui partagent nombre d'acides nucléiques avec ceux du Sars-Cov2 d'où un facteur de confusion extrêmement important et une augmentation des tests positifs, bizarrement très peu suivie par celles des chiffres des hospitalisations et de la mortalité, ce qui était hautement contrariant.

Incidence des cas ou illusionnisme ?

La période qui commence à partir de l'été 2020 a été très riche en rebondissements. Pourtant, l'analyse sereine des faits nous montre que le virus a provoqué très peu de malades, qu'il n'a pas saturé les hôpitaux et à son passage, n'a occasionné qu'une faible surmortalité, uniquement chez les personnes âgées. Je détaillerai ces faits dans un chapitre ultérieur.

Du point de vue du scénario général, la deuxième période, que j'ai appelée « *période de terreur* » n'est pas fondamentalement différente de la première, qui fut la « *période de sidération* » dû à la surprise engendrée par la folle gestion de l'épidémie (près de deux mois cloîtré). Cette nouvelle période se distingue dans sa manière de n'être qu'une simple réplication de ce qui avait déjà été vécu une première fois, mais en moins prégnant. Cette deuxième période se distingue aussi par une autre innovation majeure, le

« vaccin », ou plutôt un produit pharmaceutique injectable fondé sur une technologie nouvelle censé faire office de stimulateur du système immunitaire. Nous verrons qu'il est loin d'avoir rempli la fonction pour laquelle il a été injecté à 90 % des adultes en France.

Du point de vue épidémique, cette période est marquée par une série de répliques, comme une sorte de variation sur un thème principal connu. En deux ans, le phénomène s'est reproduit quatre fois et rien ne peut laisser présager qu'une nouvelle version du processus ne réapparaîtra pas. Tout est possible ; c'est d'ailleurs le meilleur enseignement que nous pouvons déduire de cette crise. L'impensable peut arriver.

Dans le cas de l'épidémie de Covid depuis deux ans, il est possible de distinguer cinq phases. Elles sont visibles sur les données du Réseau Sentinelles (*cf.* figure 5). Ces 5 phases sont visibles sur les incidences observées par les médecins en « première ligne », celles des hospitalisations, celles des admissions en soins critiques, celles des décès pour cause Covid, celles des décès toutes causes confondues et aussi celles des tests. Nous montrerons que ce dernier indicateur est le moins fiable pour faire état de la réalité de l'épidémie. Pourtant, dans la mesure où il est celui qui donne les chiffres les plus grands, c'est évidemment celui-ci qui sera massivement utilisé par les autorités sanitaires pour informer la population. Apparemment, pour engager ladite la population à accepter ce que les mêmes autorités auraient déjà décidé, à savoir la vaccination générale. Je montrerai pourquoi utiliser un tel indicateur est une forme de malhonnêteté.

Toutes les évolutions de ces indicateurs sont temporellement homothétiques, c'est-à-dire qu'ils évoluent de la même manière au cours du temps, mais avec des amplitudes très différentes. La figure 8 illustre ce que j'exprime ici. Elle représente l'évolution de deux indicateurs (hospitalisations et admissions en soins critiques pour Covid). Les deux courbes sont superposables, elles évoluent de manière synchronisée, cependant les échelles pour chaque indicateur sont très différentes. Pour la courbe des hospitalisations, l'échelle montre un maximum à 32 hospitalisations hebdomadaires pour 100 000 habitants alors que pour l'autre courbe, l'échelle montre un maximum de 8 admissions en soins critiques hebdomadaires pour 100 000 habitants. Autrement dit, un quart des hospitalisations le sont pour des soins critiques. L'important ici est que cette proportion reste à peu près vraie à tout moment.

Globalement donc, il est possible de distinguer cinq répétitions du phénomène. Je vais montrer dans ce qui suit ce qui les distingue et ce qui permet de les rapprocher comme appartenant à une même phase.

Le pic d'une phase épidémique est un point singulier au sens où il n'apparaît qu'une seule fois par phase. Selon l'indicateur, les dates du pic ne sont pas exactement les mêmes. Le premier pic est celui des incidences de malades, suivi des incidences des hospitalisés puis de celles des décès. Chaque pic est séparé du suivant par une durée d'environ une semaine. Chaque phase épidémique est la période comprise entre le début d'une augmentation des incidences pour atteindre le pic et la fin de sa décroissante. Ce motif s'est répété cinq fois depuis mars 2020.

La figure 7 ci-dessous représente l'évolution des incidences vue par le Réseau Sentinelles entre mars 2020 et mars 2022. Elle montre cinq pics et donc cinq phases épidémiques. Pour ces cinq phases, le tableau sous la figure 7 reprend, les dates des pics, la valeur de l'incidence au pic et la valeur moyenne de l'incidence pendant cette période épidémique. Sur cette courbe, le premier pic et le cinquième sont les plus hauts avec respectivement 140 et 126 malades hebdomadaires pour 100 000 habitants. Les trois autres sont nettement moins élevés.

Ce n'est pas sur ces chiffres que les autorités sanitaires ont choisi de communiquer mais sur les incidences de « cas » autrement dit sur les personnes dont le test était positif quel que soit leur état, qu'il fût symptomatique ou pas. Je n'ai pas voulu (ou plutôt je n'ai pas pu) représenter la courbe des tests sur le même graphique que celui des malades car le graphique eût été illisible.

En effet, la valeur de l'incidence des tests positifs lors de la cinquième vague était tellement supérieure aux autres que plus aucune autre phase n'aurait été visible car totalement écrasée. Mon explication ci-dessus aurait perdu tout intérêt. En revanche, cette dernière remarque en dit long sur le fait que l'utilisation de cet indicateur est non pertinente. Le tableau de la figure 7 donne la valeur moyenne de l'incidence hebdomadaire de malades pendant chacune des cinq périodes épidémiques du Covid selon les données du Réseau Sentinelles et celles des médecins en « première ligne ». Hormis le cinquième épisode, ces deux réseaux donnent des valeurs relativement cohérentes. Il serait possible de donner une explication sur cette « incohérence » mais ce serait trop long et n'aurait aucun intérêt pour la démonstration. L'ordre de grandeur tourne en moyenne autour de 40 malades hebdomadaires pour 100 000 habitants pendant les phases épidémiques et varie relativement peu autour de cette moyenne. La représentation sur une ligne temporelle met justement en évidence les variations selon les périodes épidémiques. Pour les tests positifs, une telle courbe ne mettrait en évidence qu'un seul fait, l'extraordinaire différence entre les quatre premiers épisodes et le dernier sans pour autant que cela ait un quelconque sens d'un point de vue épidémique. En effet, ils étaient en nombre très faible (26 nouveaux cas positifs par semaine pour 100 000 habitants) lors du premier épisode (car en France, il n'y avait pas de tests) et excessivement élevé (1 545 nouveaux cas positifs par semaine pour 100 000 habitants) lors du cinquième car les tests ont été réalisé en masse alors que l'épidémie, en période hivernale, n'avait rien d'exceptionnel. Ainsi, lors du cinquième épisode du Covid, la valeur moyenne du nombre de cas positifs était 60 fois plus élevée que pour le premier et pour autant, le nombre de malades était équivalent pour ces deux périodes. Comment peut-on imaginer qu'il soit possible de se fier à l'indicateur « test positif » ?

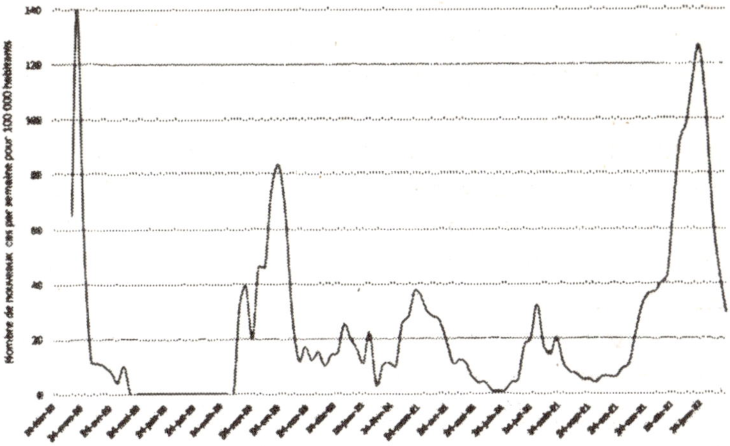

Phase épidémique	1	2	3	4	5
Dates des pics	23-mars-20	26-oct-20	22-mars-21	01-août-21	24-janv-22
Valeur de l'incidence au pic	140	83	37	32	126
Incidence hebdo moyenne malades réseau Sentinelles	38	45	27	19	63
Incidence hebdo moyenne malades autre réseau de médecins en première ligne	58	54	28	21	38
Incidence hebdo moyenne test positif	26	257	277	207	1 545
Facteur cas/malade	0,7	6	10	11	24

Fig. 5. : Évolution des incidences de malades du Covid

Lecture de la figure : Les courbes montrent l'évolutions des incidences hebdomadaires pour 100 000 habitants de malades du Covid sur les deux années de crise.

Source : Réseau Sentinelles.

Mise en forme Irsan (https://covid.Irsan.eu).

Impact de l'introduction des tests pour le suivi des phases épidémiques

Depuis toujours, une épidémie se caractérise essentiellement par le nombre de malades et de morts qu'elle provoque. Ainsi, ce que l'on appelle normalement « incidence » est le nombre de nouveaux **malades** en une semaine rapporté à la population, lequel permet d'évaluer la dynamique d'une épidémie de maladie transmissible à évolution rapide.

L'arrivée des tests et la massification de leur utilisation dévoyée à partir d'août 2020 a permis de redéfinir l'essence même de la définition classique de l'épidémie. Dans le cadre de l'épidémie de Covid, les estimations de l'incidence à destination du grand public ne se réfèrent plus aux nouveaux malades ou morts engendrés par le virus mais à des porteurs de virus qui, à plus de 80 %, ne sont pas malades et ne le seront jamais. De fait, le nombre de porteurs de virus est beaucoup plus important que le nombre de malades ou de morts. Il est donc fallacieux d'utiliser le même mot « incidence » pour représenter une réalité différente de la définition communément admise par les épidémiologistes, l'incidence d'une pathologie.

Comme nous l'avons souvent dit, l'incidence d'une pathologie est un outil élémentaire utilisé pour le suivi de toutes les épidémies sous surveillance. Pourquoi n'est-il pas appliqué pour l'événement épidémique du siècle ? Probablement parce que les incidences de la maladie Covid (et non des tests positifs) sont tellement faibles qu'elles ne peuvent être décemment invoquées pour justifier les mesures de contrôle qui apparaîtraient à l'évidence disproportionnées : confinements généralisés de la population, port du masque obligatoire dans la rue, taux de couverture vaccinale aberrant, passe sanitaire. Si l'incidence « classique » était utilisée, les populations n'auraient plus peur et n'accepteraient pas ces mesures considérées dès lors comme extravagantes.

Justement, quelles sont les valeurs de l'incidence du Covid ? En France, sur les 100 semaines de crise Covid, la plus forte incidence a été observée entre le 23 et le 29 mars 2020, au tout début de la crise (*cf.* figure 3). Lors de cette semaine paroxysmique, 140 nouveaux malades pour 100 000 habitants ont été estimés par le Réseau Sentinelles ; les autres sources de médecins généralistes de terrain, dits de premier recours, sont concordantes. Pour fixer les idées, 100 000 habitants, c'est environ la population d'une préfecture importante (Caen, Nancy, Avignon). À titre de comparaison, le même réseau de médecins estimait dans les mêmes conditions à plus de 600 malades de syndromes grippaux en une semaine pour 100 000 habitants en moyenne les pics épidémiques des années antérieures depuis 20 ans. Pourtant, connues depuis des siècles, les épidémies de grippe ont toujours été désignées comme des épidémies « banales » alors que le tableau clinique de la grippe est considéré comme touchant les individus plus durement que celui du Covid dans la plupart des cas comme l'avaient indiqués les médecins en première ligne (cf. supra). Depuis mars 2020, aucune autre semaine n'a montré une incidence du Covid supérieure.

Nous l'avons bien compris, les « cas » positifs à un test ne sont pas des « malades ». Si j'exclus le premier épisode (printemps 2020) car il n'y avait pratiquement pas de tests, nous remarquons que lors de l'épisode suivant, (octobre-novembre 2020), l'incidence hebdomadaire moyenne était de 45 malades pour 100 000 habitants (données Réseau Sentinelles) alors que l'incidence hebdomadaire moyenne des tests positifs était de 257 « cas » pour 100 000 habitants. Ainsi les « cas » sont environ six fois supérieurs aux malades. Lors du cinquième épisode de novembre 2021 à mars 2022, l'incidence hebdomadaire moyenne était de 63 malades pour 100 000 habitants alors que l'incidence hebdomadaire moyenne des tests positifs était de 1 545 « cas » pour 100 000 habitants. Ainsi les « cas » sont alors environ 24,5 fois supérieurs aux malades. Si une autorité veut convaincre que cette épidémie est dangereuse, il est plus avantageux de parler de « cas » que de malades. C'est exactement ce qui a été fait en France pour affoler la population et la convaincre de faire un nouveau rappel d'inoculation.

Fin février 2022, soit deux ans après le début de la crise Covid, environ 230 millions de tests ont été effectués en France pour une population de 67 millions d'habitants soit plus de 3 tests par personne en moyenne. Sans même discuter la fiabilité de ces tests (qui se pose pourtant lorsqu'ils sont trop sensibles et détectent donc des faux positifs), parmi tous ces tests pratiqués plus de 90 % était négatifs.

L'effectif de la population testée positive représente donc moins de 10 % et parmi ces positifs plus de 87 % ont moins de 60 ans ; c'est-à-dire que ce sont quasiment toutes des personnes qui ne sont pas à risque de faire une forme grave de la maladie. C'est à cette immense majorité de la population que l'on impose des mesures drastiques et liberticides tels que le port du masque à l'extérieur, le couvre-feu, le confinement, la vaccination, etc.

Ces séquences nous permettent au moins de savoir maintenant que 23 millions de tests ont été positifs. Certes il est probable que certaines personnes ont été testées plusieurs fois positives mais cela veut dire aussi qu'on peut désormais estimer sans trop se tromper qu'environ 30 % de la population a été contaminée donc naturellement immunisée contre ce virus. Ce qui est une bonne nouvelle car il sera maintenant de plus en plus difficile pour l'épidémie de se propager.

Une épidémie banale… Ah bon ?

Par rapport aux épidémies saisonnières habituelles, en nombre total de malades, l'épidémie de Covid s'apparente à une épidémie mineure qui aurait pu passer inaperçue si l'ensemble du dispositif de santé (médecins généralistes et hôpitaux) avait été normalement utilisé.

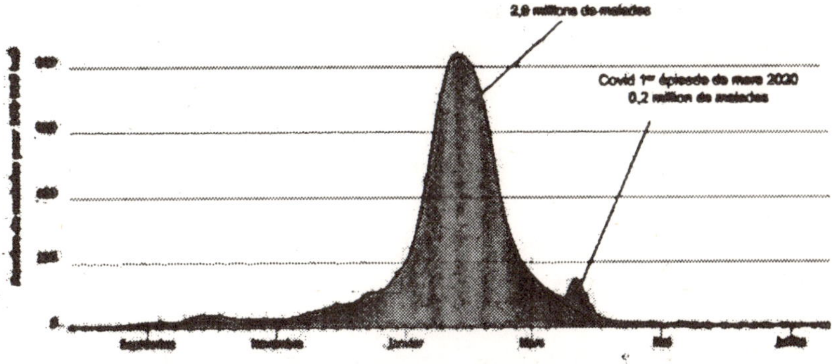

Fig. 6 : Incidences de malades de la grippe comparées à celles du Covid
Lecture de la figure : Les courbes montrent l'évolution des incidences hebdomadaires pour 100 000 habitants de malades de la grippe en 2014-2015 et celle du Covid au printemps 2020.
Source : Réseau Sentinelles.
Mise en forme : Irsan (https://covid.Irsan.eu).

Après deux années de crise, je donne ci-dessous quelques éléments de comparaison très simples pour avoir une idée rapide de ce que représente l'épidémie de Covid en France par rapport à celles de syndromes grippaux. Si on se réfère aux données du Réseau Sentinelles, la grippe produit en moyenne 2,6 millions de malades annuels. Sur la figure 6, l'épisode de 2014-15 particulièrement important a engendré 2,8 millions de malades. L e premier épisode de Covid au printemps 2020 en a produit 0,2 millions. Avec un recul de deux ans et des données issues de la même source, avec la même méthode, on obtient 0,8 million de malades du Covid par an en moyenne. Autrement dit, le Covid génère 3 fois moins de malades que la grippe. Ces chiffres sont équivalents à ceux calculés sur des données venant d'autres réseaux de surveillance. En termes de malades vus par des médecins de ville, je confirme bien que par rapport à d'autres épidémies, l'épidémie de Covid peut être perçue comme bégnine.

Ne disposant pas des données des hospitalisations pour grippe, il est difficile d'effectuer le même type de comparaison. Cependant, étant donné le matraquage médiatique invraisemblable subi par la population au sujet des saturations hospitalières, nous verrons plus loin, que l'impact des malades Covid a été aussi, contre toute attente, extrêmement faible sur la charge hospitalière.

Nous prenons conscience, après deux ans de crise, que les autorités de santé ont dramatisé au-delà de toute limite l'importance de l'épidémie. Nous le voyons aujourd'hui pour l'épidémie de Covid, mais c'était déjà le cas pour les épidémies de grippe. **Le choix des autorités de santé dans la gestion de l'épidémie de Covid a été la mise en place de mesures disproportionnées à tout point de vue, sacrifiant l'immense majorité de la population au lieu de protéger les individus vulnérables. Ce faisant, elles ont généré une crise extraordinaire alors qu'elles ne pouvaient pas ignorer que cette épidémie était ordinaire.**

La panique dans les hôpitaux : comme tous les ans !

En mars 2020, il a été signalé que les hôpitaux débordaient de patients, mais cela se produit à chaque saison de grippe. Protéger les systèmes de santé de l'effondrement et en premier lieu les hôpitaux a été le principal argument utilisé pour justifier la mesure de confinement et d'ailleurs par la suite toutes les autres mesures. La saturation des hôpitaux, des services de soins critiques, a donc été l'un des points centraux de l'argumentation du gouvernement.

Des reportages dramatiques sur les services hospitaliers débordés ont été diffusés, des trains TGV ont été spécialement préparés pour transférer les malades (et qui au final avec 10 trains médicalisés affrétés[1] et ces 202 malades en tout [sur les 110 000], s'avèrent être les véritables opérations de communications), des interventions tout aussi bouleversantes de chefs de service de réanimation étaient diffusés à flux tendu sur toutes les chaînes d'information et tous les plateaux de télévision. Il était d'ailleurs très étonnant de voir ces chefs de service de réanimation saturer les bulletins d'information avec leurs témoignages désespérés alors que leurs services étaient eux-mêmes censés être saturés. Leurs services étaient saturés, mais ils préféraient en discuter à la télévision avec des journalistes. Ce sont ces médecins, généralement des professeurs, qui nous faisaient une sorte de chantage en nous culpabilisant sur le fait qu'ils seraient obligés de choisir, entre les patients, ceux qu'ils pourraient soigner. Avec un sous-entendu très lourd : les autres, ils devraient les laisser à leur triste sort. Ce n'était plus un drame, c'était une tragédie. Mais eux étaient bizarrement sur des plateaux de télévision au lieu de s'occuper de trier. Pour l'anecdote, un jour, j'étais moi-même sur un plateau (France Info[2]) avec un de ces médecins (et non des moindres) en face de moi. Il s'agissait évidemment de parler de la saturation des hôpitaux parisiens. J'avais un peu préparé l'émission. Je connaissais les chiffres du service de mon interlocuteur. J'ai eu la surprise, en lui posant la question, de m'apercevoir en direct qu'il n'était au courant ni du nombre de lits dont il disposait ni

1. https://www.sncf.com/fr/groupe/newsroom/tgv-medicalise-250320

2. http://recherche.irsan.fr/fr/documentation/index/voir/142-06-oct-2020-COVID-FranceInfo-Toubiana-Philippe-Juvin

du taux d'occupation dans son propre service, et qu'en l'occurrence celui-ci était loin d'être saturé. Est-ce bien sérieux ?

Sur le moment, j'ai eu des remords car mon but n'était pas de le blesser mais simplement de montrer une extravagance sans commune mesure avec la réalité. Mais à la réflexion, ces personnes avaient des responsabilités.

Le ministre de la santé, toujours prêt pour un esclandre, avait lui aussi poussé un peu loin le *pathos* avec une petite crise d'autorité lors d'une intervention à l'Assemblée nationale devant un auditoire médusé à la suite de sa visite d'un hôpital – les hôpitaux ont donc été l'objet des toutes les attentions – d'autant plus saturé que les médecins généralistes avaient été mis sur la touche et ne pouvaient, au début de l'épidémie, intervenir sur cette pathologie.

Les modélisateurs nous avaient démontré que le confinement était la seule solution et qu'il empêcherait une augmentation rapide des cas. Le ministre de la Santé, toujours très pédagogue, nous avait montré doctement avec un graphique, comment le confinement allait produire « l'aplatissement de la courbe épidémique ». Vraiment magnifique ! Sauf que la plupart des systèmes de santé n'ont jamais été sur le point de s'effondrer, comme nous allons le montrer. En réalité, certains services ont été saturés mais, en concentrant la communication justement sur ses services où le problème était aiguë, on a crée un phénomène de focalisaton, totalement trompeur. Cette manière d'informer par de la communication sensationnelle, s'apparente finalement à de la désinformation. Laisser croire que ce qui se passe dans un lieu limité dans l'espace et limité dans le temps est généralisable à tout le territoire français, c'est absolument faux et trompeur. Certains très rares services hospitaliers ont pu être saturés à un moment donné comme c'est le cas tous les ans en période hivernale. Mais à quelques kilomètres à peine de ces services se trouvaient des hôpitaux privés qui offraient leurs services et des lits mais ils sont restés absolument vides. Des médecins et autres personnels de santé hospitaliers sont restés au chômage technique en pleine épidémie mais les médias se sont bien gardé de faire des reportages et relayer cette information pourtant importante. Les témoignages étaient pourtant nombreux. Il s'agit là d'un véritable scandale qui est visible dans les statistiques d'activité particulièrement faible pour le Covid au niveau France entière comme au niveau régional et que nous avons étudié dans le chapitre suivant.

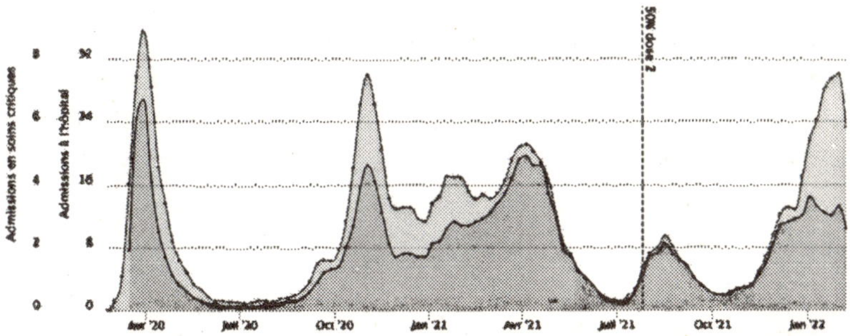

Fig. 7 : Évolution des hospitalisations et des admissions en soins critiques pour Covid
Lecture de la figure : Évolution du taux d'incidence hebdomadaire pour 100 000 habitants des hospitalisations pour Covid (courbe claire, échelle de droite de 0 à 32) comparée à celles des admissions en soins critiques (courbe foncée, échelle de 0 à 8) (noir) et depuis le début de l'épidémie pendant deux ans.
Source : Santé Publique France (https://geodes.santepubliquefrance.fr).
Mise en forme : Irsan (https://covid.Irsan.eu).

Les hôpitaux n'ont pas été surchargés

Pour cette analyse, je tiens à remercier Pierre Chaillot avec lequel nous avons de longues conversations au sujet de cette épidémie de Covid. Je le cite ici en reprenant dans une nouvelle rédaction, certains des nombreux résultats[1] qu'il a présentés lors

1. Pierre Chaillot donne accès à l'ensemble des données et des méthodes qu'il utilise pour obtenir à l'ensemble de son travail sur l'épidémie.

Tout est accessible à cette adresse : https://github.com/decoderleco/deces_europe

d'une conférence en février 2022 devant des sénateurs, à laquelle je participais.

Nous nous en doutions. À partir de données statistiques disponibles en ligne et au moyen de méthodes très élémentaires, il était possible de se rendre compte que les services hospitaliers ne pouvaient être saturés. N'importe quel journaliste un peu sérieux pouvait refaire facilement ces calculs lorsque je les leur ai montrés à chaque fois qu'ils m'interrogeaient sur le sujet.

Le 9 novembre 2021, la confirmation officielle de la faible de l'activité hospitalière consacrée au Covid, a été rendue publique[1] quand l'Agence Technique de l'Information sur l'Hospitalisation (ATIH) a publié un rapport d'analyse sur l'impact du Covid sur les hospitalisations durant l'année 2020[2]. Ce rapport a notamment confirmé que durant l'année 2020, les hospitalisations pour cause de Covid n'ont finalement représenté que 2 % de l'activité hospitalière sur l'année. La presse s'est bien évidemment empressée d'enterrer les résultats de ce rapport avec une armada de « fact-checkers » détricotant et étouffant les faits avec des détails, comme d'habitude, pour éteindre cet incendie qui menaçait de brûler le récit officiel[3]. En réalité, l'ATIH, qui dépend de la Haute Autorité de Santé (HAS), a produit un énorme et important travail. Il existe un deuxième rapport concernant l'activité totale des hospitalisations en 2020[4] assorti de fiches synthétiques qui permettent de mesurer l'activité hospitalière mois par mois et de la comparer à l'activité liée au Covid[5].

1. https://www.youtube.com/watch?v=_d7dojrOa98

2. https://www.atih.sante.fr/sites/default/files/public/content/4144/aah_2020_analyse_covid.pdf

3. https://www.liberation.fr/checknews/est-il-vrai-que-les-patients-covid-nont-represente-que-2-du-total-des-hospitalisations-en-france-en-2020-20211111_BEEG2I2RTRAX7O3Q5LD2D33J4I/

4. https://www.atih.sante.fr/sites/default/files/public/content/4144/aah_2020_analyse_mco.pdf

5. https://www.scansante.fr/applications/analyse-activite-nationale

En plus de montrer que le Covid a finalement peu pesé sur l'activité hospitalière durant l'année, il convient de rappeler que l'activité hospitalière n'a jamais été aussi faible que pendant cette année 2020. Toutes les déprogrammations ou les évictions de patients du fait de la politique de non prise en charge ont eu un effet déplorable sur l'organisation des soins[83]. Sur l'année, l'hôpital a accueilli 1,3 million de patients en moins. Ce qui représente 2,2 millions de séjours en moins. Cela correspond à un recul de plus de 10 %. C'est autant de personnes qui n'ont pas été prises en charge et soignées.

Non seulement cette étude sur l'activité Covid à l'hôpital est loin de ressembler à l'image médiatique qui a été construite, mais en plus, elle révèle que pendant l'année 2020, donc en pleine crise Covid pour lequel il avait été demandé à la population de sacrifier collectivement sa liberté en quelque sorte, l'hôpital français n'a jamais été autant sous-utilisé. Merci beaucoup, Messieurs les intervenants de plateaux de télévision dont certains ont été décorés de la Légion d'honneur pour « leurs bons et loyaux services »…

Hospitalisés pour Covid ou pour une autre cause ?

La première révélation de l'étude de l'ATIH est la confirmation qu'un nombre considérable de personnes hospitalisées pour Covid étaient en réalité hospitalisées pour une autre raison, mais avaient eu un test positif, donc avaient été comptabilisées comme malades du Covid. En effet, à la page 20 du rapport, dans la partie « Sources et Méthodes » on peut lire : « *La population d'étude est constituée des patients hospitalisés en 2020 pour une prise en charge de la Covid. […] Les hospitalisations de patients testés positifs à la Covid mais asymptomatiques ou dont le motif de recours à l'hospitalisation de court séjour n'était pas la Covid ne sont pas intégrées au champ d'analyse.* ». Ainsi, 60 000 hospitalisations, soit 20 % du total, soit

1 patient sur 5, sont indûment comptées comme hospitalisations pour Covid. Ces chiffres sont ceux officiellement donnés par Santé Publique France pour les hospitalisations Covid (*cf.* Géodes[1]).

Pendant cette année 2020, le nombre de décès de patients Covid par rapport aux autres patients est l'un des seuls chiffres qui augmente. Cependant, les personnes hospitalisées pour Covid sont les personnes âgées. Il paraît donc normal d'avoir plus de décès pour les hospitalisations Covid de patients de plus de 80 ans, que pour d'autres raisons qui sont susceptibles d'atteindre des personnes d'autres âges qui représentent l'écrasante majorité de la population.

L'hôpital est le principal lieu de décès des Français. Chaque année, plus de la moitié des décès français (donc plus de 300 000) ont lieu à l'hôpital[2]. C'est le signe que les personnes proches de la mort ne sont pas abandonnées mais au contraire sont prises en charge sérieusement jusqu'au bout. Une erreur d'analyse statistique évidente serait de penser que l'hôpital est un lieu dangereux car les gens y meurent beaucoup. L'autre erreur consiste à faire croire que le Covid est dangereux car on en meurt mais en oubliant que ceux qui en meurent sont essentiellement des personnes âgées donc dans l'âge où la probabilité de mourir est plus grande.

En dehors des décès que nous venons de voir, les seuls autres chiffres qui augmentent sont les durées d'hospitalisations. Inutile de revenir encore sur cette question épineuse, mais il est notoire que les patients Covid n'ont pas eu de soins précoces de la part de leur médecin. Ils sont arrivés à l'hôpital dans un état fortement dégradé et il est normal qu'ils y soient restés plus longtemps et

1. https://geodes.santepubliquefrance.fr/#c=indicator&i=covid_hospit_incid.incid_hosp&s=2021-11-16&t=a01&view=map2

2. https://www.insee.fr/fr/statistiques/4487988?sommaire=4487854

soient plus souvent décédés que pour une grippe (par exemple) prise en charge précocement. Cela ne prouve pas la dangerosité de la maladie, mais celle de la non prise en charge rapide des malades par le système de soins en première intention.

Les défenseurs de la version officielle et dramatique de l'épidémie de Covid rétorquent que les patients Covid sont restés plus longtemps que les autres patients (18 jours en moyenne contre 8 jours pour ceux hospitalisés pour grippe en 2019). Mais ils omettent de signaler que pour des raisons de protocole, les patients Covid ont été gardés à l'hôpital même lorsqu'ils n'étaient plus malades. Alors que la plupart du temps, il n'était plus nécessaire de les garder, ces prolongations indépendantes de l'état de santé du patient, augmentaient de fait, la durée des séjours.

En 2020, il convient de rappeler qu'au total le nombre de jours d'hospitalisation s'élève à 69 millions en France parmi lesquels seulement 2,5 millions de jours ont été utilisés pour des patients Covid. Les jours d'hospitalisation de patients Covid ont donc représenté 3,6 % des journées d'hospitalisation sur l'année. Il s'agit donc d'une activité mineure de l'hôpital. La part liée au Covid est deux fois plus importante pendant les « vagues » : les journées d'hospitalisations Covid ont représenté à ces moments extrêmes 7,5 % des journées d'hospitalisation totales. Ajoutons que le nombre de journées d'hospitalisations a chuté de 10 % par rapport à 2019. Il n'y a donc pas eu de saturation là non plus. Il y a eu presque trois fois plus de jours de soin non utilisés que de jours de soin consacrés au Covid. Là encore, en regardant le nombre de journée on ne conclut pas à une saturation de l'hôpital, mais au contraire à une grave sous-utilisation des services hospitaliers. Ces statistiques témoignent plutôt de l'abandon de soin lors de l'année 2020 à cause de la panique injustifiée liée au Covid. Ainsi, même en nombre de journées, le Covid n'a entraîné aucune saturation à aucun moment, nulle part.

Paradoxalement l'activité hospitalière est très faible pendant les épisodes Covid

Le nombre de séjours liés au Covid représente 1,3 % des séjours sur l'année, mais selon les mois cette part a pu varier entre 0 et 7,5 %. Ainsi, au plus fort de l'activité Covid, cette dernière n'a représenté que 7,5 % de l'activité hospitalière en avril 2020. C'est déjà peu, mais c'est encore à nuancer. En effet, les mesures de confinement et d'annulation du reste de l'activité ont drastiquement diminué l'activité hospitalière dans son ensemble à cette période. Ainsi, l'activité hospitalière d'avril 2020 est 50 % inférieure à l'activité normale comme en témoigne les courbes de 2018 et 2019 (*cf.* figure 9). Il convient donc de remarquer que 7,5 % de Covid dans un contexte où l'hôpital ne fonctionne qu'à moitié de son fonctionnement normal, signifie que l'activité Covid n'a représenté en réalité que 3,7 % d'une activité normale.

L'activité hospitalière faible quelle que soit la région

On observe que la région ayant la part d'hospitalisations Covid la plus forte est l'Ile-de-France avec 2,2 % d'hospitalisations Covid. Ainsi, même en faisant une analyse régionale, il est impossible de trouver une région qui a pu faire état d'une saturation à cause du Covid. En revanche, on note une correspondance quasi-parfaite entre la part de Covid déclarée et la sous-activité de l'hôpital. Plus l'hôpital a déclaré une part importante de Covid et plus son activité a en fait baissé en 2020. En 2020, la dramatisation a été poussée à outrance sur la base d'une minorité de services qui ont effectivement été saturé mais ce n'était que des exceptions. Une majorité de services se retrouvaient même au chômage technique faute de patient qui ne venaient plus, même pour leurs maladies chroniques qui nécessitaient des soins périodiques, uniquement par crainte d'y attraper une maladie décrite comme s'il s'agissait de la peste noire. Ce manque de soins a été fatal à un grand nombre de ces patients.

Les soins critiques : activité faible

Selon la gravité de l'état du patient, la prise en charge en soins critiques se décline graduellement par niveau de sévérité, en service de : I) soins continus, II) intensifs et III) de réanimation. Le dernier argument médiatique concernant l'hôpital est la saturation des services de soins critiques et parmi ceux-ci, des services de réanimation.

Les patients admis en soins critiques pour Covid ont représenté 5 % du total de la prise en charge dans ces services en 2020. Il s'agit donc là-aussi d'une activité faible dans un contexte de baisse globale de l'activité.

En effet, sur l'année 2020, comme pour les soins classiques, le nombre de séjours avec passage en soins critiques a baissé de 5,9 % par rapport à 2019. Du fait des déprogrammations et de la non prise en charge de patients, les soins critiques ont été sous utilisés. Là aussi, la désorganisation du soin a pénalisé les Français qui ont été moins soignés que les autres années. Ceci constitue un véritable scandale surtout quand on pense que la communication du gouvernement et des autorités sanitaires annonçait à longueur de journée, pour justifier leur politique, que nous étions au bord d'un « krach hospitalier ».

Les réanimations : une augmentation en trompe-l'œil

Le nombre de patients et de séjours en services de réanimation toutes causes (donc indépendamment des patient Covid) ont augmenté en 2020. En particulier, pendant les deux phases critiques de l'épidémie de Covid en 2020. Lors du mois de mars les séjours en réanimation ont augmenté de 9 % par rapport à

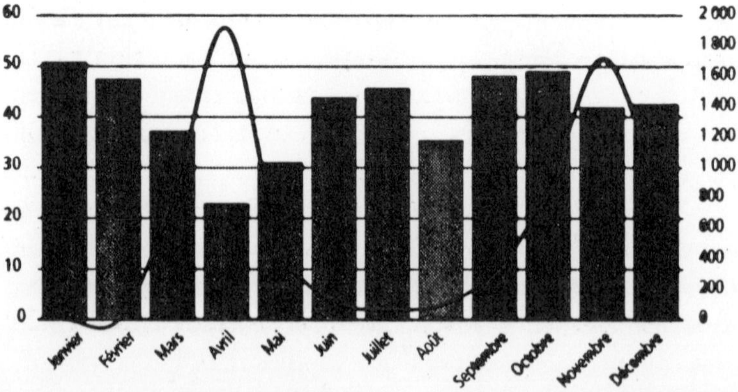

Fig. 8 : Évolution des séjours Covid par rapport aux séjours totaux à l'hôpital en 2020
Lecture de la figure : Évolution du nombre de séjours mensuel à l'hôpital pour Covid en 2020 (courbe, échelle de gauche de 0 à 60 à multiplier par 1 000) comparée à celles du nombre total mensuel des séjours à l'hôpital en 2020 (histogramme échelle de droite de 0 à 2 000 à multiplier par 1 000). Le mois d'avril a montré un minimum avec une baisse de son activité totale de 50 % alors que le nombre de séjour pour Covid avait atteint un maximum.
Source : ATIH : ScanSanté fiches de synthèse. https://www.scansante.fr/applications/analyse-activite-nationale
Mise en forme : Irsan.

2019 et lors du mois de novembre 2020, de 12 %. Mais sur toute l'année 2020, l'augmentation moyenne est de 2,9 % par rapport à 2019. Il s'agit donc autant sur l'année que sur les mois critiques de l'épidémie, d'une augmentation faible. Il faut prendre en considération que cette augmentation a lieu dans un contexte de déprogrammation et de non prise en charge massive, ce qui explique que lorsque les patients arrivent à l'hôpital, leur état est considérablement dégradé et nécessite un recourt aux services de réanimation indépendamment d'une éventuelle contamination par le Covid. Ainsi il est remarquable que le seul chiffre hospitalier qui ait augmenté est celui des séjours en services de réanimation toutes causes. Tous les autres chiffres ont baissé, y compris ceux qui concernent les autres soins critiques. Parmi l'ensemble des patients en réanimation, les patients Covid n'ont représenté que 11 %.

Une confusion a été entretenue médiatiquement entre le fait d'avoir une réelle saturation des capacités de réanimation et le fait d'avoir des chiffres de réanimation qui augmentent uniquement par le fait que des lits de soins continus ont été requalifiés en réanimation. Au bilan, il y a juste un jeu d'écriture entre les différents services de soins critiques. Cependant, l'utilisation réelle de ces lits n'a augmenté que de 10 %. Cela signifie nécessairement que les capacités ont été bien trop agrandies par rapport aux besoins réels et donc qu'une partie conséquente de ces lits est en fait restée vide !

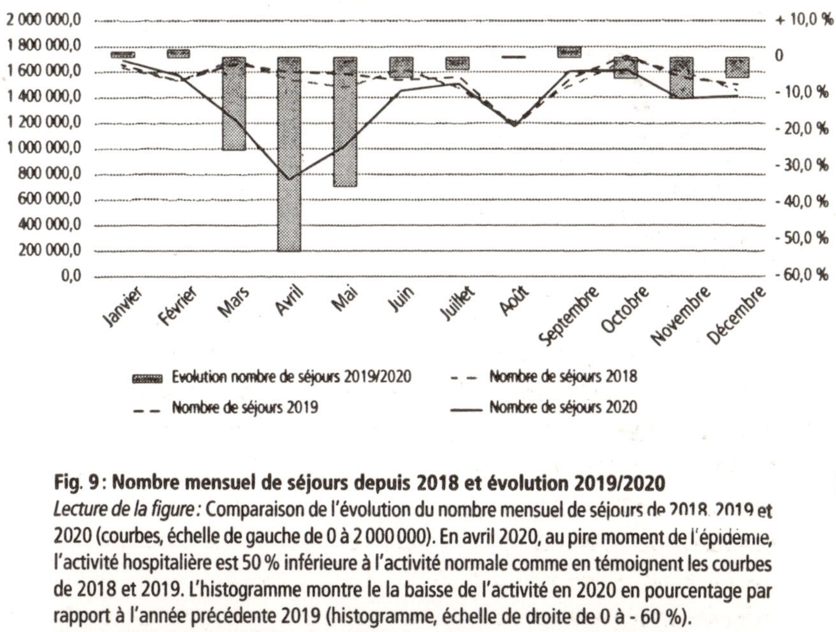

Fig. 9 : Nombre mensuel de séjours depuis 2018 et évolution 2019/2020
Lecture de la figure : Comparaison de l'évolution du nombre mensuel de séjours de 2018, 2019 et 2020 (courbes, échelle de gauche de 0 à 2 000 000). En avril 2020, au pire moment de l'épidémie, l'activité hospitalière est 50 % inférieure à l'activité normale comme en témoignent les courbes de 2018 et 2019. L'histogramme montre le la baisse de l'activité en 2020 en pourcentage par rapport à l'année précédente 2019 (histogramme, échelle de droite de 0 à - 60 %).
Source : ATIH : ScanSanté fiches de synthèse. https://www.scansante.fr/applications/analyse-activite-nationale

L'information dramatique diffusée dans les médias pour justifier les choix du gouvernement est absolument déconcertante par rapport à la réalité statistique de ce qui s'est réellement passé à l'hôpital. J'ai montré ici en me fondant sur le rapport de l'ATIH qu'il n'y a jamais eu d'impact du Covid suffisant pour faire déborder l'hôpital. À aucun moment l'hôpital en France (dans son ensemble) n'a débordé. Seuls quelques rares services ont été effectivement saturés mais cela a été exceptionnel pour autant ce sont sur ces services qu'une campagne de dramatisation a été menée. De plus, les service hospitaliers dans leur ensemble ont fonctionnés en sous-régime toute l'année et l'impact du Covid est insignifiant quel que soit le moment et le lieu en France.

VI

Interprétation d'un conditionnement de masse

> ***Les sociétés protégées d'un gouvernement tyrannique ne sont pas à l'abri de la tyrannie qu'elles exercent sur elles-mêmes à travers la force de l'opinion publique.***
>
> Timur Kuran, « *Private truth, public lies* », (1995)

La période de la « *terreur* »

Lorsque les autorités décident d'organiser des mesures sanitaires à grande échelle, elles ne peuvent ignorer la réalité de l'impact limité de l'épidémie. La « *période de la terreur* », coïncide avec l'introduction massive des tests RT-PCR, ce que j'appelle la « testomania », au motif de mettre en place une stratégie d'arrêt de l'épidémie sur la base du principe « tester, alerter, protéger ». Cette innovation n'est qu'un moyen, l'un des dispositifs majeurs pour une procédure d'influence de masse. Toutefois, il me semble difficile d'admettre l'idée selon laquelle une stratégie aurait été échafaudée avec une planification préétablie mettant en œuvre une procédure stricte et visant un objectif clair et précis de soumission totale de la population. La rigueur nécessaire dans le cadre si complexe des sociétés humaines m'apparaît difficile à atteindre. Je me trompe peut-être, mais n'ayant pas les moyens de le vérifier, je préfère opter plutôt pour l'hypothèse de l'auto-organisation et de l'opportunisme, laquelle peut *a posteriori* être formalisée de manière cohérente. En d'autres termes, je pencherais plutôt dans le sens d'une formule attribuée à Georges Clémenceau : « Quand les événements nous dépassent, feignons d'en être les organisateurs. » Je montrerai qu'il existe des grilles de lecture qui permettent de schématiser sous la forme de stratégie les étapes qui ont permis de faire accepter à large échelle ce qui *a priori* peut paraître totalement inacceptable. Mon propos n'est pas de montrer pourquoi une telle stratégie a été mise en place. J'ai toujours dit que la question profonde du « P*ourquoi* ? » n'était pas celle qui m'intéressait et je laisse cette question à d'autres. Mon propos est de relater quels mécanismes ont été à l'œuvre pour sa mise en place.

« *Convaincre* » l'opinion d'accepter l'inacceptable

La notion de domaine ou de fenêtre « d'acceptabilité » dans l'opinion publique (appelée fenêtre d'Overton) est l'ensemble des pratiques, des idées, des mœurs considérés comme normal dans une société humaine à une époque donnée. Ce champ d'acceptabilité est plus ou moins large et peut évoluer au cours du temps. L'opinion publique fluctue dans la fenêtre d'acceptabilité, laquelle se situe dans une échelle allant de ce qui est admis à ce qui est « impensable ». Ainsi une pratique peut être admise mais l'admissibilité dans une société peut être qualifiée graduellement selon son niveau d'acceptabilité comme « évidente », « raisonnable », « acceptable », « radicale », « impensable ». Dans une démocratie, des groupes de pression minoritaires voulant rendre admissible une pratique réprouvée par le reste de la société, disposent d'outils permettant de persuader, de convaincre voire d'éduquer pour qu'une action ou une mesure considérée comme « impensable » puisse entrer dans le domaine de l'acceptabilité.

Imaginons une pratique se trouvant au niveau de tolérance le plus bas, « impensable » au sein d'une société. Par exemple, mettre toute la population d'un pays en prison et lui interdire tout déplacement et contact avec autrui pendant une période indéterminée (ceci n'est qu'un exemple particulièrement saugrenu, il sera possible pour le lecteur d'imaginer d'autres situations moins excessives comme par exemple sacrifier quelques jeunes enfants pour éloigner le présage d'une mauvaise période). Pour déplacer la fenêtre d'Overton, autrement dit pour faire accepter à l'opinion publique un pratique « impensable », le groupe de pression commence par transformer le sujet en question scientifique. Des savants renommés en parlent, des petites conférences et des colloques sont organisés dans la mesure où la science théorique ne saurait avoir de limites d'investigation. Des exemples sont donnés où une telle pratique a été mise en œuvre dans d'autres pays avec des effets bénéfiques pour l'ensemble de la collectivité. Le sujet cesse alors d'être un tabou absolu. Il n'est plus « impensable ». Un petit groupe d' « extrémistes » se crée et fait des percées dans les médias. Cette opinion est alors perçue comme simplement « radicale ». Avec les conclusions scientifiques, ceux qui s'opposent de manière inflexible à une telle option sont traités d'intransigeants ou de fanatiques opposés à la modernité, au progrès, à la science. Un jargon pseudo-scientifique peut être créé visant un glissement sémantique. Les connotations négatives associées à la pratique immorale sont alors adoucies. Par exemple, on ne parle plus d'emprisonnement mais de « clearing social » ou de « retraite introspective de distanciation ». Même si l'idée n'est pas encore largement acceptée, elle intègre progressivement le débat public. Il s'agit ensuite de transformer le jugement de principe de radicalité à une forme d'acceptabilité dans des situations théoriques exceptionnelles voire extrêmes, la légitimant dans certains contextes singuliers. Par exemple si la société se trouve face à un péril extrême. Puis, l'application progressive de ce qui est plus ou moins accepté dans des situations rares à des situations de plus en plus générales se fait d'autant plus facilement que le concept était considéré au départ comme « impensable », et donc n'était en butte à aucun des contre-arguments usuellement produits lors de l'émergence d'un débat intellectuel.

Les tenants de la pratique considérée comme initialement « impensable » ou « immorale » (devenue pour certaines situations « acceptable ») se targuent d'être défenseurs d'une liberté somme toute fondamentale. Ils argumentent sur les bénéfices collectifs au prix de quelques sacrifices mineurs pour les individus. Les contradicteurs de l'idée sont, quant à eux, perpétuellement critiqués pour leur position devenue « radicale ». Si nécessaire, la communauté scientifique, conjointement aux médias, saura fournir les preuves que l'histoire est truffée d'exemples, lesquels ne posaient d'ailleurs pas de problème aux sociétés primitives. Vient enfin l'intégration de la pratique immorale à la mentalité populaire. Cela passe par les canaux de diffusion culturelle comme des films, des romans, des reportages, des publicités, des messages officiel, des journaux. Des célébrités du show business, de la communication, des intellectuels, de « grands témoins », des figures historiques en font la promotion. Une fois ancrés dans la société civile, les groupes de pression cherchent une représentation politique, à travers un parti par exemple, et demandent une représentation légale. Il est ainsi question de légalisation. La possibilité de création d'un nouveau marché de consommation peut évidemment renforcer voir propulser la position du nouveau parti, avec le concours de l'industrie.

Les étapes présentées ci-dessus montrent un déplacement volontairement caricatural de l'opinion publique initialement réfractaire à une pratique qui pour elle, était totalement « impensable », vers une position d'acceptabilité voire même, si la promotion publicitaire est bien faite, une demande forte. Nous voyons que le pivot de la stratégie du déplacement de la fenêtre d'acceptabilité s'appuie essentiellement et en premier lieu sur des scientifiques et sur la science (validée ou non) qui crédibilise la démarche de manière usurpée.

Dans le cadre de la crise Covid, nous avons pu observer à quel point toutes les mesure se sont appuyées de manière le plus souvent éhontée sur des scientifiques, mettant au pinacle ceux qui allaient dans le sens de la décision politique, par exemple un Conseil Scientifique Covid. Ce conseil *ad hoc* mis en place par le pouvoir a toujours suivi sa politique, tout en affirmant que c'était au contraire les autorités qui suivaient les recommandations du Conseil Scientifique. En revanche, ceux qui s'y sont opposés ont été traités de fanatiques et autres qualificatifs ignominieux.

« *Forcer* » les populations à accepter l'inacceptable

D'autres méthodes bien plus musclées ont été utilisées au cours de la crise Covid. En aucun cas, il ne s'agit d'insinuer que cette utilisation était préméditée ou organisée, mais de fait elles ont été mises en œuvre par les autorités en réponse à un problème appréhendé comme nouveau et particulièrement dramatique alors qu'il ne l'était pas. Ces méthodes, qui peuvent être utilisées soit pour des individus soit pour des populations, ont un effet formidable pour contrôler les masses à très grande échelle. De telle méthodes opportunistes sont interprétables sous une certaine grille de lecture comme s'apparentant à des techniques de conditionnement.

La période du confinement a été traumatisante à plusieurs titres puisqu'il s'agissait de couper les liens pour éviter la transmission d'un virus. Il s'avère effectivement que les liens ont été coupés par la mise en place du confinement. Il s'en est suivi un isolement des individus, coupés de leurs proches. La distanciation sociale a été de rigueur. Pour une grande majorité, il s'agissait aussi d'une perte de travail, compensée pour certains par un assistanat, mais privé de liens sociaux et de soutien. Pour certains, et en particulier pour les étudiants, le confinement était solitaire. Les autorités ont mis en œuvre des restrictions de déplacement. Ainsi la monotonie, la routine et l'ennui se sont installés durablement et sans horizon clair d'une issue possible. Les rassemblements, les rencontres, les concerts, le sport ont été interdits.

L'attention était fixée sur une situation difficile et urgente. L'isolement forçait à l'introspection. Toute information pouvant contredire celles de l'autorité était systématiquement éliminée. Toute action d'insoumission était punie (par exemple, par des amendes pour non-respect du port du masque dans la rue). La peur et la confusion ont affaibli la capacité de réflexion et la volonté de résistance, qu'elle soit physique ou mentale. Les médias ont envoyé en permanence des signaux négatifs générant anxiété, stress et désespoir.

Les menaces latentes ont été très fortes : menace de fermer les entreprises, menace de contraventions, menace d'extension de quarantaine, menace de vaccination obligatoire, menace de non prise en charge des soins, menace de tri pour les services de réanimation hospitaliers, menace de suspension pour les professionnels de santé (et mise en application). Menace d'autres confinements pour faire accepter des couvre-feux.

Indulgences occasionnelles et assurance de protection, le « quoi qu'il en coûte » procurait une motivation à respecter les ordres, à obéir, et à se soumettre pour accoutumer aux privations imposées. Permissions de rouvrir certains magasins, certains services. Concessions suivies de règles plus contraignantes. Réouverture des restaurants, mais avec une jauge puis de nouveau fermeture. Augmentation du nombre de personnes qui peuvent se réunir, puis à nouveau diminution et fermeture.

Affirmer la toute-puissance des autorités par le « quoi qu'il en coûte » et en même temps laisser entrevoir la possibilité d'effondrement de l'économie mondiale tout en agitant le spectre du « conseil de défense » assorti de mesures plus ou moins contraignantes selon les moments comme une épée de Damoclès. Création d'argent venu de nulle part.

Renforcement de la dépendance via les aides. Surveillance totale via des applications numériques intrusives passant outre les lois informatiques et liberté, révisées pour la cause. Culpabilisation et mise au ban de la société les individus qui refusent de se plier à l'obligation du port du masque ou de la vaccination en leur faisant porter la responsabilité de la dégradation de la santé des autres[1]. Faire en sorte que des individus se positionnent sur des cercles ou des lignes marqués au sol pour les isoler. Créer des files d'attente à l'extérieur de certains lieux. Mettre en place une désinfection à l'entrée des magasins.

Mettre à rude épreuve l'estime de soi en vérifiant la capitulation pour accéder à tel ou tel service en acceptant l'injection d'un produit inconnu au motif de l'« abnégation » pour un hypothétique bien collectif.

Imposer des ordres contradictoires et faire des demandes stupides, inutiles et infondées pour développer les habitudes de soumission à l'autorité. Briser le libre-arbitre et les capacités de jugement. Les membres d'une même famille doivent rester à distance les uns des autres même pour les enterrements ou les festivités traditionnelles comme les fêtes de fin d'année où les personnes les plus âgées doivent demeurer dans leur solitude[2].

---

1. Le 4 janvier 2022, le président de la République, répond aux lecteurs du *Parisien-Aujourd'hui en France* : « En démocratie, le pire ennemi, c'est le mensonge et la bêtise. Nous mettons une pression sur les non-vaccinés en limitant pour eux, autant que possible, l'accès aux activités de la vie sociale. […] en l'emmerdant encore davantage. Eh bien, là, les non-vaccinés, j'ai très envie de les emmerder. […] Un irresponsable n'est plus un citoyen. »

2. Le professeur Rémi Salomon, président de la commission médicale d'établissement de l'Assistance publique-Hôpitaux de Paris (AP-HP) a préconisé ce

Limitations aléatoires du nombre de personnes pouvant rester ensemble. Et quantité d'autres injonctions contradictoires.

Cette longue liste de contraintes auxquelles nous avons tous, peu ou prou, été soumis est à s'y méprendre transposable aux protocoles décrits dans la Charte de Biderman[1] : isolement, monopolisation de la perception, épuisement physique et moral, menaces, indulgences occasionnelles, démonstration de puissance, dégradation de l'individu, demandes stupides imposées.

« Nous ne voulons plus être gouvernés par la peur »

Vers le milieu du mois d'août 2020, alors que je reviens à Paris après quelques jours de vacances, je suis appelé par un journaliste probablement en mal d'experts pour Covid, eux aussi partis en vacances. Ces fameuses vacances avaient été pour moi éprouvantes. Elles avaient été l'occasion de me rendre compte, en discutant avec des amis à quel point la période du confinement avait été une épreuve invraisemblable et avait fait son œuvre de confusion dans les esprits. Le choc avait été monstrueux et j'ai compris que mes prises de positions, pourtant peu médiatisées, avaient généré à mon égard, une méfiance considérable. J'étais considéré comme une sorte de réprouvé, une personne peu fréquentable. De nombreuses portes se sont fermées. La plupart de mes amis ne voulaient plus

---

mardi sur France Info de séparer le repas (et la famille) en deux pour les fêtes de Noël pour éviter de propager le virus. Interrogé sur le déroulement des fêtes en pleine pandémie de coronavirus, le spécialiste n'y est pas allé par quatre chemins : « On coupe la bûche de Noël en deux et papy et mamie mangent dans la cuisine et nous dans la salle à manger », a-t-il conseillé. https://www.20minutes.fr/societe/2915811-20201124-papy-mamie-mangent-cuisine-conseils-professeur-salomon-noel

1. https://www.ncbi.nlm.nih.gov/pmc/articles/PMC1806204/pdf/bullnyacadmed00378-0046.pdf

discuter avec moi, plus me parler, plus me voir. J'étais isolé. Par ailleurs, j'apprends avec surprise et sans qu'aucune explication me soit donnée que des partenariats existants depuis de longues années entre certaines associations de médecins et l'institut que je dirige ne seront plus reconduits. Dans mon unité de recherche Inserm, des chercheurs me font savoir qu'il ne faut plus citer le nom du laboratoire, car cela pourrait faire de l'ombre à leurs travaux.

C'est donc dans cet état d'esprit quelque peu dépité que je perçois dans l'atmosphère générale, le retour en force de l'idée d'une prochaine « vague épidémique ». Cette idée finalement jamais abandonnée par les promoteurs du premier confinement, commence à faire son retour dans la mesure où les tests PCR montrent que le virus circule et que les masques commencent à être obligatoires même dans la rue. J'accepte de parler dans les *médias* (pendant une période relativement longue) dans la mesure où des journalistes me le proposent. Je répète bien sûr l'analyse que j'avais faite depuis le début de l'épidémie, à savoir que l'épidémie de Covid était somme toute assez bénigne, ce que je suis le seul à dire vraiment publiquement à cette époque. À la suite de mes interventions, très décalées par rapport au discours officiel, je suis contacté pour participer à la relecture d'une tribune à paraître. Cette tribune collective a été publiée une première fois le jeudi 10 septembre 2020 dans le journal *Le Parisien* sous la signature de trente-cinq scientifiques, universitaires et professionnels de santé. Plus de deux-cents autres scientifiques les rejoignent dans les jours qui suivent pour signer à leur tour ce texte qui critique la politique et la communication gouvernementales. Cette tribune comme toutes les autres actions qui ont été menées par quelques personnalités téméraires, n'a eu aucun effet sur l'attitude du gouvernement. Rien ne l'a fait changer de cap. Au contraire. La politique de la peur a poursuivi tranquillement son œuvre, appuyée essentiellement sur le concept infondé des « vagues » épidémiologiques submergeant les populations. Ce concept s'auto-valide par une mauvaise interprétation d'une pratique dévoyée mais massivement déployée des tests PCR. Ces tests génèrent artificiellement des « cas » très rarement « malades » mais qui permettent d'agiter le spectre d'un confinement possible. Cet état de stress diffus et permanent dans la population a rendu possible l'injection quasi généralisée d'un nouveau produit qualifié de vaccin. La tribune est toujours accessible en ligne, mais comme elle résume assez bien la situation de l'époque, je me permets de la reproduire *in extenso* avec l'autorisation de Laurent Mucchielli qui est son initiateur et son rédacteur.

> « *Nous, scientifiques et universitaires de toutes disciplines, et professionnels de santé, exerçant notre libre arbitre et notre liberté d'expression, disons que nous ne voulons plus être gouvernés par et dans la peur. La société française est actuellement en tension, beaucoup de citoyens s'affolent ou au contraire se moquent des consignes, et nombre de décideurs paniquent. Il est urgent de changer de cap.*
>
> *Nous ne sommes pas en guerre mais confrontés à une épidémie qui a causé 30 décès le 9 septembre, contre 1 438 le 14 avril. La situation n'est donc plus du tout la même qu'il y a 5 mois. Par ailleurs, si la guerre peut parfois justifier un état d'urgence et des restrictions exceptionnelles de l'Etat de droit et des libertés publiques qui fondent la démocratie et la République, ce n'est pas le cas d'une épidémie. Aujourd'hui comme hier, cette crise doit nous unir et nous responsabiliser, pas nous diviser ni nous soumettre.*
>
> *C'est pourquoi nous appelons les autorités politiques et sanitaires françaises à cesser d'insuffler la peur à travers une communication anxiogène qui exagère systématiquement les dangers sans en expliquer les causes et les mécanismes. Il ne faut pas confondre la responsabilisation éclairée avec la culpabilisation moralisatrice, ni l'éducation citoyenne avec l'infantilisation. Nous appelons également l'ensemble des journalistes à ne plus relayer sans distance une communication qui est devenue contre-productive: la majorité de nos concitoyens ne fait plus confiance*

aux discours officiels, les complotismes en tous genres foisonnent sur les réseaux sociaux et les extrémismes en profitent.

Le confinement général, mesure inédite dans notre histoire, a eu des conséquences individuelles, économiques et sociales parfois terribles qui sont loin de s'être encore toutes manifestées et d'avoir été toutes évaluées. Laisser planer la menace de son renouvellement n'est pas responsable.

Il faut évidemment protéger les plus faibles. Mais de même que l'imposition du port du masque dans la rue, y compris dans les régions où le virus ne circule pas, l'efficacité du confinement n'est pas démontrée scientifiquement. Ces mesures générales et uniformes, imposées sous surveillance policière, relèvent davantage d'une volonté d'afficher une posture protectrice que d'une stratégie sanitaire précise. D'où leur grande volatilité depuis six mois. Beaucoup d'autres pays agissent avec plus de cohérence. Une coordination européenne serait nécessaire.

Nous appelons également le gouvernement à ne pas instrumentaliser la science. La science a pour condition sine qua non la transparence, le pluralisme, le débat contradictoire, la connaissance précise des données et l'absence de conflits d'intérêts. Le Conseil Scientifique du Covid ne respectant pas l'ensemble de ces critères, il devrait être refondé ou supprimé.

Nous rappelons par ailleurs que les premiers à soigner les malades sont les médecins généralistes. Les écarter de la lutte contre le Covid, en ne leur fournissant ni tests ni masques et en suspendant leur liberté de prescrire les médicaments autorisés de leur choix a constitué une erreur qui ne doit pas se reproduire. L'ensemble des soignants doit au contraire être mobilisé, équipé et solidarisé afin d'améliorer nos capacités de réaction et non les restreindre.

Enfin, les impératifs de protection contre la contagion ne doivent pas conduire à trahir l'éthique médicale et les principes humanistes fondamentaux. Isoler les malades et protéger les personnes à risque ne veut pas dire les priver de tous droits et de toute vie sociale. Trop de personnes âgées sont décédées et se dégradent encore actuellement dans un abandon motivé par des motifs sanitaires non justifiés. Trop de familles souffrent de ne pouvoir leur apporter l'affection indispensable à leur bonheur et à leur santé.

Il est urgent de nous remettre à penser ensemble pour définir démocratiquement nos stratégies sanitaires, redonner de la confiance à nos concitoyens et de l'avenir à notre jeunesse. »

En 2010, la parution du livre de la démographe Michèle Tribalat *Les yeux grands fermés*[1] avait provoqué un certain émoi dans le milieu « bien pensant » que je fréquentais. Ce livre avait été pour moi une source de réflexions, voire d'inspirations. Dès l'introduction, Madame Tribalat évoquait des mécanismes sociaux semblables à ceux que je rencontrais dans d'autres domaines. Je me permettrai donc de transposer ici et à plusieurs reprises dans mon propre ouvrage, ce qu'elle développait sur d'autres sujets.

Même en régime démocratique, il existe des mécanismes bien connus par lesquels l'opinion publique fini par s'auto-influencer et fait obstacle à la libre expression, conduisant les individus à adapter leur discours aux pressions dominantes.

Ainsi, par exemple, pour garder ses amis, ne pas se fâcher en famille, conserver l'estime de ses collègues, avoir une promotion, il suffit de conformer son discours à ce qu'en attend l'opinion publique. Ce processus s'appelle la « falsification des préférences ». Sans contrainte apparente, on peut être amené à cacher ou à s'abstenir de faire référence à certains faits. La falsification s'étend alors à la connaissance elle-même. Elle se traduit par un appauvrissement des informations accessibles. Laquelle produit une ignorance généralisée et des difficultés à imaginer des mesures efficaces.

1. Michèle Tribalat, *Les yeux grands fermés*, Denoël, 2010.

VII

Une mortalité surestimée

« Ton père est né en 1952, c'est bien ce que tu m'avais dit ? » Un baby-boomers typique donc… On a vraiment l'impression poursuivit-il, que les gens de cette génération, non seulement étaient plus énergiques, plus actifs, plus créatifs et en somme plus talentueux que nous à tous points de vue […] la psychologie des boomers, si différente de la psychologie contemporaine par son optimisme et son audace, si différente même qu'il paraissait incroyable qu'une génération seulement les séparent. Les boomers originels […] il n'en avait jamais rencontré, et du reste ils étaient tous à peu près mort maintenant. »

Michel Houellebecq, *Anéantir* (2021)

La question de l'évaluation de l'impact d'un phénomène sanitaire sur la mortalité peut sembler simple à aborder. Une des approches possibles est de compter de nombre de morts de la maladie en question et le tour est joué. C'est à peu près ce que font les autorités sanitaires dans leur communication quotidienne. En réalité, une telle approche n'est pas simple, elle est simpliste.

Mortalité et surmortalité

Depuis la fin de la dernière guerre mondiale, les maladies sont, de loin, la première cause de mortalité en France. Autrefois, la mortalité infantile était très importante. Elle a été quasiment éliminée au fil du temps par l'amélioration des conditions de vie économiques et sociales. Le tabagisme diminue également peu à peu, même s'il demeure le principal risque de mortalité évitable[1]. La sédentarité, la nourriture industrielle et la pollution atmosphérique deviennent au contraire les causes majeures d'une mortalité générale, qui est devenue fondamentalement celle des personnes âgées, atteintes notamment de cancers, de maladies cardio-vasculaires et de maladies infectieuses touchant l'appareil respiratoire.

Lors de l'épidémie, de nombreux décès ont été attribués au Covid. Toutefois, dans deux tiers des cas, les données révèlent la présence de comorbidités importantes connues. L'ambiguïté de ces données pose un problème d'interprétation pour évaluer l'impact réel de l'épidémie sur la mortalité. Il convient donc de se servir d'autres sources d'information pour tenter d'estimer l'impact de l'épidémie de Covid.

Estimation de la surmortalité

En épidémiologie, l'estimation de la surmortalité est utilisée pour évaluer l'impact d'un événement sanitaire. Par exemple, c'est cette méthode qui a permis d'évaluer la surmortalité lors de la canicule de 2003 en France[2]. La surmortalité est la différence entre le « nombre de décès observés » au cours d'une période d'étude (par exemple la période qui correspond au passage d'un événement sanitaire comme une épidémie) et le nombre de « décès attendus », c'est-à-dire le nombre de décès survenus au cours d'une période de référence. Cette valeur de référence s'obtient par la moyenne

1. L'influence du tabac sur la mortalité en Europe Ined-Institut national d'études démographiques.

2. Hémon D and Jougla E Estimation de la surmortalité et principales caractéristiques épidémiologiques. Surmortalité liée à la canicule d'août 2003: rapport d'étape 59.

des valeurs observées sur plusieurs années (par exemple les 3 ou 5 dernières années corrigées des taux de mortalité de chaque année) pour des périodes équivalentes à la période d'étude. On calcule, pour ces périodes, les valeurs des intervalles de confiance pour tenir compte de leur variabilité. Un excès (ou un défaut) de mortalité est une valeur en dehors des bornes définies par l'intervalle de confiance.

La surmortalité toute causes confondues est un moyen global qui ne donne pas dans la finesse mais il a plusieurs avantages. Tout d'abord, il s'affranchit des biais de confusion liés à la qualification de la cause du décès. Ainsi, la question se réduit à : un événement sanitaire majeur passe dans une population, combien de morts supplémentaires directs et indirects va-t-il globalement provoquer à son passage ?

L'estimation de la surmortalité permet donc une mesure comparative avec d'autres événements du passé. L'autre avantage est que ces données sont beaucoup plus robustes et stables dans le temps (donc comparables grâce à des historiques longs) que les autres indicateurs cités plus haut ; en résumé, les résultats obtenus avec ce type de données sont beaucoup plus fiables pour mesurer l'impact. Encore faut-il prendre quelques précautions en considérant certains éléments tels que l'évolution des structures d'âge dans les populations.

Les chiffres de la mortalité en France

La France dispose d'un système d'enregistrement statistique des décès particulièrement précis. Ce système est géré par l'Institut national de la statistique et des études économiques (Insee), à qui chaque commune française doit signaler tout décès dans un délai d'une semaine, par courrier papier ou de plus en plus souvent par la voie électronique (qui correspondait en 2020 à 88 % des transmissions et 90 % des décès totaux).

Les avis de décès transmis par les communes précisent notamment les noms et prénoms, le sexe, l'âge, la nationalité, l'activité, l'état matrimonial et le lieu de décès des personnes (domicile, hôpital public, clinique privée, maison de retraite, voie ou lieu public). Ils ne précisent toutefois pas les causes de décès.

En France, le CepidDC de l'Inserm (Centre d'épidémiologie sur les causes médicales de Décès ; Institut national de la santé et de la recherche médicale) assure le recueil de la mortalité par causes de décès. Ces données sont indiquées dans le « certificat médical confidentiel de décès » qui doit être rempli et signé par un médecin (à défaut un étudiant de troisième cycle en médecine) avant la fermeture du cercueil, et qui est transmis de façon anonymisée à l'Inserm qui, à son tour, renseigne l'Agence nationale de santé publique (Santé Publique France, SPF) en charge de la surveillance épidémiologique de la population. Dans ce cas, seuls les certificats remontés par la voie électronique sont transmis à SPF. Toutefois, les certificats de décès mentionnent généralement plusieurs causes, qu'elles soient mises sur le même plan ou hiérarchisées en une cause « initiale » et des causes « associées ». Dans le cas des décès classés « Covid », dans deux tiers des situations, les certificats révèlent la présence de comorbidités importantes connues (pathologies cardiaques, hypertension artérielle, diabète sévère, pathologies rénales et respiratoires, etc.). La présence de ces comorbidités induit un facteur de confusion ne permettant pas de différencier les décès. Ainsi, les individus décédés sont-ils morts à la suite d'une forme grave de la maladie (personnes mortes *de* l'infection au coronavirus) ou bien, sont-ils morts des suites d'une autre maladie mais ayant été testé positif récemment (personnes mortes *avec* une infection au coronavirus) ? Ce distinguo est très important car, en attribuant à l'épidémie tous les décès de personnes ayant fait un test positif, on surévalue la mortalité liée au Covid. Pour contourner ce biais, il faut donc étudier l'évolution de la mortalité générale sur plusieurs années et raisonner en termes de surmortalité toutes causes confondues.

Mortalité et structure d'âge de la population

La population française vieillit, c'est-à-dire que la proportion de personnes âgées dans la population augmente avec le temps. Les raisons principales sont l'allongement continu mais conjoncturel de la durée de vie au cours du XXe siècle, l'arrivée de la génération à fort effectif des « baby-boomers » dans les tranches d'âge supérieures à 60 ans, et enfin le nombre de naissances en baisse régulière depuis 20 ans.

La figure 10 permet d'abord de visualiser les pics de mortalité qui sont survenus assez régulièrement depuis un siècle, correspondant soit à des épidémies hivernales de type grippal (la plus marquante en France étant la grippe de Hong-Kong en 1969-1970), soit à des épisodes estivaux de canicule (le plus marquant en 2003). Elle montre aussi les effets récurrents des épidémies de grippes hivernales sur la mortalité, avec une certaine régularité dans l'alternance des années de pics de mortalité (1949, 51, 53, 56, 62, 69, 71, 73, plus récemment 2013, 2015, 2017) suivies de celles de baisses dites années de « récupération ».

Nous reviendrons sur cet effet de moisson. Mais la figure propose également des scénarios d'évolution démographique. Elle est reprise d'un article publié en 2016 par deux démographes de l'INED, intitulé « Le nombre de décès va augmenter en France dans les prochaines années » qui proposaient plusieurs projections de l'évolution de la mortalité et qui montraient une augmentation rapide du nombre de décès. Le graphique de la figure 10, qui s'en inspire, représente le nombre de décès en France entre 1920 et 2015. Le dernier point représente le décompte du nombre de décès observés en 2015. Il est noté « Épidémie de grippe meurtrière 2015 ». En cette année 2015, le nombre de décès dépassait celui atteint au point noté « Épidémie de grippe meurtrière 1969 ». Je me permet de souligner ici que j'ai longuement évoquée cette

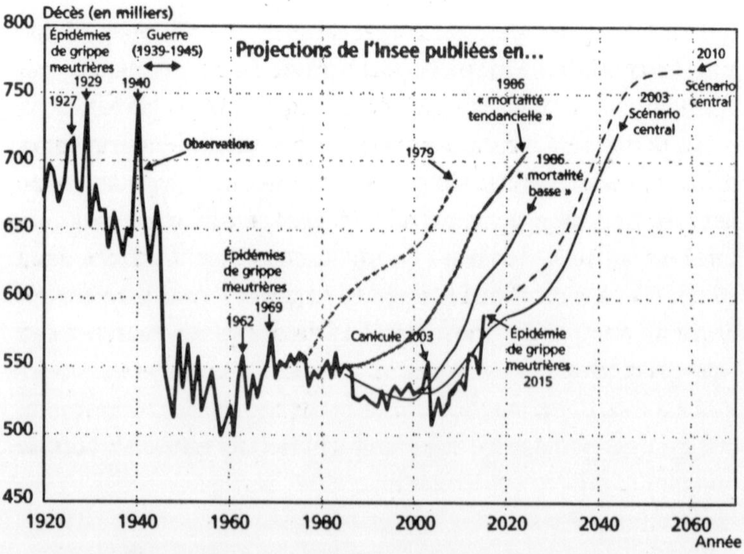

Fig. 10: Évolution du nombre de décès annuels de 1920 à 2060
Lecture de la figure: La courbe noire montre l'évolution du nombre annuel de décès sur laquelle ont été pointés certains pics de mortalité. Il est possible de distinguer les successions d'années à forte mortalité immédiatement suivies d'années à plus faible mortalité qui donne cette impression de « dents de scie ». Les courbes en pointillé représentent des projections de mortalité faites à plusieurs époques I) 1979 (pointillés gris), II) 1986 (filet gris clair et filet noirs), iii) 2003 (filet noirs), IV) 2010 (pointillés noirs). Toutes ces projections montrent une croissance attendue de la mortalité. Les scénarios de 2003 et de 2010 semblent les plus proches de la réalité et la tendance effectivement observée jusqu'en 2020.
Source: Pison et Toulemon (2016).

épidémie de 2014-2015 dans un chapitre précédent. En 2015, elle avait été qualifiée d'épidémie exceptionnelle. Le nombre de morts avait été effectivement supérieur à ce qui était attendu. L'émoi que cette épidémie de 2015 avait suscité et la panique du gouvernement à l'époque est, comme je le fait, à mettre en parallèle avec ce qui s'est passé à l'occasion de l'épidémie de Covid de 2020. Toutefois, cette mortalité exceptionnelle de l'année 2015, ne s'explique qu'en partie seulement par l'épidémie de grippe. Une analyse démographique sur le temps long montre que cette mortalité est principalement occasionnée par le rattrapage d'une sous-mortalité chronique depuis près de 50 ans engendrée par la transition démographique liée à l'augmentation globale de la durée de vie pendant cette période, ce que nous allons expliquer ici. À ce stade, et sur la simple observation, se dégage une nette tendance à l'augmentation depuis 2004. Dans leur article, les auteurs expliquent que la faible mortalité observée pendant près de 50 ans était conjoncturellement liée au gain exceptionnel d'espérance de vie. Cet effet de transition démographique arrive à son terme et la mortalité entame mécaniquement une phase de croissance d'autant plus forte que les importantes générations liées au « Baby-Boom » d'après-guerre arrivent dans les âges où le taux de mortalité augmente rapidement.

Les 5 années suivantes, de 2015 à 2020 ont confirmé l'hypothèse car l'augmentation régulière de la mortalité s'est poursuivie avec un nombre brut de décès augmentant régulièrement. En l'absence d'événement catastrophique sur la période, ceci traduit le vieillissement progressif de la population. La relative stabilité de la mortalité autour de 530 000 décès pendant environ 50 ans s'est clairement achevée après 2004. À partir de là, le nombre de décès augmente en moyenne de 2 % par an. En 2016, l'épidémie est « peu meurtrière » mais la mortalité est forte car compensée par la tendance haussière. Puis en 2017, c'est une nouvelle « épidémie meurtrière » suivie de deux années (2018 et 2019)avec peu de morts. Il apparaît en effet que, malgré les campagnes de vaccination, les grippes saisonnières ont entraîné un surcroît de décès annuel d'environ 20 000 personnes.

Effet des événements sanitaires sur la mortalité d'une population vieillissante

Les progrès de la médecine (notamment cardio-vasculaire) et des conditions de vie ont permis un allongement de l'espérance de vie inédit à l'échelle historique. Ils ne peuvent toutefois ni la prolonger indéfiniment (l'allongement de l'espérance de vie ralentit déjà en Occident ces dernières années, voire s'inverse comme aux Etats-Unis), ni contrer le principe même du vieillissement et de la mort qui finit fatalement par en résulter. Les personnes âgées en fin de vie, devenues immunodéprimées voire immunosénescentes, seront toujours particulièrement exposées à ces maladies contagieuses, notamment les maladies infectieuses de type grippal. C'est également dans ces âges les plus avancés de la vie que les épidémies provoquent le plus de décès. Les maladies infectieuses sont par ailleurs souvent saisonnières. Dans l'hémisphère nord, les infections respiratoires sont plus fortes en hiver en raison de la température de l'air et de la fragilisation des systèmes immunitaires. Ces pics de mortalité sont aisément repérables. Ils correspondent aussi aux pics d'épidémies hivernales avec lesquelles ils sont synchronisés.

Les figures 1 et 11 rappellent qu'il existe depuis toujours de très importantes variations saisonnières de la mortalité. Des pics estivaux sont exceptionnels et liés aux canicules, d'ailleurs, on constate que les minima sont toujours atteints en période estivale. Ils sont systématiquement suivis de ré-augmentations en automne et hiver (avec des hausses importantes qui démarrent toujours en octobre-novembre). La situation de 2020 marquée par une ré-augmentation importante du nombre de morts à partir de la mi-octobre, n'est pas inédite dans son principe à l'échelle nationale. Elle correspond à ce qui se produit chaque année.

La figure 11 montre en outre que le pic mensuel le plus élevé sur cette quinzaine d'années n'est pas survenu à l'hiver 2019-2020 avec l'épidémie de Covid, mais lors de la grippe de l'hiver 2016-2017 ; lequel serait d'autant plus important en termes de comparaison pour ces deux saisons, si l'on considérait le différentiel de population.

Enfin, on observe que les deux pics de mortalité dus aux épidémies de Covid ne sont apparemment pas différents de ceux produit par les épidémies de grippe même s'ils ont eu lieu en dehors des périodes habituellement constatées, en fin de la saison hivernale 2019-2020 et en début de la saison hivernale 2020-2021.

Effet de moisson

La mortalité induite par le Covid est liée à la vieillesse et aux maladies graves préexistantes. Ainsi, près de 90 % des personnes admises en réanimation et 65 % des personnes décédées en lien avec l'épidémie de Covid présentaient au moins une comorbidité, les principales étant métaboliques, cardiovasculaires ou respiratoires. Par ailleurs, l'âge médian au décès à l'hôpital des malades de l'épidémie de coronavirus est de 85 ans et près de 92,5 % des personnes avaient 65 ans et plus.

Lors d'un événement sanitaire fort (épidémie, canicule), les personnes âgées et fragiles meurent de manière ciblée et « synchronisée » sur une période relativement courte. Ce phénomène s'appelle l'effet de moisson ou « harvesting ». Ceci conduit à un épuisement temporaire de l'effectif de cette catégorie de population, qui peut être visible parfois sur plusieurs années. Cet effet récurrent d'alternance entre des années à forte et à faible mortalité est durable. La figure 10 le montre assez distinctement. Ainsi, la forte mortalité de 2017 a eu pour conséquence une faible mortalité en 2018 puis en 2019. Les sous-mortalités des 2018 et 2019 sont assimilées à une sorte de « répit » pendant laquelle l'effectif de la population des individus plus âgés et fragiles a augmenté. Les comparaisons sont donc biaisées si ces années sont utilisées comme référence. C'est pourtant étrangement ce que l'Insee pratique comme cela est expliqué sur son site à la page de suivi de l'évolution du nombre de décès : « …Pour suivre l'évolution de la mortalité en 2021, l'Insee fait le choix de privilégier la comparaison avec l'année 2019… ». Lorsque le coronavirus arrive en 2020, on observe un effet de surmortalité important comme cela s'est produit lors des épidémies de grippe de 2015 et 2017.

Structure de la population et mortalité par âge française

L'année 2020 a donc pour principale spécificité par rapport aux années précédentes le fait de cumuler deux phases épidémiques (celle du printemps 2020 et celle de l'automne-hiver 2020). Mais la surmortalité qui en résulte est-elle de même nature que les années précédentes, à savoir le « fauchage » des fractions les plus âgées et fragiles de la population ? Concerne-t-elle les mêmes catégories de personnes ou bien constitue-t-elle une menace d'un genre nouveau comme l'a affirmé l'Organisation Mondiale de la Santé (OMS) au début de la crise ? Pour le savoir, nous allons distinguer deux classes d'âge choisies spécifiquement pour la mise en évidence des particularités de la mortalité en France :

1) La classe d'âge regroupant les individus nés en 1955 et après, donc âgés de 65 ans et moins, c'est-à-dire les enfants, les « jeunes » et les personnes dans la « force de l'âge ». En 2020, cette classe d'âge représentait 80,5 % de la population française et a contribué à 15,7 % des décès cette même année.

2) La classe d'âge regroupant les individus nés avant 1955, donc âgés de plus de 65 ans. Ils sont désormais arrivés pour la plus grande partie à l'âge de la retraite. Ils ont connu une forte augmentation de leur espérance de vie depuis 50 ans. Ceux d'entre eux nés entre 1946 et 1955 font partie d'une grande cohorte appelée les « baby-boomers ». Toujours en 2020, alors que cette classe d'âge ne représentait que 19 % de la population française. Sa contribution à la mortalité a été de 84,3 %.

Au cours des dix dernières années, la classe d'âge des moins de 65 ans voit sa proportion baisser régulièrement, passant de 84,1 % en 2010 à 80,5 % en 2020. Inversement, la classe d'âge des plus de

65 ans voit sa proportion augmenter symétriquement, passant de 15,9 % en 2010 à 19,5 % en 2020.

Le taux de mortalité

Le taux de mortalité pour un groupe et une période donnée est le rapport entre le nombre d'individus du groupe décédés au cours de la période rapporté à la population totale de ce groupe pendant la période. Le taux de mortalité annuel moyen pour toute la population française en 2020 est de 1,004 %, il était de 1,166 % en 1962, il a atteint un minimum en 2004 avec 0,842 % et depuis ne fait qu'augmenter régulièrement. À titre de comparaison, il a été de 0,918 % en 2017, de 0,920 % en 2019 et de 0,922 % en 2019. Pour les individus âgés de moins de 65 ans, le taux de mortalité annuel moyen en 2020 est de 0,17 % mais il est de 4,18 % pour les plus de 65 ans (il atteint près de 35 % pour les individus de plus de 95 ans). Le taux de mortalité augmente de manière exponentielle en fonction de l'âge. Pour les individus de moins de 65 ans, le taux de mortalité est inférieur à 1 %. Il est environ de 5 % pour les 85 ans et atteint 37 % chez ceux âgés de 98 ans.

Le nombre attendu de décès

Le nombre attendu de décès pour une année donnée est estimé par le nombre de personnes vivantes au début de l'année multiplié par leur taux de mortalité attendu. Ainsi, plus le nombre de personnes âgées augmente, plus le nombre de morts augmente. Comme évoqué précédemment, le nombre de personnes âgées a beaucoup augmenté ces 5 dernières années, alors que celui des personnes jeunes a baissé. Il faut donc tenir compte de cette variation, car elle augmente spontanément le nombre total de décès chaque année. Cet effet doit donc être pris en compte lors du calcul de surmortalité.

Estimation de la surmortalité

La surmortalité est la différence entre le « nombre de décès observés » au cours d'une période d'étude et le nombre de « décès attendus ». La question du calcul du nombre de décès attendu revêt dès lors une importance capitale. Réaliser ce calcul consiste à estimer le nombre attendu qui servira de référence pour évaluer la surmortalité. Pour ce qui est de l'année 2020, la comparer à 2019 ou 2018, qui ont été des années de faible mortalité, ne donnera pas la même estimation de sur ou sous-mortalité que si l'on se réfère à 2015 ou 2017, qui ont été des années de forte mortalité.

En démographie, l'usage est d'utiliser pour valeur de référence la moyenne des effectifs observés sur plusieurs années (généralcment les trois années précédentes) pour des périodes équivalentes à la période d'étude. Par ailleurs, il est très important de tenir compte de l'évolution de la population par tranche d'âge. Dans notre étude, nous effectuerons deux estimations en tenant compte des taux de mortalité pour les années de référence, l'une se fondant sur des classes d'âge de 5 ans et l'autre, plus précise, sur tous les âges (ou classe d'âge de 1 ans) regroupés en deux catégories i) les moins de 65 ans et ii) les 65 ans et plus.

On calcule pour ces périodes, les valeurs des intervalles de confiance pour tenir compte de leur variabilité. Toute valeur observée comprise dans l'intervalle de confiance de la valeur prédite est considérée comme attendue, quelques soient les différences constatées, En revanche, l'excès (ou le défaut) de la variable étudiée est la somme des valeurs se situant au-delà des bornes définies par l'intervalle de confiance autour de la valeur estimée.

Pour comprendre l'évolution de la mortalité à courts et longs termes, il faut donc évaluer les conséquences des événements susceptibles de susciter des excédents conjoncturels de mortalité selon les années (épidémies et canicules). Mais il faut également tenir compte de l'évolution de la structure de la population, en particulier son vieillissement qui modifie au fil du temps la pyramide des âges. La structure démographique a ainsi une importance considérable pour anticiper le nombre de décès auquel il faut s'attendre. La croissance de la mortalité est dépendante de cette structure, elle est induite indépendamment de la survenue d'une épidémie mais se trouve amplifiée lorsque survient un événement sanitaire important qui provoque une augmentation passagère du nombre de décès dans les populations les plus fragiles.

L'analyse de la mortalité, et plus précisément de la « surmortalité » toutes causes confondues, en tenant compte de l'évolution de la population et donc de l'augmentation « mécanique » du nombre de morts étant donné le vieillissement et la morbidité générale de la population, doit permettre de mesurer l'impact réel de l'épidémie de Covid.

Résultat

La population française métropolitaine au 1er janvier 2020 était de 65 123 843. Entre le 1er janvier et le 31 décembre 2020, 654 016 individus sont morts toutes causes confondues, soit un taux de mortalité moyen annuel de 1 %. Pendant la même période, 64 632 individus ont été comptabilisés comme morts attribués à la maladie Covid (dont 44 852 hospitalisés). Un calcul sommaire estimerait que 9,88 % des morts seraient attribués à l'épidémie de Covid parmi l'ensemble des décès recensés en France. Mais une telle estimation est entachée de biais de qualification. Comme nous l'avons expliqué plus haut, ce nombre est maximisé par la non prise en compte des comorbidités. En effet, les décès par

Covid ont frappé principalement des personnes fragiles souffrant d'autres maladies. La plupart d'entre elles seraient inéluctablement décédées en 2020, même en l'absence d'épidémie de Covid. On aurait alors attribué leur décès à une autre cause (diabète, maladie cardiovasculaire, insuffisance respiratoire, etc.).

La « valeur attendue » en France en 2020 par rapport aux 3 dernières années (2017-19) est de 629 490 [628 981 ; 629 999] décès. Nous estimons une surmortalité de 23 401 décès en excès pour l'ensemble de la population. Ainsi, le passage de l'épidémie de Covid aura causé en 2020 une augmentation d'environ 3,72 % par rapport à l'attendu. Mais tout change selon l'âge. Les classes d'âge supérieur à 75 ans ont connu la plus forte surmortalité. Mais le point de bascule est antérieur. Il se situe entre 65 et 70 ans. Nous pouvons donc partager la population entre deux ensembles de plus ou moins de 65 ans, selon que les individus ont connu ou non une surmortalité en 2020. La valeur attendue en 2020 de décès d'individus âgés de plus de 65 ans était de 536 279 [533 753 ; 538 804]. La valeur observée pour cette classe d'âge a été de 561 538 décès soit un excédent (calculé sur les excès de chaque âge d'où la légère différence avec un calcul direct sur la tranche d'âge) de 24 206 (4,51 %).

En revanche, la valeur attendue en 2020 de décès d'individus âgés de 64 ans et moins était de 93 211 [92 660 ; 93 761] et la valeur observée était de 92 478 décès. Les moins de 65 ans n'ont donc connu aucune surmortalité en 2020 au contraire nous estimons même une sous-mortalité de - 0,86 % soit 806 décès en défaut dans cette classe d'âge. Le passage de l'épidémie de Covid aura causé en 2020 une augmentation de 3,72 % par rapport à l'attendu pour la classe d'âge supérieure à 65 ans mais absolument aucune augmentation (voire une baisse) pour la classe d'âge des moins de 65 ans qui représente plus de 80 % de la population.

Avec une période de référence de 5 ans (incluant des années à fortes et faibles mortalités de manière plus équilibrée), le différentiel total de mortalité passe à 14 850 (2,32 %) décès en excès. Les moins de 65 ans ont toujours sous-mortalité qui passe à - 1,74 % et la classe d'âge supérieure à 65 ans, on observe un excès de 16 496 décès par rapport à l'attendu soit une surmortalité de 3,02 % par rapport à l'attendu en 2020.

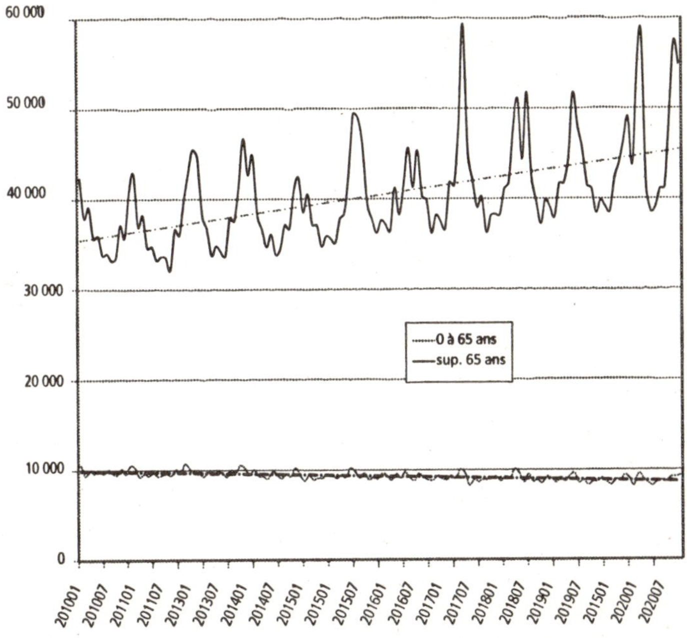

Fig. 11 : Évolution mensuelle de la mortalité en France de 2010 à 2020
Lecture de la figure : Évolution de la tendance mensuelle de la mortalité de 2010 à 2020, la tendance diminue pour les moins de 65 ans (courbe grise et pointillée noir) alors qu'elle augmente pour les plus de 65 ans (courbe noire et pointillée gris). Ces tendances à la baisse et à la hausse sont le reflet direct du vieillissement de la population comme nous l'avons montré ci-dessus. Les épidémies n'ont donc aucune influence sur la mortalité de la classe d'âge de moins de 65 ans. En revanche les plus de 65 ans sont directement impactés par la récurrence des épidémies de grippe. L'épidémie de Covid-19 a eu exactement le même effet sur les mêmes classes d'âge que les autres événements sanitaires (grippes ou canicules).
Source : Insee, Indicateurs démographiques.
Mise en forme et calculs : Irsan.

Pour conforter l'idée de la forte variabilité de la mortalité selon les années, nous avons effectué les mêmes calculs pour l'année 2019 avec une période de référence de 3 ans (2016-18). L'épidémie de grippe en 2019 a été particulièrement faible. Nos calculs montrent pour 2019 une sous-mortalité très importante avec 16 168 (- 2,59 %) décès en défaut sur l'ensemble de la population. Pour les moins de 65 ans on observe une sous-mortalité est de 2 737 (- 2,89 %) décès en défaut par rapport à l'attendu et pour les plus de 65 ans la sous-mortalité est de 13 431 (- 2,53 %) décès en défaut. En d'autres termes, l'année 2019 qui a précédé l'année de l'épidémie de Covid avait était exceptionnelle non seulement pour son épidémie de grippe très faible mais aussi pour sa mortalité particulièrement faible. Ainsi, l'effet « harvesting » (cf. supra) intervenu en 2020 à l'occasion de l'épidémie de Covid participe à un rattrapage des décès n'ayant pas eu lieu l'année précédente.

Comme l'indique la figure 11 qui représente l'évolution mensuelle de la mortalité de 2010 à 2020, la tendance diminue pour les moins de 65 ans (courbe pointillée rouge) alors qu'elle augmente pour les plus de 65 ans (courbe pointillée bleue). Ces tendances à la baisse et à la hausse sont le reflet direct du vieillissement de la population comme nous l'avons montré ci-dessus. **Les épidémies n'ont donc quasi aucune influence sur la mortalité de la classe d'âge de moins de 65 ans. En revanche les plus de 65 sont directement impactés par la récurrence des épidémies de grippe. L'épidémie de Covid a eu exactement le même effet sur les mêmes classes d'âge que les autres événements sanitaires (grippes ou canicules).**

VIII

Vaccination de masse

« Constater que des gens gravement malades d'un cancer, du cœur ou autres ne peuvent subir l'opération prévue pour les soigner, parce que les non-vaccinés ont envahi l'hôpital... Il y a là de quoi perdre patience ! »,

Françoise Hardy, *Gala* (19 janvier 2022)

En quoi mon propos est-il radical ?

Au début de ce livre, j'ai dit que mon propos était radical. Il n'a de radical que celui d'analyser les données épidémiologiques de la crise Covid et d'en conclure finalement que nous avons eu de la chance car cette épidémie était banale. Là où nous avons eu moins de chance, c'est dans la manière dont elle a été traitée. Ça ce n'était pas banal. En vérité, mon discours n'apparaît comme radical que par contraste avec la radicalité des mesures mises en place par les autorités sanitaires et avec le climat d'anxiété généralisée entretenu pour que les populations s'y soumettent.

La deuxième période se distingue par l'introduction massive des tests et aussi par une autre innovation majeure, le « vaccin », ou plutôt un produit pharmaceutique injectable fondée sur une technologie nouvelle, censé faire office de stimulateur du système immunitaire. Après avoir subi deux longs confinements, les individus était prêt à accepter n'importe quelle solution pour ne plus devoir les subir de nouveau. C'est dans cette situation qu'est arrivée une solution extraordinaire, qui s'apparente à une forme de providence à moins que ce soit tout bêtement de la magie.

Avant 2020, aucun vaccin efficace contre un coronavirus humain n'avait jamais été développé. Depuis des années, pour lutter contre des maladies très graves comme par exemple, le SIDA, le SRAS et le MERS, des tentatives de développement de vaccins ont été menés, sans aucun succès. Le développement d'un vaccin est un processus lent et laborieux. Habituellement, du développement aux tests et finalement à l'approbation pour un usage public, il faut de nombreuses années. Les différents vaccins contre le Covid ont tous été développés et approuvés en moins d'un an. En quelque mois, non seulement, ils sont apparus un peu partout dans le monde simultanément mais ils ont été injectés en masse à une vitesse fulgurante.

Alors que les vaccins traditionnels fonctionnent en exposant le corps à une souche affaiblie du micro-organisme responsable de la maladie, ces nouveaux vaccins Covid sont des vaccins à ARNm (acide ribonucléique messager) qui fonctionnent théoriquement en injectant de l'ARNm viral dans le corps, où il se réplique à l'intérieur des cellules pour stimuler le système immunitaire à fabriquer des antigènes pour les « protéines de pointe » du virus. Ils font l'objet de recherches depuis les années 1990, mais avant 2020, aucun vaccin à ARNm n'avait jamais été approuvé.

En réalité, cette intervention providentielle est loin d'avoir rempli la fonction pour laquelle elle a été injectée à 90 % des adultes en France (*cf.* figure 12). Un bien piètre résultat car en effet, jamais après un tel traitement massif des populations, il n'y a eu autant de personnes testées positives. Alors que cette injection était censée

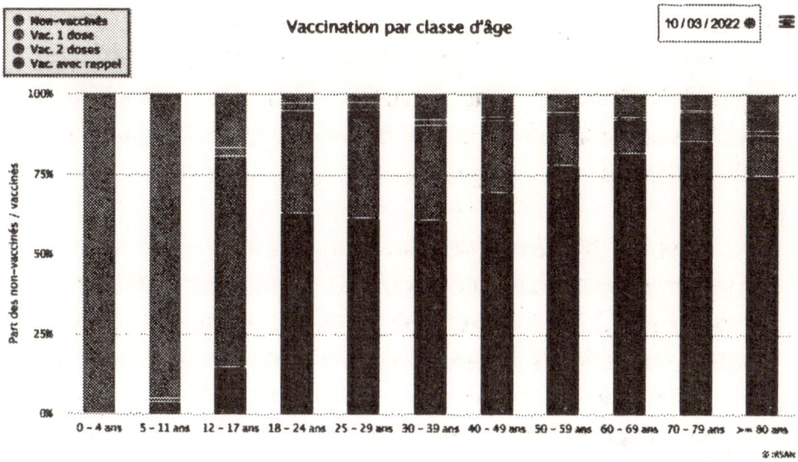

Fig. 12 : Taux de vaccination selon le nombre de dose par classe d'age.
Lecture de la figure : Cet histogramme représente les proportions de non-vaccinés, vaccinés 1 dose, vaccinés 2 doses et vaccinés avec rappel en France entière par classe d'âge. Pour chaque classe d'âge, on retrouve les effectifs de chaque catégorie et les pourcentages que représentent ces effectifs par rapport à la population totale de la classe d'âge.
Source : ces indicateurs sont calculés à partir des nombres cumulés de personnes vaccinées de Santé Publique France et des données démographiques de l'INSEE.
Mise en forme : Irsan.

protéger la population, après l'injection il a été dénombré cinq fois plus de cas positifs qu'avant la campagne d'injection. Même si je n'accorde que très peu de crédit aux tests comme je l'ai exprimé précédemment, le fait est qu'en aucun cas, un produit censé évité que les individus se contaminent n'a été aussi peu efficace. Ainsi, il est admis que les « vaccins » Covid ne confèrent pas d'immunité contre l'infection et n'empêchent pas de transmettre la maladie. L'idée selon laquelle ce nouveau produit protègerait des formes graves est une pure invention de communiquant qui n'a presque jamais été démentie alors qu'aucune publication scientifique ne le confirme. Cette idée est uniquement fondée sur une conjecture dû au fait que les hospitalisés sont moins nombreux par rapport au cas positifs. Or nous avons largement montré que la notion de cas positifs n'était absolument pas fiable. Les effets à long terme et l'efficacité durable du vaccin ne sont pas actuellement connus. De même, les effets indésirables de ce vaccin sont inconnus mais le nombre de leur déclaration commence à augmenter de manière inquiétante.

Cette période « de la terreur » a été marquée par une stratégie d'obligation cachée, pour toute la population, de se faire injecter ce produit et cela à plusieurs reprises. Cette stratégie a occupé les esprits, même les plus brillants, depuis sa mise en place au début du mois de janvier 2021. Pour ma part, dès la fin du premier confinement, abasourdi par le grotesque de la mise en place d'une telle mesure, j'ai commencé à m'interroger sur l'incroyable capacité du gouvernement à mettre en place ce qui m'apparaissaient comme impensable. La mise en place de la vaccination pour une maladie aussi peu grave me semblait justement appartenir à « l'impensable ». Dans une sorte de pirouette, peut-être pour conjurer le sort, j'avais décrit cette possibilité dans une fable qui se terminait ainsi : « *En vertu d'une protection collective non encore parfaitement démontrée, il est depuis administré de manière préventive et obligatoire, dès le plus jeune âge, sous la forme de pilules certes assez dures à avaler. La santé mérite bien quelques sacrifices...* ». Cette fable avait été publiée à l'époque (je l'inclus en postface à ce présent ouvrage). Ce texte avait été écrit en juin 2020 pour décrire le grotesque de notre situation et cet ultime clin d'œil aux pratiques des firmes pharmaceutiques se voulait absurde. Il s'avère qu'il était malheureusement prémonitoire.

La base de la stratégie de communication a été la « circulation du virus ». Force est de constater que, quelles que soient les mesures prises, aussi extraordinaires soient-elles, il circule toujours. Confinement généralisé de la population pendant de longues semaines : *le virus circule.* Port du masque obligatoire dans la rue : *le virus circule.* 230 millions de tests : *le virus circule.* Écoles et universités fermées : *le virus circule.* Déplacements limités : *le virus circule.* Passe sanitaire : *le virus circule.* Jusqu'à 3 doses de « vaccin » : *le virus circule.* **Le virus circule… Et alors ?**

Un virus qui circule en faisant peu de malades et peu de morts, ne présente aucun danger pour la population. Le virus circule, mais cela n'implique pas de semer la peur et la psychose. Le virus circule, mais cela ne justifie pas que les autorités mettent en place un régime d'exception et violent les libertés. Le virus circule, mais cela ne justifie pas que les autorités décrètent l'injection massive d'un « vaccin ».

La frénésie vaccinatoire n'a plus de limite. Rendre la « vaccination » obligatoire revient à s'en prendre aux enfants. En effet, les personnes non « vaccinées » sont essentiellement des enfants, en l'occurrence 7,7 millions d'enfants de moins de 10 ans et 2,8 millions d'adolescents de 10 à 17 ans. **« F*audrait*-il vacciner les adultes *en bloc* et, en plus, ne pas épargner les *petits* ? ».**

Rendre la « vaccination » obligatoire au motif qu'un « virus circule » tient donc de l'irrationnel, de la pensée magique, d'une idéologie sanitaire non éloignée de l'hygiénisme. Cette « vaccination » obligatoire constitue l'ultime violence qu'un pouvoir politique impose à une population.

Théorie du complot et opportunisme

Je l'ai déjà exprimé à plusieurs reprises, en tant que scientifique, le doute fait partie d'un processus de réflexion intrinsèque à la construction de la connaissance. Je ne peux qu'abonder dans le sens de la remise en question de ce qui semble être acquis et en général, la connaissance passe nécessairement par la mise à l'épreuve de ce qui est *a priori* « incontestable ». Je considère le doute comme une tournure de l'esprit, très saine. En revanche, ce n'est pas parce que l'on doute et donc qu'il est possible de remettre en question ce qu'une immense majorité considère comme indiscutable, qu'il faut se jeter dans les affres de thèses tout aussi séduisantes et donc douteuses. Il s'agirait là d'une forme de paresse intellectuelle, d'une forme de faiblesse et quelque part, pour moi, ce serait tomber de Charybde en Scylla. Evidemment toutes les hypothèses même les plus folles sont envisageables. Pour autant, elles doivent être toutes traitées avec la même méthode, la méthode scientifique.

Ceci dit, il faut bien l'avouer, sous un certain angle, étant donné le comportement général des autorités tels que je l'ai décrit jusqu'à présent, il serait assez facile de convaincre des esprits « peu regardants » à des théories pour le moins étranges. Une théorie du complot donne une explication univoque et mono-causale à un événement, résultat d'une action planifiée et dissimulée d'un groupe manipulant les autorités officielles. Les signes de l'intervention de ce groupe sont partout, y compris dans le fait que les preuves manquent ce qui confirmerait la puissance de ce groupe d'influence et ce qui, par conséquent, rend difficile sa réfutabilité.

Il faut bien admettre que les autorités ont accumulé les bévues, maladresses, erreurs, crises d'autorité, mesures absurdes, injonctions contradictoires, réductions drastiques des libertés, manipulations, exclusions, coercitions, décisions sans justification, exercice du pouvoir extrême, usage de tous les moyens de contraintes possibles, mise en place de comités *ad hoc*, de conseils de sécurité soumis au secret au plus proche du pouvoir faisant fi des contre-pouvoir, unanimité de la quasi-totalité des moyens d'informations etc… Tout cela n'a pas vraiment contribué à la confiance et donc une forme de doute (euphémisme) s'est installée dans une partie de la population. Comment, devant un tel décalage entre les mesures mises en place et la réalité objective de la cause, ne pas en arriver à imaginer un objectif dépassant l'entendement. La mise en place de la vaccination en est l'exemple presque parfait. Depuis le début du confinement, les personnes les plus riches sont devenues considérablement plus riches. Forbes a rapporté que 40 nouveaux milliardaires ont été créés « en luttant contre le coronavirus », dont 9 sont des fabricants de vaccins. Business Insider a rapporté que « les milliardaires ont vu leur richesse nette augmenter d'un demi-milliard de dollars » en octobre 2020.

Dans un jeu de miroir permanent et par une forme de fertilisation, les autorités par leur extrémisme et jusqu'au-boutisme ont provoqué l'émergence de théories tout aussi extrêmes pour imaginer une causalité plausible et pour répondre à une question essentielle et métaphysique : Pourquoi ?

Les hôpitaux ne sont pas saturés à cause du Covid

C'est un fait, la politique de lutte contre le Covid du gouvernement a fait le choix de la vaccination et pour atteindre ce but les autorités ont considéré qu'il fallait vacciner toute la population y compris les jeunes enfants. Les premières injections des nouveaux vaccins contre le Covid ont commencé en janvier 2021 pour les personnes les plus âgées. Depuis, la quasi-totalité de la population a été vaccinée. Selon les données officielles (*cf.* figure 12), près de 90 % des adultes ont reçu au moins une dose de vaccin. C'est un chiffre record notamment lorsqu'on le compare au taux de couverture vaccinal contre la grippe qui jusqu'à l'année dernière, n'a jamais atteint 50 %.

Volontairement ou pas les français se sont donc fait vacciner en masse. Mais les autorités ont estimé que cela ne suffisait toujours pas. Cette frénésie vaccinatrice n'est fondée sur aucun argument scientifique mais peu importe, à partir du mois d'octobre 2021 un nouvel assaut est mis en œuvre par les autorités, pour faire pression sur les quelques personnes restantes et bien sûr les enfants, la seule catégorie qui avait été épargnée jusqu'alors et pour cause, ils ne sont pas du tout inquiétés par le virus. Néanmoins, l'idée de les faire vacciner dispose de l'argument selon lequel ces enfants, bien que porteurs sains pourraient être les contaminateurs du reste de la population. Mais comment les enfants pourraient-ils contaminer le reste de la population, vaccinée à 90 % et donc *a priori* protégée ? Le raisonnement commence à être compliqué. Mais ce n'est pas grave tant pis pour les raisonnements compliqués, soyons simples pour une fois, il faut apparemment que toute la population soit vaccinée. Ce n'est plus une stratégie sanitaire, c'est un dogme.

À partir de la mi-novembre 2021, le nombre d'hospitalisations pour problème respiratoire, étiquetées Covid, commence une légère augmentation comme c'est le cas tous les ans à cette période. Sauf que là, les tests reprennent du service et évidemment une partie de ces nouveau hospitalisés sont des « cas Covid ». Par ailleurs, un autre rebondissement fait son apparition dans cette série décidément haletante, le virus vient de muter, désormais nous sommes envahis par un variant baptisée « omicron ».

Le communiqué de presse de la mi-novembre de la Direction de la recherche, des études, de l'évaluation et des statistiques (DREES) du Ministère de la Santé indique : « *Chez les personnes complètement vaccinées [...], le nombre d'entrées en soins critiques est en augmentation : il atteint 3 pour 1 million de personnes complètement vaccinées ; cette population représente 42 % des personnes admises en soins critiques et 48 % des personnes admises en hospitalisation conventionnelle alors qu'elle représente 86 % de la population des 20 ans ou plus* ».

Cette annonce est absolument limpide. En ordre de grandeur, le nombre de malades vacciné admis en soins critiques (42 %) est donc à peu près équivalent à celui des non-vaccinés (58 %).

Puis dès le 9 janvier 2022, pour les plus de 20 ans, ce taux c'est inversé car il était de 60 % de vaccinés (contre 40 % de non-vaccinés) et **pour les plus de 80 ans, la frange de la population la plus à risque, il a atteint les 70 % à la fin septembre et un maximum le 28 octobre 2021 avec 80 % de vaccinés (contre 20 % de non-vaccinés).**

La DRESS confirme par ailleurs, au moment de son communiqué, un taux de couverture vaccinal impressionnant de près de 90 % mais, au total (vaccinés ou non) le taux d'hospitalisation en soins critiques est de 0,7 pour 100 000 habitants, donc très faible.

A priori aucune inquiétude pour ce qui concerne la saturation des hôpitaux et des services de soins critiques mais bizarrement, le communiqué de presse avait pour titre « *Neuf fois plus d'entrées en soins critiques parmi les personnes non vaccinées que parmi celles qui sont complètement vaccinées de 20 ans et plus* »[1]. Les tenants de la vaccination à outrance y voient un excellent argument. Une nouvelle campagne médiatique a été déployée pour accuser les non-vaccinés de saturer les hôpitaux et en particulier les réanimations. Les médias ont évidemment mal traduit ce titre en fabriquant un slogan et faisant croire en le matraquant, que « 9 personnes hospitalisées sur 10 ne sont pas vaccinées[2] », ce qui n'a rien à voir avec la réalité. Le ratio de la DREES de « 9 sur 10 » est un calcul purement « théorique » découlant de la part estimée du nombre de personnes vaccinées en France. D'après la DREES, il y aurait donc 86 % de vaccinés chez les plus de 20 ans. Ainsi, la DREES utilise comme puissante méthode statistique, le fameux « produit en croix » appris à l'école primaire. Elle suppose que si les ratios de soins critiques dans la population par statut vaccinal étaient

1. https://drees.solidarites-sante.gouv.fr/communique-de-presse/neuf-fois-plus-dentrees-en-soins-critiques-parmi-les-personnes-non-vaccinees

2. https://www.bfmtv.com/sante/les-personnes-non-vaccinees-representent-9-patients-sur-10-au-chu-de-nice_VN-202112160035.html

conservés, et qu'il y avait autant de non vaccinés que de vaccinés, alors il y aurait 9 non-vaccinés sur 10 en soins critiques. Ce ratio ne reflète donc en rien la réalité observée en services de soins critiques.

Ce n'est pas grave de manipuler un peu les chiffres car comme chacun le sait « on peut débattre de tout sauf des chiffres » selon le ministère de la Santé, l'idée selon laquelle les « non-vaccinés » saturent les hôpitaux est mise en avant avec pour conséquence qu'il faut vraiment vacciner tout le monde y compris les enfants. Ceci n'est qu'un argument publicitaire supplémentaire car il n'y a jamais eu de saturation des hôpitaux ni avant ni après l'épisode épidémique. En revanche, le fait qu'il y ait toujours des personnes hospitalisées malgré un taux de couverture vaccinale colossal et donc que le vaccin ne sert visiblement à rien, est complètement mis sous le boisseau.

Nous avons déjà montré à partir des rapports de l'ATIH[1] que, ni les soins conventionnels des hôpitaux, ni les services de réanimations, n'ont jamais été saturés en 2020. Cela restait vrai en 2021. Alors que la période hivernale était commencée avec son lot d'infections respiratoires, dont les coronavirus qui engendrent des hospitalisations, seuls 15 % des services de soins critiques étaient utilisés par des patients catalogués Covid, et parmi eux, la moitié sont non vaccinés. J'expliquerai pourquoi cette situation hospitalière n'a rien d'alarmant et en quoi les non vaccinés ne sont en rien responsables de la situation des hôpitaux. Seuls les choix politiques le sont. Il serait indécent de dire que le gouvernement dépense des milliards d'euros en augmentant considérablement la dette du pays, pour que cela ne serve à rien.

1. https://www.atih.sante.fr/sites/default/files/public/content/4144/aah_2020_analyse_covid.pdf et https://www.atih.sante.fr/sites/default/files/public/content/4144/aah_2020_analyse_mco.pdf

Je l'ai montré dans un chapitre précédent, pendant l'année 2020 l'hôpital français n'a jamais été saturé et encore moins, prétendument, à cause du Covid. Les patients identifiés Covid n'ont représenté que 2 % de l'activité, et l'hôpital a été en sous-charge toute l'année. Un très faible 2 %, alors que les déclarations Covid l'ont été avec beaucoup de largesses pour des questions de facturation. Il est en effet plus rentable pour l'hôpital de déclarer un patient Covid car la prise en charge est surfacturée et les périodes d'isolement pour cause Covid permettent de garder plus longtemps des individus, plutôt que pour la pathologie initiale pour laquelle il est venu. Un simple test et s'il est positif, c'est gagné. Les services de soins critiques ont été, eux aussi, sous-utilisés. L'augmentation du recours aux services de réanimations est un trompe-l'œil uniquement dû à la requalification de lits de soins continus en lits de réanimations.

Le 11 janvier 2022, le nombre de patients déclarés Covid admis en services de soins critiques atteint son maximum, inférieur à 4 000 séjours, pour toute la France lors de ce cinquième épisode de l'épidémie[1]. D'après les statistiques de ScanSanté, 20 000 lits[2] de soins critiques sont disponibles en France. Donc au pire moment, c'est seulement 20 % des lits disponibles en soins critiques qui sont utilisés par des patients déclarés Covid. Notons, que ce pourcentage concerne les patients en soins critiques (soit l'addition du nombre de patients en services de soins continus, soins intensifs et réanimations), alors que le nombre mis en avant pour le nombre de lits disponibles est le nombre de lits en réanimations uniquement laissant ainsi croire à une saturation inexistante.

Si nous ajoutons, que nous avons appris dans le rapport de l'ATIH sur le Covid, qu'environ 20 % des patients déclarés Covid

1. https://geodes.santepubliquefrance.fr/

2. https://data.drees.solidarites-sante.gouv.fr/explore/dataset/lits-de-reanimation-de-soins-intensifs-et-de-surveillance-continue-en-france/information/

sont en fait venu à l'hôpital pour une raison complètement différente, mais dont la codification « Covid » permet à l'hôpital une facturation bien plus intéressante, nous pouvons alors schématiser la répartition en services de soins critiques : pour 100 lits disponibles, 15 patients sont identifiés « Covid », 3 ne sont pas venus à l'hôpital pour cette raison, 6 sont venus pour cela et sont vaccinés, 6 sont venus pour cela et sont non-vaccinés. **Les patients Covid non vaccinés venus pour Covid représentent environ 6 % des lits en soins critiques à l'hôpital.**

Rappelons aussi que depuis presque deux ans, les seules déclarations des hôpitaux pour infections respiratoires aiguës sont uniquement celles du Covid. Toutes les autres causes habituellement déclarées ont mystérieusement disparu. Il n'y a plus que du Covid. Pourtant, personne ne s'offusquait jusqu'à présent qu'en période hivernale, l'hôpital observe une recrudescence de malades souffrant d'infections respiratoires. Tous les ans, les hôpitaux alertent sur leur situation préoccupante pour cette raison, indépendamment de la présence de ce nouveau virus. Il est attendu que lorsque l'hiver arrive, des personnes âgées arrivent pour cette cause et les piqûres préventives de « vaccin » n'y ont strictement rien changé. Il n'est donc absolument pas crédible de faire croire à une situation exceptionnelle avec des chiffres aussi bas. La propagande n'avait pas d'autre enjeu que d'imposer des injections répétées de « vaccin » à toute la population quelle que soit la situation sanitaire. Les autorités de santé avaient choisi habilement ces indicateurs pour continuer d'entretenir la peur.

La conclusion est simple : les non-vaccinés ne sont en aucun cas responsable d'une quelconque saturation hospitalière. Leur nombre est bien trop faible à l'hôpital pour embouteiller quoi que ce soit.

Rappelons aussi que les hôpitaux et services d'urgences étaient en grève quasi-continue depuis plusieurs années et jusqu'en 2020 pour dénoncer le manque de moyens humains et la gestion uniquement financière de l'hôpital depuis la mise en place de la tarification à l'acte par Jean Castex en 2007. En 2021 rien n'a changé mis à part la suppression de quelques dizaines de milliers de lits d'hôpitaux et la mise à pied sans solde de soignants récalcitrants aux injections expérimentales, dont on sait pertinemment aujourd'hui qu'elles ne garantissent pas du tout d'avoir des tests négatifs, ni même de ne pas être malade, ou de finir en service de réanimation. **Mais, le gouvernement a trouvé un bouc-émissaire : les non-vaccinés, et a fait croire à la population que pour gérer les problèmes de l'hôpital, il fallait donner des milliards d'euros à des laboratoires pour qu'ils nous fassent des injections régulièrement. Ces mêmes labos qui ont des liens financiers très étroits avec nos politiques.** La fuite en avant que nous constatons mène uniquement à cette question : jusqu'où peuvent-ils prendre les gens pour des abrutis avant que ces derniers ne se réveillent ?

Ministre de la santé, un exercice Kafkaïen

Le « pass sanitaire » a été mis en place à partir de juillet 2021. Il constituait une règle très contraignante pour toute la population française. Il s'agit en vérité d'une quasi-obligation (déguisée selon les dires même des autorités qui le mettent en place) de se faire injecter un produit appelé « vaccin » pour bénéficier de droits fondamentaux comme par exemple, celui d'aller et venir sans contrôles. Initialement, ce pass sanitaire ne devait être mis en place que pour une durée limitée : quelques semaines seulement et au maximum jusqu'en novembre 2021. Au moment où il a atteint cette date, il s'est vu prolongé sans date limite, au motif qu'une probable vague épidémique pourrait arriver.

À partir de janvier 2022, ce « pass sanitaire » s'est transformé en un « pass vaccinal », au prix d'un marathon parlementaire invraisemblable, d'une petite phrase assassine du Président de la République parfaitement assumée en parlant des « non vaccinés » qui en dit long sur son état d'esprit pour la gestion de cette crise : « … J'ai très envie de les emmerder… » et une cascade d'autorisations données par toutes les institutions censées assurer un contre-pouvoir face aux dérives autoritaires.

Le jeudi 3 février 2022, sur une grande chaîne d'information continue, à la question d'une téléspectatrice : « Pouvez-vous nous citer précisément, l'étude scientifique qui explique pourquoi le certificat de rétablissement est passé à 4 mois au lieu de 6 mois ? », Olivier Véran, Ministre de la santé en exercice et accessoirement médecin, se livre à une explication kafkaïenne de haute volée mais néanmoins habituelle et répond :

> « … Ce qu'on veut, c'est ce que nous disent les scientifiques et ce que dit le Professeur Ficher pour le comité d'orientation de la stratégie vaccinale, c'est qu'au fond, il faut, pour bénéficier du pass, il faut qu'on ait été exposé, que notre système immunitaire ait été exposé trois fois, au moins trois fois. Une stimulation ça peut être une injection de vaccin ou ça peut être une infection. Et qu'au minimum, il faut avoir reçu une dose de vaccin pour renforcer l'immunité. Qu'est-ce que ça veut dire ? Et là c'est là que ça se simplifie : si vous avez eu une injection et deux infections, deux épisodes infectieux, ça arrive, vous avez eu deux injections et une infection, que cette infection soit arrivée avant les injections, au milieu ou après, ou si vous avez eu trois injections de vaccin, vous conserverez le bénéfice de votre pass.
> JOURNALISTE : Sans limite de temps ?
> O. VÉRAN : Sans limite de temps, jusqu'à ce qu'une limite soit fixée si la situation évolue… Mais aujourd'hui, c'est sans limite de temps. D'accord ? Donc cette règle-là elle est plus simple.
> JOURNALISTE : Donc la question de notre téléspectatrice n'a plus lieu d'être pour vous ?

O. VÉRAN : Vous allez voir qu'un petit peu… si, quand même : Si vous n'avez pas eu du tout d'injection de vaccin même si vous avez eu trois fois une infection, ce qui n'est pas de chance, mais ça peut arriver… Là, il vous faut quand même une dose de vaccin. Et en revanche, si vous avez eu une seule dose de vaccin et une seule infection, c'est là que vous avez 4 mois pour avoir le rappel pour que ça corresponde et que ça vous fasse rentrer. Donc retenez ça : Une injection égale une infection
JOURNALISTE : Donc, attendez… C'est la règle que vous nous annoncez ce soir d'une certaine manière. Il y a un changement de cap, un changement de règle, ou une simplification de la règle, désormais. On va prendre le cas de figure le plus courant : J'ai eu une première dose, une deuxième puis cette dernière semaine j'ai eu Omicron, ça vaut comme une troisième dose d'une certaine manière.
O. VÉRAN : Ça vaut comme une troisième dose.
JOURNALISTE : Donc vous avez le droit au pass vaccinal.
O. VÉRAN : Pour le pass vaccinal… Ce que nous disent les scientifiques à coté de ça, et notamment le professeur Ficher, il nous dit qu''il est recommandé, chaleureusement recommandé, et vous serez très bien reçus si vous allez en centre ou chez votre médecin ou chez votre pharmacien, d'avoir quand même une troisième dose de vaccin. D'accord ? Mais pour le pass vaccinal, on simplifie avec ce dispositif. Mais encore une fois, si vous n'avez eu que deux doses de vaccin, et même si vous avez eu une infection, il est recommandé mais pas obligatoire pour disposer du pass vaccinal, d'avoir votre troisième injection. »

Après avoir subi cette succession d'évolution des règles coercitives pour une vaccination généralisée de la population et donc de pérennisation de cette contrainte, comme de nombreux français, la téléspectatrice s'interroge sur les modalités de ce pass vaccinal notamment sur la durée de sa validité. En effet, elle a remarqué que pour être valide, il était envisagé de se faire injecter le produit en question à fréquence régulière. Elle cherche à comprendre pourquoi la période entre deux injections est passée de 6 mois initialement à 4 mois et surtout comment cela était justifié scientifiquement. Cette interrogation est parfaitement légitime car au-delà de l'obligation vaccinale pour éviter de perdre une partie de sa liberté, il reste à savoir évidemment combien de temps cette « faveur » reste valide ?

Le ministre de la santé ne répond pas à la question et pour cause, il n'existe aucun article scientifique sérieux montrant qu'il faut injecter massivement un vaccin à une population pour que celui-ci soit efficace. La mise en place de ces règles est donc d'une nature qui n'a rien à voir avec la science, argument pourtant majeur pour justifier sa mise en place : une escroquerie parmi tant d'autres.

Contre toute attente, au moment où le pass vaccinal était voté en France, de nombreux pays européens (dont le Danemark, l'Espagne, le Royaume Unis) décident de considérer l'épidémie comme terminée et la considèrent désormais comme un phénomène endémique, autorisant ainsi la levée progressive de toutes les contraintes sanitaires. À peine deux mois après sa mise en place en France par un gouvernement fébrile, il est levé.

IX

Chronique d'une pandémie annoncée Rapport n° 685 du Sénat

« L'histoire est la science des choses qui ne se répètent pas »

Paul Valéry

Ce n'est que très tard, fin 2021, que j'ai entre les mains le document dont ce chapitre est l'objet. Un document tellement étrange que je me suis demandé si je n'étais pas l'objet d'une mystification pour me décrédibiliser définitivement.

À la suite d'une intervention du Dr. Philippe de Chazournes lors d'une des séances hebdomadaires du Conseil Scientifique Indépendant (CSI[1]), je prends connaissance d'une version synthétique d'un document de 163 pages disponible sur le site du Sénat[2]. « Rapport n° 685 (2009-2010) de M. Alain Milon déposé le 29 juillet 2010 de la commission d'enquête du sénat sur le rôle des firmes pharmaceutiques dans la gestion par le Gouvernement

1. Le Conseil Scientifique Indépendant est constitué par un groupe très large de chercheurs de toutes disciplines. Depuis la première réunion du 8 avril 2021, le CSI propose toutes les semaines des réunions publiques retransmises en direct sur des chaînes d'information vidéo sur Internet. Ces réunions font l'occasion de discussions autour de communications scientifiques à destination du grand public pour donner un autre éclairage sur l'épidémie de Covid.

J'ai participé à quelques unes de ces réunions et je considère qu'il est fondé sur le modèle de l'Opposition Shadow Cabinet des parlementaires britanniques.

2. http://www.senat.fr/rap/r09-685-1/r09-685-1.html

de la grippe A (H1N1) apparue en France en 2009. Ce dernier est lui-même une synthèse des minutes des auditions (600 pages) menées à l'occasion de cette enquête parlementaire du Sénat.

Lorsque que j'ai lu le document la première fois, je ne savais pas vraiment d'où il venait. Plus j'avançais dans sa lecture et plus je pensais que c'était un canular. Cela ressemble à une collection de « fake news ». Pourquoi ? parce que ce document semble en première lecture être d'une actualité troublante. Il décrit exactement, la situation vécue pendant cette crise du Covid.

Comme si les autorités s'en étaient inspirées pour faire exactement le contraire de ce qui avait été recommandé 10 ans auparavant ! Tout ce qui avait été prévu pour l'éviter et tout ce qui a été fait à rebours pour l'amplifier…

La crise du H1N1, je l'ai déjà évoquée ici, fait partie d'une longue série d'épidémies qui toutes ont provoqué des réactions réflexes des autorités en place à chaque époque. La crise H1N1 avait particulièrement éprouvé la population et les accointances de certains décideurs avec l'industrie pharmaceutique avait été pointées du doigt. De fait, une enquête avait été menée par nos parlementaires. Mais dix ans c'est long et la mémoire est apparemment très courte.

Il serait évidemment beaucoup trop long de rependre et commenter ici les multiples références de ce rapport en clin d'œil à notre situation lors de la crise Covid. Je ne reprendrais que quelques extraits relatifs à notre expérience pour faire en quelque sorte une « bande annonce » à la lecture du document complet. Voici donc « Les leçons de la première pandémie du XXIe siècle » Le Sénat et le H1N1 (2009).

Les leçons du passé pour le futur

Notre humanité a été secouée au cours de son histoire par des grandes peurs. Elles-mêmes sont la résultante à un niveau macroscopique des peurs intimes et individuelles inhérentes à la vie de chaque être dans son instinct essentiel, celui de la conservation. L'homme a peur de mourir, c'est ainsi. Or, comme nous l'avons exprimé, les sociétés occidentales qui jusqu'à présent sont les plus « avancées » (au sens large) sont aussi celles qui globalement « vieillissent » le plus. Schématiquement, cela veut dire que les effectifs des individus les plus âgés deviennent prépondérant par rapport à ceux des plus jeunes. Ce phénomène entraîne de très nombreuses conséquences parmi lesquelles un sentiment d'affaiblissement qui, pour faire court, entraîne une forme de crainte sourde, génère toutes sortes de peurs assorties d'une incapacité d'adaptation aux changements et notamment aux changements rapides. L'émergence des préoccupations écologiques dans ces pays est lié à cet état d'esprit. Ainsi peu ou prou, comme toute personne qui sent sa force décroître au soir de sa vie, nos sociétés sont en proie aux grandes peurs. Une sorte de sentiment millénariste, une étrange atmosphère de fin de règne, de décadence. Les scénarios du pire apparaissent et qu'y a-t-il de pire qu'une mutation de virus engendrant une pandémie qui décimerait l'humanité et en premier lieu les plus fragiles ? Cette lancinante préparation des esprits nous hante depuis plusieurs décennies et c'est ce que reflétait le rapport de la commission d'enquête du sénat de 2009.

Sur la préparation des esprits

Page 33 de ce rapport, on peut lire : « *Les préparations aux pandémies se sont essentiellement* ***focalisées*** *sur les* ***« scénarios du pire »****, conduisant les autorités publiques à réagir à l'apparition du virus comme s'il s'agissait* ***d'un événement sanitaire sans précédent****.* ». Puis, page 154 : « *Cet état d'esprit a permis le développement de la croyance, reprise, amplifiée puis partagée par la quasi-totalité de la communauté scientifique, en la survenue d'une catastrophe pandémique à venir, nouvelle forme de millénarisme dont les conséquences se sont avérées très coûteuses pour la société.* »

Parallèlement à la mobilisation des Etats face au risque pandémique, beaucoup d'interlocuteurs de la commission d'enquête ont insisté sur les mécanismes ayant abouti à la préparation collective des esprits, et notamment de la communauté scientifique, à l'émergence d'un risque pandémique de type H5N1, tendant à transformer inconsciemment ce qui ne constitue que des prédictions scientifiques en une sorte de « *désir de pandémie* » et qui a incité les experts à considérer ce qui apparaît aujourd'hui comme le retour d'un virus ancien.

Sur le rôle délétère de certains scientifiques

Page 33 : « *Les prédictions scientifiques sont-elles devenues inconsciemment des espérances ? Des mécanismes ayant abouti à la préparation collective des esprits, et notamment de la communauté scientifique, à l'émergence d'un risque pandémique... tendant à transformer inconsciemment ce qui ne sont que des prédictions scientifiques en une sorte de « désir de pandémie »*. Page 147 : « *C'est ainsi que les scénarios les plus pessimistes ont été privilégiés sans qu'aucun fait ne vienne les étayer et que toutes les informations rassurantes disponibles ont été écartées ou ignorées.* »

J'observe que c'est exactement ce qui s'est passé au cours de l'épidémie de Covid et que j'ai dénoncé dès l'arrivée des premiers cas en France. Un néologisme « rassuriste » a même été inventé pour me qualifier[1] et surtout me disqualifier (*Libération* : « *Pour ce chercheur de l'Inserm, chef de file du camp des «rassuristes* »).

Sur le rôle néfaste des tests

Page 35 : « *D'une certaine manière, plus on est capable, techniquement, de chercher des « anomalies »,* ***plus on en***

1. https://www.liberation.fr/checknews/2020/09/26/sur-quoi-se-fonde-l-epidemiologiste-laurent-toubiana-pour-affirmer-que-l-epidemie-est-terminee_1799520/

cherche et plus on en trouve** sans qu'elles soient pour autant* ***pertinentes.

L'arrivée d'une pandémie est perçue comme quasi inévitable, faisant de la pandémie un événement à la fois très probable et lourd de conséquences. »

Ces mécanismes, assez difficilement saisissables, semblent étroitement liés aux spécificités du domaine de la recherche.

Il résulte de ces différents mécanismes qu'il ne s'agit finalement plus de savoir si la pandémie va se produire, mais QUAND. C'est la logique qui ressort de l'avis du HCSP du 5 septembre qui indique : « *aujourd'hui, la probabilité de survenue d'une pandémie est élevée sans qu'il soit possible d'en prédire la date de survenue et son intensité* ». L'arrivée d'une pandémie est perçue comme quasi inévitable. (P 35)

Sur le rôle dévastateur des modèles mathématiques pour engendrer une politique de la peur

Les mesures de confinement généralisé de la population ont été fondées sur la base d'une prédiction farfelue de la surmortalité de 500 000 mort (ex. 400 000 morts supplémentaires annoncés par E. Macron lors de la mise en place du 2e confinement.)

Au cours de cette crise, j'ai été invité sur des plateaux de télévision. J'ai rencontré de nombreux journalistes avec lesquels je discutais. Marc Menant, journaliste sur Cnews, m'avais dédicacé un de ses ouvrages, sur la santé[1] dans lequel j'ai pu lire : « *Dépenses colossales décidées dans un climat qui frise la panique attisée par les instances médicales et, en particulier, par deux professeurs en médecine de l'hôpital de la Pitié-Salpêtrière à Paris, Jean-Philippe*

1. Marc Menant, *La médecine nous tue*, Édition du Rocher, 2008.

Derenne, pneumologue; et François Bricaire, spécialiste des maladies infectieuses. Dans le livre « Pandémie, la grande menace de la grippe aviaire » [Fayard, 2005], ils prédisent une hécatombe gigantesque, avec, rien qu'en France, 500 000 morts! Pour éviter le carnage, qu'une solution la vaccination!» Encore une fois, c'est étonnant comme l'histoire semble se répéter...

Mais revenons à notre rapport 685 du Sénat, page 153: «*Les modélisations destinées à prévoir les scénarios d'évolution des pandémies manquent de solidité. [...]Appliqués à des domaines où le nombre de données fiables disponibles est particulièrement faible par rapport au nombre de variables prises en compte dans leur construction,* ***ces modèles relatifs à la diffusion du virus ne doivent pas être utilisés pour asseoir une politique de prévision en matière de santé****. [...] Ils ne peuvent être que des hypothèses mises en forme et les prédictions qui en découlent restent pleines d'incertitude quant à leur relation avec la réalité.* »

En effet quand on lit ces lignes et quand on pense que nous avons dû subir deux confinements et des couvre-feux sur la base de prédictions de modèles, il y a de quoi rager un peu. Tout avait été écrit et ils ont fait exactement le contraire. Seraient-ils incompétents? je signale au passage, en priant le lecteur d'excuser ces auto-citations, qu'une fois de plus j'avais écrit à peu près la même chose: «*Par exemple, en déduire des taux de reproductions de base (nombre de cas secondaires à partir d'un cas primaire) pour un modèle de prédiction épidémique est délicat car les erreurs commises sont cumulatives et engendrent très rapidement des valeurs aberrantes*».

Sur le rôle de l'OMS

Page 42: «*Les travaux de la commission d'enquête du Sénat soulèvent un certain nombre de questions sérieuses sur l'opacité de la gestion par l'OMS de la crise pandémique, comme sur les conflits d'intérêts de certains de ses experts et leurs conséquences sur les recommandations formulées par l'OMS. [...] Après avoir d'abord réfuté en bloc ces critiques, considérées comme relevant de « théories du complot », l'OMS semble avoir pris conscience de la nécessité d'en tenir compte, mais les premiers indices de cette prise de conscience sont encore insuffisants ».*

Et, oui la « théorie du complot » existait déjà à l'époque, en 2009 ! Et par qui était-t-elle utilisée ? l'OMS ? « *Moi, j'ai dit bizarre ? Comme c'est bizarre...* »[1]

La stupidité de la vaccination de masse

Page 76 : « *M. François Autain, président de la commission, demandait quels étaient les fondements scientifiques qui permettraient de justifier une vaccination de masse ? [...] Il semble que les experts chargés de décider de la meilleure stratégie vaccinale aient considéré la nécessité de vacciner l'ensemble de la population comme une évidence* ***a priori.*** »

Page 77 : « *Ceci apparaît d'autant plus dommageable que les fondements scientifiquement établis de la stratégie vaccinale y sont contraire. Une vaccination de masse ne présente d'intérêt collectif que si elle est achevée avant l'arrivée du virus, afin d'obtenir un effet « barrière » qui empêche sa circulation au sein de la population. Ce mélange des domaines, éthique et technique, est donc source de confusions, et ne peut que nuire à l'élaboration de la décision politique, qui doit avoir une perception claire des différentes données pour juger de leur importance relative.* »

Après la lecture de cet ouvrage, j'ose espérer que le lecteur est maintenant bien informé de ce qu'est « l'effet barrière ».

1. Réplique culte de Louis Jouvet dans *Drôle de drame*, film de Marcel Carné, sur un scénario de Jacques Prévert, 1937.

Apparemment les experts du Conseil Scientifique Covid nommé par le président de la République pour le conseiller justement, semblaient l'ignorer alors que c'était écrit dans le rapport du Sénat.

Les autorités qui ont géré cette crise semblent à peu près tout ignorer sur la gestion d'une crise sanitaire. À mon humble avis, c'est quand même un peu scandaleux (euphémisme).

Sur les conflits d'intérêt de certains influenceurs

P 151 : « *Parmi les experts ayant fait part à la presse de pronostics alarmistes, on compte le Pr. Antoine Flahault. Celui-ci, dès le mois de mai 2009, affirmait dans la presse que cela pourrait entraîner 30 000 morts lors d'un pic intervenant après l'été.* [...] *Il a indiqué qu'il n'entretenait pas de liens d'intérêts directs avec l'industrie pharmaceutique et qu'il n'appartenait plus au conseil d'administration du syndicat des entreprises du médicament, le « LEEM recherche ». Néanmoins, son nom apparaît parmi les membres de cette structure* [...] *Il en est de même pour le Pr. Delfraissy qui est membre de la fondation du laboratoire pharmaceutique GSK.* [...] *Quant à Bruno Lina qui a conseillé la ministre de la santé durant cette crise, il a tenu lui aussi des propos très alarmistes devant les journalistes alors qu'il était membre de droit du Comité de lutte contre la grippe (CLCG)* »

Ou comment clore un chapitre en beauté.

Nous apprenons que les principaux acteurs de la crise Covid, soit en tant que membre (voire le président) du Conseil Scientifique Covid nommé par le président de la république, soit en tant qu'influenceur notoire et alarmiste très médiatisé de cette crise (on ne change pas une technique qui gagne), étaient déjà acteurs lors de la crise précédente. « *Moi, j'ai dit bizarre ? Comme c'est bizarre...* »

X

Pour résumer : le rôle des médias dans cette crise

"La culture est basée sur l'individu, les médias mènent vers l'uniformité ; la culture éclaire la complexité des choses, les médias les simplifient."

Milan Kundera
Entretien avec Antoine de Gaudemar,
février 1984

La médecine est un « Art » mais les médias ne le savent pas

La médecine n'est pas une Science. La médecine est un Art. Cela ne veut pas dire que les médecins sont des artistes mais une chose est sûre, les médecins ne sont pas des scientifiques. Certains médecins sont *aussi* des scientifiques, comme certains médecins sont *aussi* des artistes, mais c'est loin d'être le cas général. Si je me permets de faire cette introduction sur un ton badin, c'est justement parce que la confusion dans l'esprit du grand public est patente. Non seulement cette confusion existe mais elle est entretenue par le corps médical et véhiculée par les médias comme nous allons le montrer.

Aider son prochain, le soutenir, le secourir, le soigner sont des actions propres à la nature humaine car l'homme est un être social et cette solidarité élémentaire est l'une des manifestations du lien qui l'uni au reste du groupe humain. Le degré de solidarité et de compassion envers son prochain est plus ou moins flagrant dans un groupe, selon les individus. Depuis la nuit des temps certains individus ont spontanément cet élan de soutien envers l'autre lorsque celui-ci montre des signes de faiblesse. Il est sûr que les médecins font partie de cette catégorie de personnes. Il s'agit là d'une activité s'attachant à des valeurs de vertu qui élèvent la nature humaine, c'est indubitable. C'est l'une des raisons pour laquelle le médecin à une image incontestablement positive dans une société. Ces valeurs, ces choix et tout ce qu'ils représentent ont d'une manière générale une très grande crédibilité, un niveau de confiance extraordinaire auprès de la population. Pendant la crise du Covid pendant le premier confinement, les applaudissements du soir ont été un témoignage de cette très sincère gratitude.

Les scientifiques dans un autre registre, bénéficient eux aussi d'une aura très positive dans le grand public. Ce sont des « sachants », des « savants ». Ils ont un accès privilégié à la connaissance, au savoir et cela leur donne un ascendant indéniable et une forme de respect de la part de leurs congénères. Etrangement ces deux figures du groupe social, le « soignant » et le « savant » sont des icônes emblématiques d'une société et elles peuvent parfois être confondue en une seule catégorie : le « sachant-soignant ». Une sorte de « mage » ou de « sorcier » voire de « gourou » dans l'imaginaire collectif. Un « docteur » c'est un peu ça. Mais cette confusion pourrait nous entraîner sur des terrains glissants.

Le médecin soigne. Son activité se situe au niveau de l'individu. Le médecin reçoit en direct, la souffrance des êtres humains. Il est normal que lui-même puisse en souffrir. D'ailleurs, les plus enclins aux « burn-out » sont justement les médecins. Les médecins sont des hommes, ils sont aussi fragiles et la société doit les protéger.

Au début de l'épidémie au printemps 2020, alors que le gouvernement, pour faire des économies, n'a pas jugé utile de reconstituer les stocks de masques, les premiers à en pâtir seront justement les médecins. Alors les médecins ont peur et c'est normal. Lorsqu'un média interroge un médecin sur une épidémie, il dit ce qu'il voit et ce qu'il voit à son échelle est la souffrance humaine donc c'est ce témoignage-là qu'il passe via le miroir déformant et amplifiant de « l'information de masse en continu » pour laquelle, étant donné le « format raccourci », il est difficile de contextualiser. C'est à dire que l'on montre par l'intermédiaire du médecin un tout petit échantillon d'une réalité plus vaste. Au-delà de cette difficulté, une contextualisation ne serait pas nécessairement très « productive » car l'information de masse et en continu, se nourrit de « sensationnel » et non d'« analyses » un peu trop compliquées. L'exercice médiatique engendre un « bénéfice » réciproque des entités en jeu. Le médecin peut faire état de la difficulté de ce qu'il vit et renforce ainsi son image « solaire » de bienfaiteur. Quant au média, il focalise l'événement sur des faits saillants et impressionnants, parfois loin d'une information globale, laquelle serait peut-être moins « performante » en termes d'impact même si ce qui est véhiculé est en décalage certain avec la réalité de l'épidémie.

Le scientifique, en l'occurrence l'épidémiologiste, a lui une vision générale. Détaché du pathos, il regarde le phénomène de manière globale, au niveau collectif à travers des abstractions remontées de capteurs intégrés par des systèmes d'informations. Ces remontées, traduites en chiffres et en statistiques sont transmuées en connaissances aux prix de quelques efforts. C'est un être « gris », derrière son écran, avec du papier et des crayons. Il ne soigne pas, il n'entend pas les cris, les désespoirs des patients au bord de la mort ou secoués par d'atroces convulsions. Le scientifique n'est pourtant pas un être insensible mais son métier ne lui renvoie pas de souffrances. Son métier lui envoie des signes d'un phénomène abstrait qui le dépasse et dépasse tout le monde. Il doit le quantifier, l'interpréter et éventuellement prévoir sa trajectoire pour, le cas échéant donner des pistes à une éventuelle intervention.

Il est évident que cette approche est beaucoup moins « vendeuse » pour les médias. Qu'un scientifique puisse dire: « vous savez, j'en ai vu d'autres et je ne vois rien ici de très inquiétant... », ce n'est pas très attractif.

D'où le déséquilibre entre ces deux figures emblématiques, le « soignant » et le « savant », lors d'une intervention dans la sphère médiatique. Le problème intervient lorsque par un jeu de confusion, le soignant se targue d'être aussi le savant. Lorsque tout ce petit monde se mélange.

Ainsi, il n'était pas rare que sur les plateaux de télévision, pour faire chic, le journaliste m'affuble du titre pompeux et trompeur de « Professeur » car dans l'imaginaire un Professeur est un médecin qui est supérieur aux autres médecins. En effet, lorsqu'on est vraiment malade, c'est un Professeur qui, à l'hôpital, après un long temps d'attente, vous accorde un peu de son propre temps (c'est aussi ça, être patient).

Bien sûr, ce titre symbolique attribué à tort, je tentais systématiquement de le rectifier mais la tâche est difficile. Un médecin n'est ni un docteur, ni un scientifique. Cependant pour être complet, les médecins ayant le titre de professeur, sont tous des docteurs car il s'agit d'un titre associé à une fonction de médecins enseignant-chercheur d'université donc nécessairement titulaire d'un doctorat.

Une telle explication est évidemment ridicule et serait inenvisageable à chaque fois que l'on m'a appelé professeur ou cru que j'étais médecin mais je me suis permis de le préciser ici car cela participe au mélange des genres. L'effet « blouse blanche » est bien connu. Sa charge symbolique a pour conséquence de valider l'expertise, le savoir donc le pouvoir. L'habit ne fait pas le moine mais la « blouse blanche du docteur » et pourquoi pas son stéthoscope, participe à imposer avec crédibilité des concepts ou des mesures qui pourraient éventuellement être contraires au bon sens du bon peuple.

Le rôle des médias dans cette crise a été déterminant

Un « conseil sanitaire » sur le modèle du conseil de sécurité a été mis en place à l'occasion de la crise Covid. Nous ne connaissons pas l'identité des personnes qui en sont membres mais ce conseil prend des décisions sous secret défense avec des contenus non consignés par écrit et dont rien ne pourra être dévoilé avant 50 ans. Ce conseil dont on ne connaît pas le fonctionnement, pour diffuser ses décisions a besoin d'utiliser les canaux usuels de communication auprès du grand public. C'est sa communication et c'est donc la communication officielle. Pour cela il utilise, normalement, les médias. Le rôle des médias est donc déterminant pour donner cette information. Cependant, dans une démocratie, l'information est censée être plurielle et équilibrée. Il s'avère, au cours de cette crise, qu'en fait, les organes de diffusion de l'information ont détruit systématiquement toute voix différente des messages de la communication officielle, discréditant toute idée divergente, toute interrogation sans pour autant apporter des preuves autres que des affirmations : ceci est la vérité. Le choix des experts a servi à cela. Donner des réponses pour éviter le questionnement ou marteler des demi-vérités qui permettent d'affirmer des choses finalement fausses (partiales et partielles) sans éveiller l'attention. Tout ce qui sort de la bouche de l'expert est la vérité, car c'est un spécialiste. Mais quand l'expert ne dit pas exactement ce qui est attendu, il est, en quelque sorte, exclu. Il n'y a pas de discussion possible.

Pour conclure ce chapitre, une nouvelle fois je m'inspire du livre Michèle Tribalat *Les yeux grands fermés*[1] dont les réflexions

1. Michèle Tribalat, *Les yeux grands fermés*, *op. cit.*

sur le comportement des médias et leur influence sur l'opinion publique dans le cadre de son sujet sur l'immigration se transpose de manière presque directe sur la réflexion autour de la crise du Covid. L'*a priori* idéologique est déterminant dans la manière d'aborder tout ce qui se rapporte à l'épidémie de COVID en France. La réalité, la mise en évidence des faits ne compte guère. Il faut avant tout se positionner, donner des gages, montrer que l'on pense comme le discours officiel. Rester du côté du bien demande une vigilance qui se paye au prix du refus d'une analyse rationnelle du réel. C'est partir en mission contre ceux qui pensent différemment, contre ceux qui doutent. Rester du côté du bien, c'est faire le vide au détriment d'une pensée raisonnée à partir des faits et de la réalité. C'est ce qui s'appelle persévérer dans l'erreur et pour la masquer, mettre en place la terreur.

Les médias peuvent s'abstenir de révéler certaines réalités, pratiquer la restriction mentale, plaider pour des politiques auxquelles ils ne croient pas, par crainte d'être suspectés de déviance et donc d'être marginalisés voire diabolisés mais aussi par crainte de la réaction de la société.

L'appauvrissement du savoir peut lui-même conduire à une transformation des préférences privés réduisant ainsi les dissensions possibles avec la pensée dominante et par dominante il faut entendre moralement dominante et non numériquement dominante.

Dans cet ouvrage je me donne pour objectif de présenter des informations et des analyses qui n'ont généralement pas eu d'échos ou très peu dans le grand public et d'en remettre en question d'autres que l'on tient pour acquises du seul fait de leurs répétitions. Les médias répugnent généralement à livrer certaines informations même lorsqu'elles leur sont communiquées, parce qu'elles pourraient bousculer l'opinion publique. Cette emprise morale se traduit par la rétention, l'arrangement des faits, l'abstention, sans compter la faible incitation à une connaissance dégagée de tout enjeu idéologique. C'est un syndrome dénoncé par Georges Orwell qui consiste soit à présenter sous un jour défavorable des faits qui dérangent, soit à les dissimuler, soit à incriminer le porteur de visions différentes.

Pour ceux qui souhaitent analyser un cas « concret » et vécu de désinformaation, je place en annexe l'étude détaillée d'une critique de l'AFP sur mes travaux. J'y réponds point par point et montre la méthode malhonnête utilisée par cette agence.

Conclusion

Transformer un abominable fiasco en une réussite formidable

«… la destinée réservée à toute vérité, […] un triomphe d'un instant sépare seul le long espace de temps où elle fut taxée de paradoxe, de celui où elle sera rabaissée au rang des banalités.»

Arthur Schopenhauer «*Le Monde comme volonté et comme représentation*» (1819)

Dès le début, tout me semblait «aller de travers» et je l'ai écrit dans ma première analyse[1] : «*Certains lanceurs d'alerte n'hésitent pas à prédire les pires situations nonobstant les conséquences économiques, sociales et anxiogènes. […] Tout est possible mais ce sont des conjectures, rien ne permet pour l'instant de croire à de telles hypothèses*». J'ai rapidement détecté que les habituels annonciateurs d'apocalypse commençaient à mettre en place leur «mécanique à générer de la peur»[2]. Je me suis dit alors qu'il fallait déchiffrer et, peut-être, apporter au plus grand nombre des éléments de compréhension de cette crise qui s'annoncait. Depuis près de 30 ans, sans l'avoir formalisé, j'ai souvent été le témoin de tels comportements «alarmistes» (probablement d'intention

1. L. Toubiana, «Covid : une épidémie déconcertante», *op. cit.*

2. Flahault A. Has China faced only a herald wave of SARS-CoV-2? Lancet. 2020 Mar 21;395(10228):947

louables) de ces « lanceurs d'alerte » en particulier dans le domaine de la santé et des épidémies. Mais il existe malheureusement un effet pervers à l'alerte. Il engendre en effet la peur chez celui qui la reçoit et l'hubris chez celui qui la porte. De plus ce dernier ne prend pas de risque à alimenter la panique qu'il provoque car personne ne lui reprochera d'avoir alerter pour rien. Nous avons dans cette crise du Covid assisté exactement à ce type de comportement de la part des fabricants de peur. **Les autorités ont paniqué et, au nom du principe de précaution, ont mis en place des « mesures ».** Puis après la période de « sidération », le gouvernement et la plupart des médias ont entretenu une forme de peur profonde. Une profusion inédite de chiffres et d'informations diffusés quotidiennement pendant de longs mois a contribué à une amplification de la perception de la menace, engendrant une forme de terreur généralisée. La catastrophe annoncée n'est pas arrivée et les autorités ont dit que c'était grâce au fait d'avoir mis ne place les mesures préconisées par les alarmistes. Le Dr David Nabarro, envoyé spécial de l'Organisation Mondiale de la Santé pour le Covid, avait qualifié le confinement de « *catastrophe mondiale* » en octobre 2020 : « *Nous, à l'Organisation Mondiale de la Santé, ne préconisons pas le confinement comme principal moyen de contrôle du virus [...] Ce serait une terrible et horrible catastrophe mondiale.* »

Il est difficile de mesurer les impacts d'une « mesure ». En revanche, les dommages sociaux, économiques et autres pour la santé publique sont plus mortels que le « virus ». La confusion, la crainte et la sidération, ont permis de faire subir à une immense partie de l'humanité des contraintes inacceptables au seul motif qu'elle était prétendument en danger de mort imminente. Cette vision naïve du volontarisme sanitaire s'est soldée par un fiasco gigantesque. Ces mesures ont eu un coût faramineux au regard de la réalité du danger. Un coût économique évident mais aussi un coût social et sanitaire dépassant de très loin la dangerosité du mal lui-même. L'analyse des faits montre le décalage insoutenable entre la réalité du danger et la privation de libertés opérée par les autorités sanitaires sur les populations aux motifs de les protéger.

De la « catastrophe » au « chaos »

J'observe que ma perception de l'émergence d'une nouvelle épidémie comme celle du Covid se situe au centre de nombreuses tensions dont les principales sont celles qui opposent, général et particulier, tout et partie, macroscopique et microscopique, collectif et individu, complexité et simplicité, réflexion et action, agitation et sérénité, passé et futur, vie et mort, Dottore Balanzone et coups de bâton[1].

Comprendre, chercher à comprendre, poser des questions, tenter d'y répondre, acquérir puis produire de la connaissance (quel que soit le domaine), est le propre de la nature humaine. Pour certains, cette quête est permanente, une habitude ou une obsession. Dès leur enfance, certains pensent qu'ils pourront en faire leur métier et certains autres leur ont donné l'envie de réaliser ce rêve. Être un scientifique est une chance, c'est une activité merveilleuse.

Alors que j'arrive à la conclusion de ce livre, il me semble bon de rassembler autour de mon propos, par proximité étrange comme l'attracteur du même nom, quelques figures qui m'ont accompagné tout au long de mon cheminement scientifique et aussi à une autre échelle, pendant l'écriture de ce livre. Après un

1. Personnage de la commedia dell'arte. Le Docteur est un personnage prétendu savant : son manque de connaissance le contraint à utiliser un jargon approximatif, dénué de sens. Son imposture finie par apparaître et se termine pour lui, par des coups de bâton. C'est une satire des savants pédants tels qu'ils sont décrits dans le théâtre de Molière.

parcours qui commence à être long, je me suis aperçu que j'avais finalement rencontré beaucoup de personnages extraordinaires. Il serait évidemment impossible de les convoquer tous ici. Alors, je vais appeler les plus lointains d'entre eux, ceux de la genèse d'une vocation. Jeune étudiant, je n'avais qu'une connaissance livresque de ces chercheurs. Je les côtoyais par leurs écrits. Je n'imaginais pas que nos chemins pourraient un jour se croiser. Il est émouvant qu'un jour, au hasard d'un congrès ou d'un jury de thèse subitement, l'un d'entre eux, apparaisse, il est là, physiquement. C'est ça aussi, la magie de la science.

Le premier auquel je pense est Benoît Mandelbrot, mathématicien découvreur des fractales, une nouvelle classe d'objets mathématiques (ensemble de Mandelbrot). Il avait aussi travaillé sur des applications de la théorie de l'information. Longtemps j'ai médité, sur la transposition de telles théories à ma propre recherche. Ainsi, lors de ma toute première analyse à laquelle j'ai tant de fois fait référence, comme un fil rouge de ma réflexion sur cette crise, j'écrivais : « *Cependant, dans l'hypothèse forte et risquée que la dynamique de cette épidémie reste identique partout* ». Cette hypothèse, je l'ai ensuite vérifiée et décrite dans un article montrant que cette épidémie se comportait quel que soit le lieux et l'échelle d'observation exactement de la même manière[1]. Ainsi, l'étude détaillée du cas de la France était suffisamment riche pour comprendre globalement le phénomène (*cf.* certain de mes anciens articles[2],[3]). Mais cette invariance d'échelle peut se comprendre aussi métaphoriquement, j'avais d'ailleurs exploré cet aspect en

1. Krywyk J., Oettgen W., Messier M., Mulot M., Ugon A, Toubiana L., "Dynamics of the Covid-19 pandemics: global pattern and between countries variations" medRxiv 2020.

2. Bonabeau E., Toubiana L., Flahault A., "Evidence for global mixing in real influenza epidemics" J Phys A 1998 31:361-365

3. Bonabeau E., Toubiana L., Flahault A., "The geographical spread of influenza", Proceedings of the Royal Society of London, 1998, 265:2421-5.

modélisant le comportement du système immunitaire vis à vis d'une charge pathogène en exploitant une approche utilisant des systèmes d'équations différentielles très simples et connues sous le terme générique « proie-prédateur ». Il s'avère que les mêmes équations peuvent être utilisées à différentes échelles, au niveau individuel, comme au niveau d'un groupe immense d'individus, voire l'humanité toute entière. Les progrès de la technologie et la puissance de calcul des processeurs modernes peuvent donner libre cours aux simulations numériques les plus folles. Ainsi, et par un raccourci audacieux il est possible de comprendre le caractère homothétique de ce qui se passe à l'intérieur d'un individu lorsqu'une charge pathogène le pénètre et ce qui se passe dans une population lors de l'émergence d'une épidémie.

Je n'ai malheureusement jamais rencontré Benoît Mandelbrot. En revanche, à la fin des années 1980, un de mes collègues passait sa thèse d'état sur les capacités d'auto-organisation des systèmes non-linéaires. Parmi les membres du jury de cette thèse presque confidentielle, René Thom, en personne, était là. René Thom est un mathématicien et épistémologue français, qui a reçu la médaille Fields (équivalent du prix Nobel pour les mathématiques) en 1958, il est le fondateur de la **théorie des catastrophes**[1]. Le terme de « catastrophe » volontairement stimulant pour l'imaginaire, désigne en fait le lieu où une fonction change brusquement de forme. L'avantage de cette théorie par rapport au traitement habituel des équations différentielles est de tenir compte des fonctions comportant des singularités, c'est-à-dire des variations soudaines. De nombreuses applications ont été développées autour de la modélisation et de la simulation d'objets naturels. À l'époque,

1. Dans le domaine de la topologie différentielle, la théorie des catastrophes est une branche de la théorie des bifurcations qui a pour but de construire le modèle dynamique continu le plus simple pouvant engendrer une morphologie, donnée empiriquement, ou un ensemble de phénomènes discontinus.

j'étais dans un laboratoire de physiologie (Inserm-CNRS) où, avec d'autres chercheurs je travaillais sur la morphogénèse de l'os trabéculaire en utilisant des modèles mathématiques dont nous simulions le comportement par des méthodes numériques et pour lequel le corpus théorique développé par René Thom était un support majeur. Imaginons une perturbation comme une épidémie arrivant dans une société. Elle en perturbe le fonctionnement, le nombre de malades augmente, les hôpitaux commencent à saturer mais le système est suffisamment robuste pour s'adapter à cette perturbation autour d'un régime de fonctionnement. Si la perturbation est trop forte alors le système complet sort de son attracteur et bascule vers un autre attracteur. Ce que l'on veut montrer ici est la mise en évidence d'un changement brutal d'état au lieu d'un passage progressif d'un état à un autre.

C'est à peu près à cette époque que je me suis rapproché de l'École des Hautes Études en Sciences Sociales (EHESS) et en particulier du département de démographie historique dirigé par Hervé Le Bras au profil duquel j'ai été inscrit en tant que chercheur extérieur, pendant près de vingt ans. Hervé Le Bras comme moi s'intéressait beaucoup à ces approches et en particulier à **la théorie du Chaos**. En mathématiques, la théorie du chaos étudie le comportement des systèmes dynamiques très sensibles aux conditions initiales, un phénomène généralement illustré pour le grand public, par *« l'effet papillon »*. Pour de tels systèmes, des différences infimes dans les conditions initiales entraînent des résultats totalement différents, rendant en général toute prédiction impossible à long terme. Nous avons vécu une magnifique illustration des dangers de la simulation au cours de cette crise. **Ainsi l'idée illusoire qu'il était possible de prévoir par simulation de modèles frustres, sur la base de paramètres estimés de manières approximatives le nombre de décès dans une populations étaient considéré pour des scientifiques un peu sérieux comme une vaste blague.** Après tout, comme s'interrogeait

Milan Kundera : « *Mais qu'est-ce qu' «être sérieux» ? Est sérieux celui qui croit à ce qu'il fait croire aux autres.* ». C'est bien le drame que nous avons vécu au cours de cette crise Covid, car les autorités ont voulu croire des personnes qui leur ont fait croire à des chimères. Nous avons eu ainsi la catastrophe et le chaos.

Hommage aux grands hommes

Des grands hommes, j'ai eu l'honneur d'en rencontrer qui, aujourd'hui sont morts. Nous vivons parmi eux. Je me souviens d'avoir discuté avec de nombreuses sommités de la recherche médicale alors que j'étais membre du conseil scientifique de l'Inserm. Je garde toujours avec moi un message chaleureux d'Axel Kahn qui se confiait alors qu'il allait passer devant une commission d'évaluation dont je faisais partie. Juste avant sa mort, au sujet du Covid, il n'a pourtant pas été tendre avec moi. Je l'avais trouvé un peu injuste sur le moment, mais bien sûr, tout passe, tout s'efface. Quel honneur d'avoir pu rencontrer Pierre-Gilles de Gennes et Georges Charpak tous deux prix Nobel français de physique. Toutes ces personnes merveilleuses ont reçu les honneurs de la France lorsqu'ils disparurent. Plus récemment, mes amis du Conseil Scientifique Indépendant, m'ont demandé d'être présent aux obsèques d'un autre prestigieux prix Nobel français, le Professeur Luc Montagnier. Comme moi, lui aussi, à son échelle, dans son style et à sa manière, avait eu des propos « décalés » par rapport à la version officielle du Covid. Lors de ses obsèques, une foule immense d'anonymes était présente mais les honneurs de la France lui ont été refusés. Peu importe ces positions à la fin de sa vie, nombreux d'ailleurs sont les prix Nobel qui, après une longue carrière qui leur ont valu la plus haute distinction scientifique, ont eu des propos inattendus. J'estime qu'il est indigne de la part de notre Gouvernement d'avoir rejeté à ce point un de nos grands hommes.

L'humanité a des ressources insoupçonnées et évidemment s'adaptera et oubliera

La maladie et la mort est un drame humain mais c'est aussi la vie. Rappelons le premier article de la constitution de l'Organisation Mondiale de la Santé déjà cité au début de ce livre : « *La santé est un état de complet bien-être physique, mental et social, et ne consiste pas seulement en une absence de maladie ou d'infirmité* ».

L'humanité a traversé de très nombreuses crises qui ont été pour la plupart, rapidement oubliées. Il nous reste en mémoire des bribes de désastres anciens, comme la peste noire, qui ont effectivement ravagé les populations. Mais même cette catastrophe appartient à une forme de réminiscence lointaine. La grande pandémie de grippe (dite Grippe Espagnole) qui suivit la grande guerre mondiale de 1914-1918, est assez mal documentée et les estimations des incidences ou de la mortalité qui nous en sont parvenues restent très incertaines. Et pourtant, à peine quatre générations nous séparent de cet événement.

Pour ce qui concerne la crise Covid, je ne me risquerai pas à prévoir comment elle se terminera mais elle se terminera et laissera probablement une trace dans notre histoire puis d'autres événements, avec le recul l'effaceront. J'espère qu'un jour, lorsque le temps aura fait son œuvre habituelle de mise en perspective, des historiens se pencheront sur l'événement et pourront sereinement penser l'événement. Ce livre sans aucune prétention sera peut-être le témoignage que malgré tout, certaines personnes, sans chercher vainement à rassurer, ont proposé à leurs contemporains des éléments de réflexion.

Épilogue

Le 11 juin 2020, quelques temps après l'épisode épidémique de mars-mai 2020, nous retrouvions la joie de la liberté après de longues semaines d'un enfermement appelé fort à propos « confinement » (aussi terrifiant que l'évocation d'une « enceinte de confinement » pour un réacteur nucléaire) ; oui, la joie retentissait de partout, alors que les rues de Paris et de toutes les villes de France étaient enfin bondées de gens heureux de profiter de l'air libre et du soleil en « plein air », alors que des manifestations en tous genres foulaient au pied toutes les mesures qui nous avaient privés si longtemps de la simple liberté d'aller et venir, alors qu'il n'était plus question de gestes barrières, alors que tout le monde avait bien compris que cette épidémie était vraiment dernière nous et qu'elle n'avait finalement pas grand-chose de factuellement dangereux car nous étions très loin des ravages annoncés (500 000 morts qu'ils disaient !), alors que tout le monde s'en fichait pas mal des annonces de ces cassandres habituels, alors, alors, alors…

Alors, le 11 juin 2020, j'ai écrit cette courte fable que j'ai diffusée sur le site de l'Irsan sous le pseudo de Treez Gerdall. Elle fut publiée ensuite par France Soir. Je ne me doutais pas que les événements à venir ressembleraient à cette fable prémonitoire.

Fable : Un beau matin, un jeune homme se réveilla avec un nouveau bouton.

Il était pourtant en parfaite santé, dynamique, on le disait brillant, il portait beau. Par conviction, il était progressiste et sous-entendait presque naïvement que cela suffisait comme fondement à un avenir radieux. Il était aussi raisonnable et pour faire la part des choses, il prônait la philosophie du juste milieu. La situation du bouton en position extrême de sa fesse droite était un mauvais signe. Ce bouton n'était pas bien gros mais l'irritait. Notre homme, fier de son image et, en même temps, conscient de sa précarité, était quelque peu hypocondriaque, ce bouton l'inquiétait. Il prit rendez-vous chez un spécialiste.

Le spécialiste l'examina, consulta quelques notes. Comme tout bon French Doctor, il considérait l'anglais comme l'idiome revêche de la perfide Albion mais force oblige, il relut consciencieusement et en diagonale un article paru dans le Lancet puis un autre dans Science et finit par conclure in petto, que tout cela le laissait perplexe. Il ne pouvait vraiment se prononcer. Bien sûr, un tel bouton paraissait peut être bénin... Mais de nos jours... Un de ses collègues chinois lui avait récemment décrit une maladie commençant comme ça, avec un simple furoncle... et... Bref... « Je ne veux prendre aucun risque ni pour vous, ni pour vos proches, c'est peut-être viral » dit le médecin, « En attendant la mise au point d'un traitement chimique, je vous demande de porter un bâillon hermétique sur la bouche, un bandeau sur les yeux, de revêtir une camisole de force et de vous enfermer à double tour dans votre chambre pendant deux mois sans oublier de faire une danse du ventre au moins deux fois par jour. »

« Mais enfin » osa l'homme, « votre traitement n'a rien à voir avec mon bouton. »

« Ah bon ? C'est vous l'expert ? » rétorqua le médecin hors de lui face à une telle impertinence « je vous dis que cela est, peut-être, catastrophique… Enfin, éventuellement… Pourquoi voulez-vous absolument faire prendre des risques insensés à votre entourage ? Mes collègues ont déjà pratiqué un traitement équivalent, il a parfaitement fonctionné sur des cas moins graves que le vôtre. Et d'ailleurs, tous les grands spécialistes, en l'absence d'autres solutions recommandent cette démarche ; ils ne peuvent se tromper. »

« Mais comment vais-je faire pour vivre ? Je dois travailler, j'ai une famille à nourrir. »

« Vous pensez que ça ira mieux pour votre famille lorsque vous serez mort ? Le principe de précaution, vous connaissez ? Mais enfin, sur quelle planète vivez-vous ? Allez, pas de temps à perdre il est déjà presque trop tard. Vous avez des amis ? De la famille ? Faites un emprunt, vous les rembourserez lorsque vous irez mieux. »

L'homme prit peur. En effet, à des milliers de kilomètres des gens mourraient… peut-être… en masse… Disait-on… Qui sait ?… Il s'exécuta. Au bout de quelques jours à peine, le bouton devint moins douloureux et entama une nette décrue. Il appela le médecin.

« Alors ! Vous voyez bien que mon traitement fait des miracles, surtout la danse du ventre, vous ne vouliez pas me croire ! » lui dit le médecin enthousiasmé par le bienfondé de sa thérapeutique. Il resta néanmoins inflexible : « La rechute est inéluctable. Il faut suivre le traitement jusqu'au bout !… D'ailleurs, lorsque vous grattez très fort, ça fait un peu mal, n'est-ce pas ? »

Ses économies ayant fondu, notre homme dut vendre son appartement. L'appartement fut bradé dans l'urgence. Le bouton quant à lui, disparut en dix jours mais l'homme succomba à ses dettes.

Le médecin, sous les acclamations enfiévrées de ses pairs, fût reçu à l'Académie, obtint une chaire au Collège de France et la médaille d'or de l'Inserm pour l'efficacité révolutionnaire de son traitement non chimique et donc respectueux de la planète.

Mettant à profit sa notoriété et son expertise, il collabora avec un laboratoire pharmaceutique bénéficiant de fonds publics spécialement débloqués pour la recherche. Ils développèrent une poudre pour le traitement de fond de ces probables dangereux furoncles. Les « Access Marketeurs » travaillèrent dur. Nonobstant quelques effets secondaires négligeables mais néanmoins hallucinogènes, ils obtinrent que le «Perlinpintor» apparemment difficile à fabriquer et donc très cher, soit intégralement remboursé. Ceci contribua, si légèrement, à agrandir le trou de la sécurité sociale. En vertu d'une protection collective non encore parfaitement démontrée, il est depuis administré de manière préventive et obligatoire, dès le plus jeune âge, sous la forme de pilules certes assez dures à avaler.

La santé mérite bien quelques sacrifices…

Annexe 1

Afin d'éviter tout problème supplémentaire concernant des faits relativement anciens, j'ai supprimé les noms des personnes concernées.

Texte de ma lettre du 3 février 2015, en réponse à celle du président de l'UPMC

Monsieur le Professeur [redacted], Président de l'UPMC,

Madame [redacted] directrice du LIMICS me demande de ne plus porter mention de mon affiliation à l'UPMC sur le site d'un projet que je dirige au sein de cette unité. Madame [redacted] est une chercheuse de haute valeur et une personne que je respecte beaucoup entre autres pour ses qualités humaines. Je m'en voudrais de porter ombrage au LIMICS, l'unité Inserm qu'elle dirige. Les propos qui suivent sont les miens et n'engagent que ma responsabilité.

Il est très probable que j'ai commis une erreur en mettant spontanément le logo de l'UPMC sur le site qui valorise certains résultats de mes travaux dans le cadre de mon activité de recherche. Il me semblait que c'était la règle de citer ces affiliations. Cela n'a jamais posé de problème à Paris 5 à l'époque où je dépendais de cette université. À votre demande, je m'empresse de supprimer le logo de l'UPMC de mon site. Je rappelle cependant que le projet dont il est question dans votre lettre fait partie du dossier de demande de création du LIMICS déposé en 2012. Il a été présenté lors de la visite de notre unité par l'AERES en novembre 2012. Il est l'objet de plusieurs partenariats avec l'Inserm signés par ses services juridiques et je suis moi-même titulaire d'un poste à l'Inserm depuis plus de 26 ans.

Je réponds de manière factuelle et point par point à votre courrier. L'Irsan n'est pas un « supposé nouveau réseau de surveillance » (*sic*) c'est le nom d'un projet de recherche que je mets en place dans mon équipe dans le cadre d'un partenariat Inserm/[redacted]. Je ne suis en aucun cas responsable des écrits des journalistes. Ce qu'ils écrivent ou « laissent entendre » (*sic*) est de leur responsabilité, pas de la mienne. Mes déclarations ne sont pas « intempestives » (*sic*), elles sont le résultat de travaux de recherches qui ont des retombées dans le domaine de la santé. La diffusion de ces informations correspond aux missions d'un chercheur. En tant qu'ancien membre du conseil scientifique de l'Inserm, je connais mes obligations. J'ai contacté par écrit le service de communication de l'Inserm avant toute déclaration. « Rappeler à l'ordre sur des devoirs » (*sic*), encore faut-il que ce soit fondé.

Le fait que mes travaux permettent de détecter une épidémie précocement, bien avant le Réseau Sentinelles, n'a rien d'étonnant: l'Irsan ne « déclenche » heureusement pas d'épidémie de grippe mais déclare le dépassement d'un seuil de détection précoce. Le Réseau Sentinelles « ne publie pas le contraire » (*sic*), il attend simplement car la sensibilité/spécificité lié à son principe de fonctionnement ne lui permet pas de détecter aussi précocement (cf. explications ci-dessous).

1) Sur mes compétences dans le domaine de l'étude de la dynamique des épidémies. Cette lettre émet des doutes quant à mes « compétences » et au « solide bagage scientifique en épidémiologie » (*sic*) pour mener des travaux de « Veille Sanitaire ».

J'ai une expérience de près de 23 ans dans le domaine de l'étude de la dynamique des épidémies et des publications internationales reconnues dans ce domaine sans oublier bien sûr quelques articles dans le BEH de l'InVS. Par exemple: « *Detection and monitoring of outbreaks of influenza-like illness using data of SOS Médecins France 2006-2014* » semble être au cœur de notre propos. C'est l'une de mes récentes communications au congrès International sur les Maladies Emergentes et leur surveillance IMED2014 qui s'est tenu à Vienne (Autriche) en automne dernier. Plus de 1 000 chercheurs de tous les pays participaient à ce congrès. Les chercheurs du Réseau Sentinelles étaient semble-t-il absents comme ceux de l'InVS ou de l'UPMC. J'y ai rencontré quelques rares épidémiologistes français dont le Professeur [redacted] avec lequel j'avais collaboré autrefois lorsque nous étions tous les deux dans l'équipe du Réseau Sentinelles. De plus, j'ai participé à la fondation de plusieurs grands observatoires, en particulier le Réseau Sentinelles, Hivern@le, Cemara, PreObs, SimsRein pour les plus connus. C'est pourquoi la notion « d'initiative personnelle » (*sic*) me semble pour le moins incongrue.

2) Sur le sérieux et la rigueur scientifique. Le mode de recueil de l'Irsan est unique. Il permet notamment la détection précoce d'épidémies au niveau national ainsi que le suivi de leur propagation sur tout le territoire en temps réel. Le système d'information du projet Irsan enregistre tous les jours un flux de 10 000 actes médicaux. En moins de 8 ans, il a intégré près de 20 millions d'actes concernant un thésaurus de plus de 250 diagnostics. A titre de comparaison, en 30 ans, le Réseau Sentinelles a recueilli moins de 200 mille cas sur 16 diagnostics. À titre de comparaison quantitative pour la saison hivernale 2011-12, les médecins du Réseau Sentinelles avaient décrit 4 984 cas de syndrome grippaux (cf. son bilan 2012). Pour la même période, l'Irsan a décrit 54 514 cas. Cette différence qualitative et quantitative est majeure en termes de résultats épidémiologiques. Par ailleurs, pour ce qui est de la fameuse « rigueur » scientifique des membres du Réseau Sentinelles: ils annoncent partout que leur réseau compte près de 1 300 médecins (cf. site SentiWeb). En réalité, seulement 335 médecins ont participé au

moins une fois à l'activité de surveillance en 2013. C'est seulement 172 médecins qui y participent en moyenne par semaine (cf. Bilan 2013). *« L'UPMC est engagée dans le Réseau Sentinelles depuis 30 ans »* (*sic*), mais il est légitime de s'interroger sur son efficience, *« sa rigueur » et « son sérieux ».*

Depuis sa mise en œuvre, les données et les méthodes de l'Irsan ont permis de détecter systématiquement l'arrivée des épidémies de grippe avec au moins 3 semaines d'avance sur le Réseau Sentinelles. C'est pourquoi cette année, avec mon équipe et mes partenaires, j'ai pris l'initiative de diffuser cette information pour donner une alerte précoce, permettant aux acteurs de santé de prendre les ultimes mesures de prévention. L'information diffusée ces dernières semaines n'est qu'une des retombées de ce travail de recherche rigoureux et qui donne des résultats « visibles » en termes de santé publique n'en déplaise à d'aucuns. Mais ce n'est pas le seul objectif de l'Irsan. Il en est d'autres, notamment méthodologiques en collaboration avec les chercheurs du LIMICS comme nous l'avions énoncé dans notre demande d'unité. Je remarque que l'origine de votre lettre est une saisine du directeur général de l'InVS. Il faudrait peut-être s'interroger sur le fait que l'InVS dispose des mêmes données que l'Irsan mais ne les exploite pas de la même façon. De même, il est légitime de s'interroger sur les options de financement lourd engagé dans un Réseau Sentinelles dont les faiblesses sont patentes et probablement à l'origine de la violence des attaques de mes projets. Ainsi, je n'imaginais pas que ces travaux puissent être considérés comme étant en contradiction ou en concurrence avec d'autres travaux effectués sur ce thème dans d'autres unités de l'Inserm. Ils donnent au contraire, une information complémentaire et innovante dans ce domaine où le pluralisme, la saine compétition et l'excellence sont encouragés au sein d'un institut de recherche comme l'Inserm… Serait-ce différent à l'UPMC ou à l'InVS ?

En revanche, depuis de trop nombreuses années, je suis l'objet d'attaques permanentes, de diffamations, de falsifications et de négation de mes travaux de la part de certains chercheurs qui furent autrefois de proches collègues ou mes propres étudiants. Ils préfèrent me dénigrer bassement plutôt que de remettre en question leur démarche. Il est regrettable qu'un Président d'Université relaie de telles allégations sans même faire un effort de vérification. Il serait intéressant de s'interroger sur les enjeux que cache cette violence infondée et hors de proportion. Voici une dizaine d'années, je vous ai demandé un rendez-vous pour me plaindre d'agissements du même ordre de la part des mêmes personnes. À l'époque, vous aviez compris le problème et m'aviez montré votre impuissance à agir contre eux. Aujourd'hui vous les favorisez contre moi en faisant pression sur notre unité de recherche. Je porte l'entière responsabilité des travaux cités en supra et s'il est démontré que mes travaux posent un problème scientifique ou éthique alors j'en assumerai les conséquences. En revanche, dans le cas contraire, il serait bon de faire cesser les harcèlements dont je suis l'objet.

Je vous prie d'agréer, Monsieur le Professeur, l'assurance de mes sentiments respectueux.

Annexe 2

Un cas d'école sur le comportement des médias :

Le mardi 8 février 2022 à 18 h 39, un article AFP[1] France de Léa Pernelle est publié sur un site de l'AFP critiquant assez sévèrement une interview que j'avais donnée quelques jours auparavant sur une chaîne d'Information continue. J'ai répondu à cet article par un article diffusé sur le site de l'Irsan. Cet article a été republié par la presse et d'autres médias à de nombreuses reprises. Il illustre assez bien le comportement déplorable d'une grande partie de la presse pendant toute la crise Covid vis à vis de tout intervenant donnant une interprétation différente de celle du discours officiel. Cet article résume en quelque sorte l'état d'esprit qui a sévi pendant cette crise et les points de vue qui s'affrontaient. L'affrontement étant bien évidemment déséquilibré car il s'agissait de se battre contre des géants, ici l'Agence France Presse mais tous les principaux organes de presse parisiens et régionaux ont tenu la même ligne. Je le livre ici dans son intégralité en modifiant légèrement la forme pour des questions de lisibilité dans le format de cet ouvrage.

1. Ce graphique comparant l'épidémie de grippe 2014-2015 et l'épisode de Covid de mars 2020 est trompeur https://factuel.afp.com/doc.afp.com.9Y39PY

Voici l'article in extenso:

Ce graphique comparant l'épidémie de grippe 2014-2015 et l'épisode de Covid de mars 2020 est trompeur.

Le Dr Laurent Toubiana a présenté le 30 janvier sur CNews un graphique qui compare le nombre de malades au cours de l'épidémie saisonnière de grippe de l'hiver 2014-2015 au premier épisode de Covid-19 en France en mars 2020, dans le but de relativiser la gravité de l'épidémie. Mais son graphique est trompeur, car il oppose des données incomplètes et incomparables, sans retracer le contexte des restrictions sanitaires qui ont eu un impact pour freiner le nombre de malades.

Depuis le début de la crise sanitaire, il s'est employé à proposer une lecture sous-estimée de la pandémie de Covid-19, selon laquelle le virus n'est pas plus dangereux que la grippe. Épidémiologiste à l'Inserm, Laurent Toubiana a présenté le 30 janvier sur le plateau de CNews, un graphique qu'il a réalisé pour comparer, selon lui, les conséquences de la grippe à celles du Covid-19. La séquence et le graphique ont été partagés des milliers de fois sur les réseaux sociaux et CNews a depuis retiré l'extrait de sa page Dailymotion.

Ce type de comparaisons entre la grippe et le Covid pour relativiser l'ampleur de l'épidémie a fait florès depuis le début de la crise sanitaire, comme le montrent de nombreux articles de l'AFP Factuel en plusieurs langues (Ici, ici ou encore ici par exemple).

De son côté, le Dr Toubiana a multiplié les déclarations sur la pandémie allant souvent à contre-courant de la communauté scientifique. Il a participé au documentaire complotiste « Hold-up » et a notamment diffusé en mars 2021 une étude qui relativise l'impact de l'épidémie sur la mortalité en France. Il l'a mise en ligne sur le site internet de l'Institut de recherche pour la valorisation des données de santé (IRSAN), une association dont il est le fondateur et le directeur.

Co-signée avec le sociologue Laurent Mucchielli dont les propos sur la vaccination ont déjà été contredits par la communauté scientifique, l'étude n'a pas été publiée dans une revue scientifique.

Pour réaliser le graphique qu'il a présenté sur Cnews, il a choisi de comparer la grippe de l'hiver 2014-2015 et la période de mars 2020, qui correspond à la première vague de la pandémie de Covid, en citant comme source l'IRSAN, son propre institut.

En comparant un pic de « 2.8 millions de malades » lors de l'épisode de grippe de l'hiver 2014-2015 à un pic de Covid de « 0,2 millions de malades » selon lui, en « mars 2020 », il cherche à démontrer que la grippe a atteint beaucoup plus de personnes que ne l'a fait le Covid.

Sous-déclaration des malades du Covid

Dans l'extrait de son passage sur CNews, il explique qu'il ne se base pas sur le nombre de cas positifs au Covid, qui comprend à la fois les personnes symptomatiques et asymptomatiques, mais seulement sur les « malades » du Covid, soit les personnes symptomatiques, pour les comparer au nombre de malades de la grippe. Pour cela, il semble s'être appuyé sur les données du réseau Sentinelles, composé de médecins généralistes volontaires qui font remonter les symptômes de leurs patients dans la base de données.

Concernant la grippe, le chiffre qu'il avance correspond visiblement au nombre de consultations pour syndromes grippaux pendant la période épidémique de grippe (définie par le franchissement d'un seuil épidémique). Au cours des 9 semaines d'épidémie de grippe du 12 janvier au 15 mars 2015, le réseau a estimé que 2,9 millions de personnes ont consulté un médecin pour des symptômes grippaux.

Au plus haut de cette épidémie de grippe, la semaine du 2 au 8 février 2015, le réseau a estimé un taux d'incidence de 834 consultations pour 100 000 habitants, un nombre proche de celui avancé par le Dr Toubiana.

Selon le Professeur Crépey, épidémiologiste à l'Ecole des Hautes Études en Santé publique (EHESP) et interrogé par l'AFP le 7 février 2022, le réseau Sentinelles fonctionne bien pour suivre les épidémies de grippe. Cependant, il semble pour lui difficile de comparer ses données sur la grippe à celles sur le Covid, surtout en mars 2020, à l'heure où peu de moyens permettaient d'estimer les contaminations au Sars-CoV-2.

De plus, les consignes de l'époque recommandaient aux malades de s'isoler et d'appeler le Samu, et non pas de prendre rendez-vous chez un médecin, empêchant un suivi par le réseau Sentinelles, selon les experts interrogés par l'AFP.

« Je ne sais pas comment on peut suivre le nombre de malades en mars 2020 étant donné que les gens étaient confinés, qu'il était compliqué d'avoir accès à une consultation médicale ; il y a très certainement eu une sous-déclaration », estime le Pr Sylvie van der Werf, directrice du Centre National de Référence Virus des infections respiratoires à l'Institut Pasteur, contactée par l'AFP le 3 février.

Des données ont bien été récoltées par le réseau Sentinelles, mais pas sur toute la période à laquelle le Dr Toubiana fait référence. « Cette surveillance spécifique au COVID-19 ayant été mise en place le 17 mars, une comparaison avec les données historiques ne peut pas être réalisée », indique Santé publique France dans son point épidémiologique hebdomadaire du 24 mars 2020.
Une femme fait un test de dépistage du Covid-19 en France, le 21 juillet 2021 (AFP / Sebastien SALOM-GOMIS)

Outre ces points qui rendent très hasardeuse la comparaison tentée par Laurent Toubiana, d'autres éléments empêchent de conclure que le Covid serait moins grave que la grippe saisonnière.

Il est en effet difficile de comparer « de façon brutale » la grippe et le Covid comme le fait le Dr Toubiana, explique Sylvie van der Werf, car le contexte des deux épidémies n'est pas comparable. « En mars 2020, nous étions confinés, nous n'avions pas du tout les mêmes interactions (sociales, NDLR) donc la comparaison n'est juste pas valable ! Il faut bien se rendre compte que la surmortalité en mars 2020 aurait été bien pire s'il n' y avait pas eu le confinement », rappelle-t-elle.

Elle rappelle que les mesures sanitaires ont permis de freiner la circulation du Sars-CoV-2 et même de tous les virus respiratoires comme la grippe. D'ailleurs, souligne-t-elle, « il n'y a pas eu d'épidémie de grippe au cours de l'hiver 2020-2021. » Ce qui laisse imaginer que de telles mesures de confinement auraient pu freiner l'épidémie de grippe de 2015, elle-aussi.

Comparer la mortalité et les hospitalisations

D'autres données que le nombre de malades, comme la mortalité ou le nombre d'hospitalisations peuvent permettre de donner une meilleure idée de l'ampleur de l'épidémie de Covid, notamment sur la saturation du système de santé comme l'AFP l'a expliqué ici et ici.

« Les chiffres que le Dr Toubiana donne sont justes, mais leur interprétation est défaillante et sert un propos "rassuriste" », remarque Pascal Crépey. Il a co-publié une étude publiée le 10 janvier 2022 dans la revue Influenza and other respiratory viruses et réalisé une estimation du fardeau des hospitalisations et des décès liés à la grippe en France entre 2010 et 2018. D'après cette étude, le nombre moyen d'hospitalisations liées à la grippe est de près de 19 000 par saison. Lors de l'hiver 2014-2015, 44 024 personnes ont été hospitalisées pour grippe sur toute la saison.

À titre de comparaison, au 6 février, 33 027 patients étaient hospitalisées avec un diagnostic Covid en France, d'après les chiffres de Santé Publique France.

« Avec ce graphique, le Dr Toubiana ignore une comparaison qu'il aurait pu faire : celle du nombre de personnes hospitalisées, en réanimation, ou bien celle du nombre de décès entre les deux épidémies. Or les résultats de cette comparaison ne vont pas dans le même sens et ne servent pas son propos », a expliqué le professeur Crépey à l'AFP le 7 février.

Une étude de l'Inserm et du CHU de Dijon publiée le 17 décembre 2020 dans la revue scientifique The Lancet a comparé les données de

130 000 patients hospitalisés pour le Covid-19 ou la grippe saisonnière. Elle a démontré que le taux de mortalité parmi les patients hospitalisés après avoir contracté le Covid-19 au printemps 2020 est trois fois plus élevé que parmi ceux hospitalisés à cause de la grippe saisonnière à l'hiver 2018-2019.

« Malgré [le] confinement exceptionnel, on a eu un bilan de mortalité (du Covid, NDLR) en France qui dépasse la pire épidémie de grippe saisonnière qu'on ait eue depuis très très très longtemps », confirmait à l'AFP en octobre 2020 Sibylle Bernard-Stoecklin, épidémiologiste à Santé Publique France. « Dire qu'on a eu tant de décès de la Covid-19 pendant la première vague, la rapporter à une épidémie de grippe saisonnière, ça n'a pas de sens » assurait-elle déjà à l'époque.

D'autres observations sur l'âge ou la santé des personnes atteintes permettent de comparer l'impact des deux virus. « Le Covid est différent de la grippe car il rend rarement malades les jeunes, mais s'attaque grièvement aux personnes âgées, même sans comorbidités » , précisait à l'AFP en janvier 2021 Dirk Van Renterghem, membre de l'Union professionnelle des médecins belges spécialistes en pneumologie.

« Une hausse des décès inédite depuis 70 ans» en 2020 selon l'Insee

Pour avoir une idée de la gravité d'une épidémie, il est possible d'observer la variation des décès «toutes causes confondues», pour voir l'impact d'une maladie sur la mortalité de la population.

À partir des données de l'Insee sur le nombre de morts par semaine en France, Santé publique France a obtenu le graphique ci-dessous. Il révèle une hausse du nombre de décès au printemps 2020, largement supérieure à celle de l'hiver 2014-2015, au moment de l'épisode de grippe saisonnière.

L'Insee constate en 2020 « une hausse des décès inédite depuis 70 ans », dans une publication parue le 29 mars 2021. Sur l'ensemble de l'année 2020, la France a enregistré une mortalité « exceptionnelle » avec près de 669 000 décès (toutes causes confondues), soit 54 700 décès de plus qu'en 2019, représentant une surmortalité de 9 %. Une surmortalité que l'Insee et la communauté scientifique s'accordent à lier essentiellement à la pandémie de Covid-19, comme l'AFP l'a expliqué dans un précédent article de vérification.

Selon les experts interrogés par l'AFP, le graphique du Dr Toubiana est fondé sur des données incomplètes. « On peut toujours présenter des courbes côte à côte, mais si on ne cite pas la source des données et qu'on compare des choses incomparables et qui ne prennent pas en compte les mesures barrières, ça me paraît trompeur», conclut le Pr van der Werf. »

Voici ma réponse

Si la question concernant la crise du Covid n'était pas si grave, la lecture de l'article de Madame Pernelle, serait presque amusante. Cet article, qui s'apparente à un exercice typique de désinformation, est en quelque sorte un cas d'école. Il m'a donc semblé intéressant d'analyser les « petites ficelles habituelles de la manipulation », celles qui sont utilisées systématiquement par les « fact-checkers », presque par copier/coller. Apparemment, les meilleurs journalistes ne sont pas désignés pour ces basses œuvres. Je serai donc indulgent malgré leur manque évident de bienveillance. On trouvera sous forme de règles, les techniques de désinformation utilisées dans cet article, qui constitue un relevé d'exemples à l'usage des apprentis « fact-checkers ».

Il est toujours intéressant d'avoir un retour de lecture et de constater qu'il est difficile de faire passer un message. Plus surprenant est de s'apercevoir que certains professionnels de l'écriture, donc de la lecture, ont beaucoup de mal à ne pas appliquer leur propre dogmatisme sur les propositions qui les dérangent. C'est pourquoi, dans la mesure où l'auteur de l'article ne m'a pas contacté, je vais lui répondre dans les lignes qui suivent.

Règle n° 1*: éviter la moindre contradiction et surtout s'abstenir de contacter le principal intéressé; éviter qu'il précise son propos et lève éventuellement quelques « incompréhensions ».*

Le 30 janvier, je suis interviewé par Ivan Rioufol dans l'émission « Les points sur les i », toujours visible sur le site de CNews[1] (contrairement à ce que dit l'AFP).

***Règle n° 2**: discréditer l'adversaire: ainsi il est censuré même par ceux qui lui offrent la parole! L'AFP insinue que CNews aurait censuré l'interview que Laurent Toubiana avait donnée sur cette chaîne. Dans ce cas, pourquoi la laisse-t-elle sur son propre site?*

Je présente de très nombreux éléments sur l'analyse de la gestion de la crise sanitaire Covid.

***Règle n° 3**: décontextualiser, occulter ce que dit principalement l'adversaire et ne s'occuper que des détails. En effet, donner à voir la logique d'un propos dans son ensemble pourrait être contre-productif. Le lecteur pourrait comprendre correctement l'adversaire et lui faire plus de bien que de mal. Pire lui faire de la publicité.*

Apparemment le seul point qui ait attiré l'attention de l'AFP est un graphique qui présentait l'évolution des incidences des six dernières épidémies de syndromes grippaux et le premier épisode de Covid en France en mars 2020. Dès le titre de l'article, ce graphique est qualifié de « *trompeur* » par le journaliste de l'AFP. Je vais montrer ici qu'il n'en est rien et qu'au contraire c'est l'AFP qui publie un article trompeur.

***Règle n° 4**: pratiquer l'inversion accusatoire: le graphique comparant les épidémies de grippe à l'épisode de Covid de mars 2020 est **parfaitement correct**. En revanche, cet article de l'AFP est lui parfaitement trompeur. Ce n'est pas parce que l'AFP est foncièrement malhonnête, comme nous allons le montrer, qu'elle doit accuser de malhonnêteté ceux qui ne pensent pas comme elle.*

1. Nous avons vérifié que CNews avait laissé la vidéo dans son intégralité sur son propre site: https://www.cnews.fr/emission/2022-01-30/les-points-sur-les-i-du-30012022-1177090

Voici donc une analyse d'un grossier devoir de fact-checking de la petite fabrique à désinformation de l'AFP pour enfermer le bon peuple dans la « Doxa du Covid[1] ». Le graphique que je présentais lors de cette interview était repris d'une analyse de l'Irsan du 28 novembre 2021 que j'ai reprise dans cet ouvrage : « *La vaccination obligatoire : l'ultime violence faite aux populations*[2] ». Il répondait à une question simple : l'épidémie de Covid a-t-elle produit les ravages annoncés par les autorités sanitaires ?

Pour apporter un éclairage différent sur la situation, il montre l'évolution du nombre de malades au cours du plus important épisode épidémique du Covid au printemps 2020 et le compare à celle du nombre de malades de la grippe au cours des six derniers épisodes. La comparaison s'opère sur des chiffres diffusés par le Réseau Sentinelles, recueillis dans les mêmes conditions. Contrairement à ce que sous-entend le journaliste de l'AFP, l'origine des données utilisée pour ce graphique (*cf.* figures 4 et 6) est sans aucune ambiguïté et ne fait aucun doute.

Règle n° 5 : *travestir les faits sans vergogne : la source du graphique est certes l'Irsan, mais le graphique est élaboré sur les données du Réseau Sentinelles. Sur le site de l'Irsan, toutes les sources sont clairement énoncées ; il n'y a aucune ambiguïté. En revanche, en écrivant « en citant comme source l'Irsan , son propre institut », l'AFP, suggère que ce graphique est sujet à caution puisqu'issu de sa propre source. Cette méthode vise à induire insidieusement le doute sur la qualité du graphique.*

Le résultat est flagrant : au cours des épisodes épidémiques de grippe, le nombre de malades est globalement 10 fois supérieur à celui du Covid.

Le titre de l'article de l'AFP est accrocheur et vulgaire à souhait, digne d'un tabloïd : « *Ce graphique comparant l'épidémie de grippe 2014-2015 et l'épisode de Covid de mars 2020 est trompeur* ». Puis, en trois phrases

1. « La Doxa du Covid ». *Peur, santé, corruption et démocratie*, tome 1, de Laurent Mucchielli, 2022, Eoliennes Eds., https://lames.cnrs.fr/spip.php?article2080

2. http://recherche.irsan.fr/fr/documentation/index/voir/164-Analyse-du-28-novembre-2021

d'introduction, le décor est planté. L'AFP prête assez ouvertement des intentions malhonnêtes à l'auteur du graphique.

***Règle n° 6**: ne jamais affirmer ou attaquer trop frontalement votre adversaire car il deviendrait une victime sympathique et vous son bourreau. Susurrer, insinuer, susciter, inspirer, suggérer, laisser se faire le travail de sape par lui-même.*

***Règle n° 7**: continuer de pratiquer l'inversion accusatoire aussi souvent que possible: en arbitre soi-disant impartial et accessoirement « donneur de leçon », accuser son adversaire de malhonnêteté pour se parer préventivement d'une vertu usurpée.*

Or, contrairement à ce qui est avancé dans l'article accusateur de l'AFP, le graphique montre les évolutions pour les six dernières saisons (et *non pas uniquement celle de 2014-2015*) du nombre de nouveaux malades de syndromes grippaux (grippe) pour 100 000 habitants en une semaine (taux d'incidence).

***Règle n° 8**: ne donner qu'une partie de l'information, celle que l'on va attaquer; pas le reste, cela pourrait être contre-productif pour discréditer l'adversaire.*

Le but est de comparer (et non pas *de relativiser)* l'évolution de pathologies ayant le même tableau clinique. Il s'agit bien de comparer les six derniers épisodes de grippe, à la plus importante des phases épidémiques du Covid, celle de mars 2020, les autres étant plus faibles à tous points de vue.

***Règle n° 9**: faire croire que l'adversaire « trafique » les chiffres puisqu'il ne donne pas les vrais. L'AFP rappelle que j'avais donné le chiffre de 2,8 millions de malades pour la grippe de 2014-2015. Puis un peu plus loin dans le texte avec force détails inutiles (probablement pour montrer son sérieux), elle annonce que c'est en réalité 2,9 millions. Donc Laurent Toubiana vous trompe-t-il? Non, bien sûr: je montre que 2,8 millions de malades pour l'épisode de la grippe de 2014-15, c'est beaucoup plus que 0,2 million de malades du premier épisode de Covid-19. L'ordre de* *grandeur est largement suffisant pour le monter. Le chiffre officiel pour la grippe de 2014-2015 est exactement de 2 847 215 malades. J'ai donc appliqué la règle courante de l'arrondi appliqué par les scientifiques qui donne 2,8 millions plus proches que celui de l'AFP de 2,9 millions. En l'occurrence, si j'avais voulu tromper mesquinement, mon intérêt eût été de prendre le chiffre le plus grand. Je ne l'ai pas fait, heureusement, car cela m'aurait été reproché par les mêmes « fact-checkers ». « Tout cela est du détail », peut-on être tenter de penser. Certes, mais il faut bien se servir de détails pour discréditer son adversaire lorsqu'on ne peut pas lutter sur les faits massifs.*

Comme je l'ai dit et écrit[1], ce graphique est fondé sur des données qui sont le « gold standard » (c'est-à-dire l'étalon) en termes de suivi épidémiologique (surveillance, description, détection et prédiction) de maladies infectieuses. Elles sont collectées et diffusées par le Réseau Sentinelles depuis 36 ans, pour la grippe mais aussi pour huit autres maladies infectieuses en France.

Il est très important de noter que dès l'arrivée de l'épidémie de Covid en France, le Réseau Sentinelles a changé le nom de la « surveillance des syndromes grippaux » en « surveillance des IRA » (Infections Respiratoires Aiguës). Sous cette nouvelle dénomination, cette surveillance amalgame un ensemble d'agents pathogènes pouvant engendrer le même tableau clinique et peut ainsi suivre les épidémies de grippe, de Covid ainsi que celles dues aux autres virus respiratoires saisonniers (VRS, rhinovirus et métapneumovirus). Le détail virologique de ce suivi est donné et c'est ainsi que l'on peut suivre très précisément la part de chaque virus, en particulier celui du Covid. Il n'est donc pas totalement incongru de comparer ce qui est comparable en termes de maladie, à savoir la grippe et le Covid.

J'ai participé pendant douze ans, pratiquement dès son origine, aux travaux de l'équipe qui a créé le Réseau Sentinelles. Cela me donne une certaine légitimité pour l'analyse de ses données eu égard à mon

1. Analyse de l'Irsan du 28 novembre 2021 : « *La vaccination obligatoire : l'ultime violence faite aux populations* » (*ibid.*).

expérience dans le domaine de la diffusion des maladies transmissibles. En vérité, depuis le début, je donne une **lecture objective** (et non pas « sous-estimée ») de l'épidémie de Covid en France.

***Règle n° 10**: discréditer et faire montre d'un parti-pris par le champ lexical de l'escroquerie intellectuelle: « relativiser la gravité », « son graphique est trompeur », « données incomplètes et incomparables » « Une lecture sous-estimée de la pandémie de Covid-19 ».*

Car contrairement à ce qui est affirmé par l'AFP, les données qu'utilise le Réseau Sentinelles pour établir les comparaisons sont complètes et parfaitement comparables. Elles ont été recueillies avec exactement le même dispositif scientifique. Ces données sont libres, disponibles et vérifiables par tous. Cette lecture est donc parfaitement légitime dans la mesure où elle est fondée.

« Une lecture sous-estimée [...] selon laquelle le virus n'est pas plus dangereux que la grippe ». Outre, le côté bâclé de cette phrase, je ne dis en aucun cas que le virus Sars-Cov-2 est moins dangereux que l'un des nombreux virus de type A, B ou C, donnant des syndromes grippaux, car eux-mêmes ont des pathogénicités très différentes. En revanche, il n'est en aucun cas interdit de comparer les phases épidémiques provoquées par la grippe (au sens large) et celles provoquées par la maladie Covid, ces deux pathologies donnant les mêmes tableaux cliniques, au point qu'il est difficile pour un médecin de déterminer s'il s'agit de l'une ou l'autre. D'ailleurs, au début de l'épidémie, les cas de Covid étaient confondus avec les cas de grippe[1]. Comme nous l'avons expliqué plus haut, le Réseau Sentinelles a même décidé de les regrouper sous le même vocable d'« IRA ». Une lecture « sous-estimée » mais par rapport à quoi et à qui ? Qui, en l'espèce, détient la vérité ? La journaliste de l'AFP ? La « communauté scientifique » ? Laquelle ?

---

1. Boëlle PY., Souty C., Launay T., Guerrisi C., Turbelin C., Behillil S., Enouf V., Poletto C., Lina B., van der Werf S., Lévy-Bruhl D., Colizza V., Hanslik T., Blanchon T., Excess cases of influenza-like illnesses synchronous with coronavirus disease (COVID-19) epidemic, France, March 2020. Euro Surveill. 2020 Apr; 25(14):2000326.

Le développement qui suit l'introduction de cet article est intégralement hors sujet. Les questions de la qualification des « cas » par des « tests », celle des hospitalisations, ou encore de la mortalité, sont certes des questions intéressantes, mais elles ne sont pas l'objet de ce graphique. Autrefois, une rédaction hors sujet valait un zéro, mais apparemment, pour l'AFP, les rédacteurs hors sujet sont les bienvenus. En effet, rédiger l'essentiel d'un papier sur d'autres questions que celle qui est abordée dans le propos soutenu par le graphique dont il est dit qu'il est trompeur, introduit une confusion pour perdre à dessein le lecteur au lieu de l'informer.

***Règle n° 11** : engendrer la confusion par un flot continu d'informations pléthoriques sur des sujets connexes mais sans rapport direct avec le propos central. Cette technique de désinformation a été utilisée tout au long de la crise. Donner une quantité invraisemblable d'informations en vrac, sur des points d'importances diverses afin d'empêcher toute compréhension de ce qu'est la réalité de l'épidémie au lieu d'utiliser des méthodes habituelles et standardisées pour l'étudier.*

Toutefois, pour faire bonne mesure, je commenterai ci-dessous ces questions hors sujet mais néanmoins très intéressantes qui comme on le verra, et au contraire de ce qu'avance l'AFP, abondent dans le sens de mon graphique.

La question essentielle posée par ce graphique est celle-ci : comment se fait-il qu'une maladie telle que le Covid qui fait environ dix fois moins de malades que les maladies saisonnières « ordinaires », donc considérées comme banales, ait provoqué une crise sanitaire aussi traumatisante ?

Là où un graphique apporte un éclairage certes décalé par rapport à l'imaginaire de l'épidémie de Covid, l'AFP, au lieu de s'interroger sur le fond et sur le réel impact de l'épidémie avec des éléments de comparaison éprouvés, tente de noyer le poisson avec des considérations hors contexte parce qu'une telle information est contraire à sa croyance.

***Règle n° 12** : complexifier : ne pas poser les bonnes questions, celles pour lesquelles le grand public attend des réponses simples, mais au contraire* *engendrer de la confusion en posant un maximum de questionnements annexes, sans rapport, pour empêcher de penser.*

Revenons sur le paragraphe de l'article intitulé « Sous-déclaration des malades du Covid »

Dès la mise en place de la massification des tests en juillet 2020, les autorités sanitaires ont volontairement semé une confusion maximale en introduisant la notion de « cas ». Or, une épidémie est caractérisée par une augmentation anormale du nombre de **malades**. C'est une définition simple et claire, admise de manière intuitive par tout le monde. Il est courant d'appeler ces malades, des « **cas** » de la maladie. Une épidémie est importante lorsque, dans un lieu et pour une période donnée, le nombre de **cas** de la maladie, est important.

Pourtant à partir de juillet 2020, les autorités sanitaires ont entretenu une confusion aux conséquences calamiteuses. Elles ont appelé « cas confirmé » puis simplement « cas » toute personne positive à un test, indépendamment du fait que celle-ci montre ou non les signes d'une quelconque maladie. Les gens se faisaient tester pour des questions « administratives » (partir en voyage, se réunir en famille, visiter des parents âgés, voir des amis, etc...), donc pour toute une série de raisons, mais pas pour confirmer le diagnostic d'un médecin, ce pour quoi habituellement un test est utilisé. L'immense majorité des personnes testées n'était pas positive (95 %) et parmi ces cas positifs, une infime partie était vraiment malade et donc l'immense majorité était asymptomatique. Je n'entrerai pas ici sur les nombreux débats qui ont défrayé la chronique sur la validité de ces tests. Un glissement de sens a donc été opéré subrepticement sur la notion de « cas », un « cas » n'étant plus un forcément un « malade ». Il s'agit là d'une vraie tromperie. Il s'agit là d'une désinformation mise en place par les autorités sanitaires et relayée par les porte-paroles de la « Doxa », qui a permis d'amplifier exagérément la réalité de l'épidémie dans la mesure où le nombre de cas, c'est-à-dire de tests positifs a été près de 25 fois supérieur au nombre de malades soit seulement 4 malades pour 100 « cas ». Cela fait une grosse différence ! Je dirai même que cela change tout, et c'est justement ce que le graphique montre par d'autres voies.

Cette pratique a été possible grâce à la politique de massification des tests voulue par le gouvernement. Cette politique d'utilisation dévoyée des tests est parfaitement scandaleuse. En moins de deux ans, plus de 220 millions de tests ont été effectués pour une population de 67 millions d'habitants. Cela ne s'était jamais produit avant le Covid dans l'histoire du suivi des épidémies.

Obsédée par le service de la propagande des autorités sanitaires, l'AFP semble éprouver des difficultés à comprendre mon graphique, qui pourtant compare ce qui est comparable, à savoir des **malades**.

Observations sur le paragraphe de l'article intitulé « Mortalité et hospitalisation»

Le 28 octobre 2021, l'ATIH (Agence Technique de l'Information sur l'Hospitalisation) a publié[1] une analyse de l'activité hospitalière en 2020 concernant le Covid[2]. Ce rapport officiel de l'ATIH était éloquent : *« Au cours de l'année 2020, 218 000 patients ont été hospitalisés pour prise en charge du Covid. Les patients COVID représentent 2 % de l'ensemble des patients hospitalisés au cours de l'année 2020, tous champs hospitaliers confondus »*. Bien entendu, les « fact-checkers » habituels ont relayé les nombreuses arguties mineures proposées par les experts de la « Doxa », lesquels, du reste, ne remettaient nullement en question l'ordre de grandeur tellement faible de cette activité hospitalière consacrée au Covid. Il se trouve que ces experts étaient les mêmes que ceux qui avaient été extrêmement alarmistes quant à la sur-saturation des capacités hospitalières.

Dans l'article qui met en cause mon graphique, l'AFP évoque encore et toujours la mystification selon laquelle les hôpitaux auraient été saturés, et pour cause, cet argument ayant été utilisé à foison pour justifier les mesures mises en place. L'AFP semble étrangement ignorer ce que

1. https://www.atih.sante.fr/actualites/analyse-de-l-activite-hospitaliere-2020-covid-19
2. https://www.atih.sante.fr/sites/default/files/public/content/4144/aah_2020_analyse_covid.pdf

tout le monde connaît maintenant à travers ce rapport, à savoir que les **capacités hospitalières ont été sous-utilisées** en pleine période épidémique alors que la « crise » sévissait.

L'AFP, au lieu d'informer, préfère perpétuer le mythe selon lequel tout le système hospitalier français était au bord de la saturation, justifiant ainsi les mesures liberticides qui ont été mises en place alors que l'ATIH montre, faits à l'appui, exactement le contraire.

Pour ce qui concerne la mortalité, il est toujours étonnant que l'AFP se réfère encore à un rapport honteux de l'INSEE que, depuis, l'Institut a lui-même désavoué sans s'en vanter. En revanche, l'AFP ne relate pas le simple fait que l'hécatombe annoncée des 500 000 morts supplémentaires ne se soit évidemment pas produite. 500 000 morts, cela représente une surmortalité grotesque de 77 % en France. Grotesque, car pour bien comprendre ce que cela veut dire, il eût fallu que le nombre de morts augmentât de 2/3 du nombre habituel. Comment est-il possible d'annoncer une telle absurdité alors que les indices indiquant le taux de létalité très faible du Covid étaient déjà connus des épidémiologistes. De tous les épidémiologistes ? Apparemment, ceux qui avaient été choisis par le gouvernement pour suivre un soi-disant « Conseil scientifique », eux, ne le savaient pas ! Pas grave, cela a permis de justifier un confinement non moins grotesque lors de la première phase épidémique de mars 2020.

Devant une telle réussite, alors que la deuxième phase de l'épidémie de Covid en automne 2020 avait déjà atteint son pic (donc qu'elle n'a fait que décroître ensuite), **le président de la République n'a pas hésité à prédire 400 000 morts supplémentaires pour justifier la mise en place d'un deuxième confinement encore plus dur.** Encore plus traumatisant : pas de fête de Noël et du Jour de l'An pour se réunir en famille. Les grands-parents sommés de rester seuls ! Traumatisme profond et définitif de la population qui, par la suite, a fini par tout accepter.

Or, la réalité de la mortalité en France a été très différente des annonces apocalyptiques des autorités relayées entre autres par l'AFP. En 2020, au plus fort de l'épidémie, la population française n'a connu qu'une très faible surmortalité de moins de 4 % et seulement pour 20 % de la population, à savoir les personnes âgées. Pour 80 % de la population française, il n'y a eu aucune surmortalité. Pire encore pour les alarmistes : une sous-mortalité au cours de cette année catastrophique ! Par ailleurs, il faut aussi ajouter pour l'information de tous que l'année 2019, qui a précédé l'arrivée du Covid, avait été une année avec une mortalité exceptionnellement faible. Cela occasionne deux biais importants : 1) les morts qui n'ont pas eu lieu normalement en 2019, sont morts plus tard, donc reportés en 2020, accroissant le nombre de morts de 2020 par un simple artefact de découpage temporel ; 2) comparer la mortalité « banale » de 2020 et la seule mortalité très faible de 2019 pour en déduire une surmortalité en 2020 est une erreur méthodologique majeure qui devrait faire réfléchir l'INSEE avant de publier des sottises. Mais cela ne semble pas gêner l'AFP de reprendre lesdites sottises lorsqu'elles vont dans son sens et de dénigrer mon article scientifique sur la mortalité en France publié en mars 2021[1], et republié dans le tome 2 de l'ouvrage collectif « La Doxa du Covid[2] ».

***Règle n° 13** : diaboliser l'adversaire : « il travaille avec des personnes infréquentables » tel un directeur de recherche médaillé du CNRS. Tiens-lui aussi est contredit par une certaine « communauté scientifique » laquelle au fait ?*

***Règle n° 14** : dénigrer l'adversaire et dire que son étude n'est pas publiée dans une revue à comité de lecture pour insinuer que son résultat est douteux. Or, il n'est pas nécessaire de publier dans une revue internationale pour montrer des faits et que ces faits soient avérés. Par ailleurs, tout le monde a compris au cours de ces deux dernières années*

---

1. http://recherche.irsan.fr/fr/documentation/index/voir/154 « L'épidémie de Covid-19 a eu un impact relativement faible sur la mortalité en France » L. Toubiana, L. Mucchielli, P. Chaillot, J. Bouaud.

2. « La Doxa du Covid », tome 2 à paraître : *Enquête sur la gestion politico-sanitaire de la crise du Covid*, sous la dir. de Laurent Mucchielli, 2022, Eoliennes Eds. Trente auteurs ont contribué à ce second volume. Il s'agit de chercheurs publics, d'universitaires et/ou de médecins.

qu'être publié même dans des revues prestigieuses comme le Lancet n'est en aucun cas un gage de vérité.

Tous les chiffres officiels d'hospitalisation et de mortalité sont à la disposition du public. Ils sont disponibles, sourcés, téléchargeables sur le site de l'Irsan consacré au Covid[1]. Les calculs effectués sur ces données sont documentés. Ils sont élémentaires et toute personne peut les reproduire par elle-même en téléchargeant les données à la source ou sur le site de l'Irsan. Constater par ces informations que l'impact de l'épidémie de Covid est faible et que nous sommes à des années-lumière de la catastrophe annoncée fait douter du sérieux des diffuseurs professionnels de la terreur, notamment quand l'AFP diffuse encore aujourd'hui ce type de désinformation grossière.

Sur l'efficacité du confinement

La légende selon laquelle le confinement aurait été efficace, a été tant de fois remise en question que seuls les promoteurs de ce confinement peuvent encore y croire.

***Règle n° 15**: préférer interroger les acteurs ayant participé à la grande peur du Covid-19, les commanditaires serviles du pouvoir et du « dogme de la catastrophe épidémique »: Santé publique France qui est l'acteur principal de la « terreur Covid », Pasteur dont les articles sur le sujet sont actuellement en procès pour fraude et chercher quelque obscur chercheur parmi les institutions affidées au pouvoir.*

C'est justement ceux-là que, comme par hasard, la journaliste de l'AFP invoque dans son article pour commenter mon graphique.

***Règle n° 16**: écrire son article en n'interrogeant que des « experts » donnant tous la même version et la même opinion sur la question. La moindre contradiction dans le discours ces experts serait contre-productive.*

1. https://covid.irsan.eu

Désormais, le nombre d'articles scientifiques qui démontrent l'inefficacité du confinement est gigantesque[1]. Cette question n'est même plus d'actualité. Il est toujours étonnant de voir que l'AFP, qui se prétend un organisme d'« information », soit toujours aussi peu « informé ».

***Règle n° 17**: reprendre de très vieux arguments dénoncés depuis par des tombereaux d'articles, les resservir en leur donnant une nouvelle jeunesse et en laissant croire que c'est une vérité absolue. Ensuite, interviewer de nouveau les mêmes experts qui les avaient avancés à l'époque pour faire croire qu'ils sont toujours d'actualité. Ces experts, très heureux d'être de nouveau sous la lumière, confirment leur point de vue d'alors, ne se remettant pas en question malgré tout ce qui les a démentis depuis. C'est ainsi que l'on remet en course la ronde infernale de l'argument et contre-argument qui occupe l'esprit au lieu de l'informer.*

Sans lire tout ce qui a déjà été écrit sur cette question, ce qu'apparemment l'AFP s'est bien gardée de faire même partiellement, il suffit d'ouvrir les yeux pour s'en rendre compte. L'évolution des incidences du Covid depuis le début montre cinq phases successives de cette épidémie : 1) la première au printemps 2020, 2) une deuxième à l'automne-hiver 2020, 3) la troisième au printemps 2021, 4) une quatrième à l'été 2021, 5) la dernière à l'hiver 2021-22. Avec ou sans confinement, toutes les phases qui ont suivi la première phase du printemps 2020 (prise comme exemple pour la comparer aux épidémies de grippe dans mon graphique) ont montré des valeurs d'incidence plus faibles. La question du biais apporté par le confinement n'a donc rien à voir avec ce que le graphique montre.

Évidemment, les conditions de comparaison sont et doivent toujours être associées à de nombreuses discussions sur les biais possibles. Tout n'est pas égal dans les conditions de recueil même si, en l'occurrence, les données que j'utilise pour ce graphique viennent du même organisme et sont recueillies avec le même dispositif technique. J'ai montré par

1. Bendavid, E., Oh, C., Bhattacharya, J., Ioannidis, JPA., Assessing mandatory stay-at-home and business closure effects on the spread of COVID-19. Eur J Clin Invest. 2021; 51:e13484.

ce graphique que les grippes font en général un nombre de malades de plusieurs ordres de grandeur supérieurs à celui provoqué par le Covid. C'est un fait.

Certes, deux mesures drastiques de confinement ont été mises en place lors des deux premiers épisodes du Covid, ce qui a eu probablement une influence, même mineure, pour la comparaison. Mais, comme je l'ai dit ci-dessus pour les épisodes ultérieurs du Covid, alors qu'il n'y avait plus de confinement, le nombre de malades était encore plus faible. A contrario, il est possible d'évoquer d'autres facteurs qui abondent dans l'autre sens, c'est-à-dire que s'ils avaient été considérés, auraient amplifié encore plus le différentiel d'impact beaucoup plus élevé pour la grippe que pour le Covid.

Ainsi, les grippes font de 2 à 5 millions de malades par an[1]. Or, contrairement au Covid dont le virus est a priori nouveau, les grippes sont saisonnières. Les populations sont exposées régulièrement. Le passage régulier, d'un « cocktail de virus » de différents types, d'années en années crée des barrières immunitaires collectives naturelles. Le nombre d'individus susceptibles d'être naïfs est donc nécessairement inférieur à celui d'un virus nouveau. Un virus grippal, en tant que virus connu, devrait normalement avoir moins d'impact que le virus de Covid qui, lui, était nouveau. Or, sans même évoquer cet argument très important, l'impact de la grippe est d'un point de vue épidémique, beaucoup plus important que celui du Covid. On pourrait aussi évoquer la vaccination contre la grippe administrée tous les ans et dont la couverture avoisine 50 % de la population. Là encore, le nombre de personnes susceptibles d'attraper la grippe est supposé être beaucoup plus faible que celui du Covid du mois de mars 2020 alors qu'il n'y avait pas de vaccin contre cette maladie, à cette époque. Toutes ces remarques extrêmement pertinentes en termes épidémiques font penser que le nombre de malades de la grippe devrait être beaucoup plus faible que celui du Covid. Or c'est

1. Le Pr. Claude Hannoun, virologue de Pasteur, mondialement connu pour sa carrière consacrée à la grippe, entre autres pour la mise au point du vaccin contre la grippe, explique dans son livre *La grippe ennemi intime* que les grippes peuvent provoquer jusqu'à cinq millions de malades en France en un seul épisode.

exactement le contraire que l'on observe ! La grippe est globalement en ordre de grandeur au moins dix fois supérieure en nombre de malades à celui du Covid. D'un point de vue du nombre d'individus touchés, le Covid est donc une épidémie pouvant être qualifiée de mineure en comparaison aux épidémies saisonnière banales. C'est un fait.

En revanche, l'AFP continue à tordre la vérité pour nous dire que ce que nous voyons, nous ne le voyons pas. Cette attitude de la part d'une agence de presse censée vérifier les faits avant d'informer le public est incompréhensible. La réalité de la dangerosité de cette épidémie de Covid n'a aucune commune mesure avec ce qui est soutenu par les autorités sanitaires : un mythe entretenu par des agences supposées d'« information » comme l'AFP pour justifier des mesures qui vont jusqu'à faire voter dans l'urgence un passe vaccinal, lequel n'est autre que la mise en place d'une vaccination obligatoire, y compris pour les enfants, ultimes victimes de cette folie sanitaire.

Les « fact-checkers » de l'AFP sont complices de ce scandale qui permet aux autorités de justifier leur inconséquence par des mesures manifestement disproportionnées, incohérentes et inopérantes dans tous les domaines (économie, école, université, culture, santé, travail, électoral, société etc…), mises en place sans aucun support scientifique sérieux.

Ils soutiennent un dogme qui consiste à faire avaler à la plus grande partie de la population qu'elle est toujours face à une véritable « catastrophe ». L'AFP pourrait-elle être l'un des agents de diffusion de la « désinformation » qui permet aux autorités de maintenir les populations dans la terreur et de persister dans cette politique.

***Règle n° 18** : discréditer l'adversaire en disant qu'il est seul à penser ce qu'il pense.*

Leurs interventions étaient une contribution à la réflexion sur la base de leur expertise reconnue. Il ne s'agissait en aucun cas de « rassurer » ou de « comploter».

***Règle n° 19**: « complotiser » l'adversaire. Certes, celui-ci a participé à un documentaire. Il y a énoncé des faits, mais il n'a rien dit de complotiste. Dans ce documentaire, parmi des centaines d'informations, certaines personnes interrogées (très peu au regard du nombre d'intervenants), ont avancé des hypothèses qui pourraient être apparentées à ce que l'on regroupe sous le terme qui se veut infâmant de « complotisme ». Il est très important de rappeler aux lecteurs des articles de l'AFP que l'adversaire a participé à ce documentaire afin que tout le monde puisse comprendre que sans avoir rien dit de « complotiste », il se pourrait bien – qui sait? – qu'il soit peut-être «complotiste» ...*

En revanche, il fallait proposer une voie de discussion, au sens de la discussion scientifique, à savoir de la confrontation des idées et des arguments, et cela est possible même dans l'urgence - mais y avait-il vraiment une urgence?

Au cours de cette période, ces scientifiques, qui ont osé s'exprimer, ont été discrédités systématiquement par une horde de journalistes appelés « fact-checkers ». Leur message devenait inaudible, la pensée unique étant de rigueur. En temps de «guerre», on ne discute pas les ordres, ou bien on est exécuté.

« *Telle est la misère du journalisme de fact-checking contemporain: des journalistes, qui ne sont compétents sur rien mais parlent sur tout, attaquent les personnes pour mieux éviter d'avoir à discuter réellement leurs idées* » rappelle Laurent Mucchielli et de poursuivre: «*pourquoi le débat contradictoire est-il à ce point interdit en France? Pourquoi les chercheurs indépendants et désintéressés qui s'interrogent sur la communication des pouvoirs publics, et proposent des contre-analyses, sont-ils traités par les journalistes comme des ennemis plutôt que des alliés?* ***Comment se fait-il que ces journalistes se soient à ce point et aussi massivement mués en défenseurs de la communication gouvernementale, pour ne pas dire en propagandistes?*** *Pourquoi tout propos produisant volontairement ou involontairement une dédramatisation de la crise sanitaire est-il jugé par principe insupportable et irrecevable?*»

Les scientifiques, *ces chercheurs indépendants et désintéressés qui proposent des contre-analyses,* que l'on pourrait qualifier de « kamikazes », sont les représentants de milliers de chercheurs et professionnels de santé qui les soutiennent depuis le début et qui forment en réalité, la vraie « communauté scientifique », sérieuse et digne de ce nom. Ces collègues qui leur disent en privé qu'ils comprennent leur démarche, mais ont peur de le dire en public car ils redoutent – à juste titre – d'en subir immédiatement des conséquences désagréables. On leur oppose comme « communauté scientifique », un vague comité choisi sur des critères opaques, déjà épinglé depuis longtemps pour des conflits d'intérêts notoires[1] et qui officie sous les lambris dorés de la République pour valider à peu près tout ce que le pouvoir politique lui demande.

Règle n° 20 *: discréditer l'adversaire en disant qu'il n'appartient pas à la « communauté scientifique ». Mais de quelle « communauté scientifique » s'agit-il ? Les amis bien placés du pouvoir ? Ceux qui reçoivent la Légion d'honneur pour bons et loyaux services d'un pouvoir qui justement*

1. Rapport de la commission d'enquête sur le rôle des firmes pharmaceutiques dans la gestion par le gouvernement de la grippe A (H1N1). Parmi les experts ayant fait part à la presse de pronostics alarmistes, on compte le professeur Antoine Flahault. Celui-ci, dès le mois de mai 2009, affirmait dans la presse que près de 35 % de la population française pourrait être touchée par le virus H1N1, ce qui pourrait entraîner 30 000 morts lors d'un pic intervenant après l'été. Il a indiqué à la commission d'enquête qu'il n'entretenait pas de liens d'intérêts directs avec l'industrie pharmaceutique et qu'il n'appartenait plus au conseil d'administration du syndicat des entreprises du médicament, le « LEEM recherche ». Néanmoins, son nom apparaît parmi les membres de cette structure au titre de ses fonctions de directeur de l'Ecole des hautes études en santé publique, ce qui « ne constitue pas à ses yeux un lien d'intérêt », mais peut légitimement poser problème au regard de l'impartialité des recommandations qu'il peut faire au titre d'expert de santé publique. Il en est de même pour le professeur Delfraissy (*NDLA : Président du « conseil scientifique Covid-19 » institué le 11 mars 2020 par Olivier Véran, ministre des Solidarités et de la Santé, « pour éclairer la décision publique dans la gestion de la situation sanitaire liée au coronavirus »*) qui est membre de la fondation du laboratoire pharmaceutique GSK. Quant à Bruno Lina (*NDLA : membre du « conseil scientifique Covid-19 »*, professeur de virologie à l'université Claude Bernard) qui a conseillé la ministre de la santé durant cette crise, il a tenu lui aussi des propos très alarmistes devant les journalistes. https://www.senat.fr/rap/r09-685-1/r09-685-11.pdf

n'aime pas trop les contradicteurs. Bref, ceux qui ont des conflits d'intérêt. Les milliers de chercheurs qui signent leur tribune ne font-ils pas partie de la « communauté scientifique » ?

L'article en question est en ligne[1] sur le site de fact-checking de l'AFP « AFP-factuel » où il est noté : « 21 media qui unissent leur force contre la désinformation[2] ». Cet article est en quelque sorte un nouvel *opus*, le dernier en date, un cas d'école, d'une longue série produite par ces fameux « fact-checkers » qui n'ont d'autres moyens que d'attaquer des détails extraits de leur contexte apportant des arguments défraichis qu'ils remettent au goût du jour nonobstant leur inadéquation démontrée à de nombreuses reprises. Le journal *Le Monde*, dans la rubrique des « *décodeurs* », a clairement utilisé les mêmes techniques[3]. Pour cela, il semble que les journalistes contemporains dits de « fact-checking » aient adopté une tactique qui relève en réalité de la propagande. Cet article du *Monde* n'est pas isolé. Il ne fait au contraire qu'illustrer une fois de plus cette détestable façon de faire dont un grand nombre de scientifiques ont subi les frais depuis le début de cette crise sanitaire. Le journal *Libération*[4], dans sa rubrique de *fact-check*, est également coutumier du fait (Par jugement en date du 10 février 2022, le journal « *Libération* » a été condamné par le tribunal correctionnel de Paris (17ème chambre) pour avoir publiquement diffamé le professeur Jean-François Toussaint[5]), de même que l'hebdomadaire *L'Express*[6] et beaucoup d'autres dans la presse écrite comme en radio et en télévision.

1. https://factuel.afp.com/doc.afp.com.9Y39PY
2. https://factuel.afp.com/objectif-desinfox-2022
3. W. Andureau, « Que vaut l'étude de Toubiana et Mucchielli sur la "très faible" surmortalité due au Covid ? », *Le Monde*, 1er avril 2021.
4. N. Raulin et A. Moran, « Récit, Covid-19 : rassurez-vous, qu'ils disaient. Ils s'appellent Didier Raoult, Christian Perronne, Jean-François Toussaint, Laurent Toubiana. Ils sont microbiologiste, infectiologue, professeur de physiologie ou épidémiologiste. On les surnomme les «rassuristes», *Libération*, 4 octobre 2020.
5. « *Par jugement en date du 10 février 2022, le tribunal correctionnel de Paris (17e chambre) a condamné Patrick Halfon dit Dov Alfon directeur de publication du journal* Libération *pour avoir publiquement diffamé le professeur Jean-François Toussaint.* »
6. S. Benz, V. Garcia et T. Mahler, « Toubiana, Mucchielli, Toussaint… Enquête sur les marchands d'espoir du Covid », *L'Express*, 6 octobre 2020

C'est pourquoi, il m'a semblé intéressant de montrer quelles étaient les techniques de désinformation utilisées systématiquement pour dénigrer tous ceux qui, parmi les scientifiques, ont tenté d'apporter un nouvel éclairage pour la compréhension de cette crise. Repris in extenso par de nombreuses rédactions comme la vérité absolue, il faudrait s'attendre à ce que les journalistes de l'AFP soient exemplaires ; qu'ils fassent un travail sérieux d'investigations et de vérifications documentées. D'ailleurs, en naviguant sur leur site, il est possible de lire ceci : « *La vérification des faits fait partie intégrante de l'AFP en tant qu'Agence de presse internationale depuis près de 180 ans*[1] ». Le constat, à l'image de cet article bâclé sur mes propos, est déplorable. J'en ai donc profité pour montrer, s'il le fallait encore, que drapée dans sa dignité d'intouchable de l'information juste, vraie et bonne, cette agence, **l'AFP, a été en réalité un pourvoyeur officiel de « fake news » sur le Covid.**

1. https://factuel.afp.com/propos

Remerciements

Un jour, un événement, et subitement vous rencontrez plus de personnes que vous en aviez rencontré pendant toute votre vie.

Tout d'abord, je remercie cette foule d'anonymes, qui m'envoient des messages chaleureux, des lettres de soutien, qui m'arrêtent dans la rue et qui, à ma grande surprise, me disent merci. Merci à eux.

Dans ce livre, je m'aperçois que je n'épargne pas un collectif très flou qui, dans un élan facile d'amalgame, j'ai appelé « média » » ou sphère « politico-médiatique ». Je visais la catégorie mais sûrement pas les individus qui la compose.

Je remercie tous les journalistes, sans exception, qui m'ont interviewé, invité, donné la parole, ainsi que les hommes politiques avec lesquels j'ai discuté. J'ai apprécié leurs contacts, leurs interrogations sincères et parfois leur désolante naïveté ; qu'ils soient remerciés ici, qu'ils aient été ou non d'accord avec ce que je leur ai dit.

Je remercie particulièrement la formidable cohorte des professionnels de santé de toutes les catégories, y compris les « professeurs de médecine célèbres », mais en particulier, les médecins généralistes en première ligne avec lesquels j'ai tant partagé. Depuis des années, grâce à eux, j'ai affiné ma compréhension, au plus proche du malade, de la maladie, de l'épidémie mais aussi de leur métier.

Je remercie l'immense armée de l'ombre constitué des « Scientifiques » et des « Hommes de Loi » qui ont partagés avec moi leurs connaissances dans des domaines pointus.

Jacques Bouaud, Laurent Mucchielli et Pierre Chaillot ont été des partenaires magnifiques et flamboyants, merci Messieurs.

Monsieur Jean Happel, je vous remercie pour nos échanges, votre ténacité et vos formidables relectures.

Je remercie évidemment Xavier Legay et Damien Serieyx sans lesquels je ne serai pas en train d'écrire ces lignes.

Certes ces rencontres ont été innombrables, elles ont été fortes mais elles ont été d'une autre nature, d'un type nouveau: des rencontres électroniques. Pour la plupart, ces personnes avec lesquels j'ai eu des relations parfois fusionnelles, je ne les ai jamais rencontrées physiquement. Lorsque l'étau se relâchera, viendra le moment d'une nouvelle et heureuse surprise, lorsqu'enfin nous nous serrerons la main.

Qui a fait émerger tant d'émotions et de sentiments puissants et troublants ? Cette période a été difficile et pénible pour chacun. Beaucoup l'ont payé durement, dans leur chair. Presque tous, le paieront encore longtemps. Mais cet événement, nous a collectivement projeté dans une expérience exceptionnelle à l'échelle de l'humanité. Faudrait-il, quelque part le remercier ?

Imprimé en France par CPI en avril 2022
N° d'impression : 168916
Dépôt légal : avril 2022